新ツーリズム学原論
──自由時間社会の豊かさの質とは

NEW HORIZON OF TOURISM
For a Society in Pursue of Leisure and Prosperity

ツーリズム学会編集委員会　編

東信堂

はじめに

　この度ツーリズム学会の5年余りに及ぶ学会発表、その他の活動の一環として、本書を刊行する運びとなりました。

　ツーリズム学会は、2005年に設立5周年を迎えました。この間、『ツーリズム学会誌』を第4号まで発行してきました。この節目にあたり、学会・行政・産業界に対して知的貢献をなすべく学会誌に掲載された中から選ばれた論文と、新たに書き下ろしされた論考をまとめて出版することにしました。

　古来、人間は自由で豊かな生活や、異邦な地へのあこがれや冒険心から、諸国漫遊を体験してきました。学問として体系づけられるためにはまだ時間がかかりますが、ツーリズム活動の経験や記録は豊富にあるわけです。幾多の成功と失敗の積み重ねが知的財産として、後の世代に受け継がれていくように絶えず努力したいと考えます。

　ツーリズムは、「食べる・見る・遊ぶ」を中心に考えがちですが、実は知的好奇心、探検の心を満たす人間行動でもあります。64億人の世界人口が、地球の至る所でツーリズム活動をするとしたら、地球社会の状況はどのように変化するでしょうか。いっそのこと、地球を丸ごと世界遺産に指定する発想もあります。そうすれば、平和活動しかできなくなり、ツーリズム地域が増大することになります。平和であることが、ツーリズムの発展にとって不可欠な要因であるからです。

　本書は、第1部第1章において、自由時間社会及びLOHASなライフスタイルへの変革に向けて、必要となる政策と産業の課題について論じています。

21世紀の新ツーリズムを推進するための重要な視点であります。貴重な論考を賜りました加藤敏春氏に深謝申し上げます。

　序論・第1部から第4部までは、ツーリズム研究の新しい方法論、空港、ホテル、ツーリズム開発の分野、ツーリズムの新しい動向等に言及しており、さらに環境とツーリズムの融合を通じて持続可能なツーリズムについて論じています。

　水文学を専門としている私は、これからのツーリズム開発と持続的発展のためのキーワードは、水と水環境であると考えております。とにかく、ツーリズムはあらゆる専門分野の総合された範疇にあるわけで、そのための研究と実務の端緒をこの本から学び取っていただければ幸いであります。

　本書は、東信堂代表の下田勝司氏の格別のご高配で出版の運びとなりました。また、学会員の小谷勉氏には、刊行に当たり大変お世話になりました。末尾ながら深く感謝します。

2006年2月

　　　　　　　　　　　ツーリズム学会会長
　　　　　　　　　　　長崎国際大学国際観光学科教授　　小林 徹

目　次／新ツーリズム学原論

はじめに ………………………………………………… 小林　徹　i

キーワード解説 …………………………………………………… xii

序　論　ツーリズムとツーリズム研究の諸前提 ………… 今　防人　3
　1　ワールドツーリズムを阻害する要因 ……………………… 4
　　(1) 地球という環境の破壊　4
　　(2) パンデミー　4
　　(3) 大規模な戦争とテロ　5
　　(4) 世界経済の破綻　6
　　(5) 複合的要因　6
　2　ツーリズム研究が依拠する前提の再考 …………………… 6
　　(1) 研究対象　7
　　(2) 日常と非日常という枠組み　7
　　(3) 新しいツーリズムの領域：スタディツアーとボランティアツアー　8

第1部　ツーリズム研究の新地平　　　　　　　　　　　　13

1. LOHAS社会の実現を目指して ………………… 加藤　敏春　15
　　：「自由時間政策」の新たな展開
　1　新しいライフスタイル：LOHAS ………………………… 15
　2　LOHASの目標 ……………………………………………… 17
　　(1) 喜び、楽しみ、遊び、イマジネーションに富んだ幸せなLOHAS社会　17
　　(2) 幸せへの複線ルート　17
　3　LOHAS社会を実現するために：「自由時間」という新しい捉え方 … 18
　　(1) 新たに付加すべき機能　18
　　(2) 自由時間の3区分　19
　　(3) 自由時間の定義　20
　4　LOHAS社会の将来像 ……………………………………… 21
　　(1) ユニバーサル社会における人間回復　21

(2) 自由な労働、生きがい・楽しみとしての労働　24
　　(3) 21世紀型の経済循環　26
　5　自由時間政策のメニュー ………………………………… 29
　　(1) 各活動時間の自由時間化　29
　　(2) ライフコースの複線化・複合化　32
　　(3) 自由時間ネットワークの創造　34

2. 観光誘因と観光資源の地域的特性と普遍的価値… 佐々木　宏茂　37

　はじめに ……………………………………………………… 37
　1　観光資源と観光意欲行動 ………………………………… 37
　2　観光は何故に非日常性を志向するのか ………………… 39
　3　地域特性としての観光資源とフラクタル理論 ………… 40
　4　グローバリズムと観光資源の関係 ……………………… 42
　5　気候風土と観光資源、観光地と固有価値 ……………… 43
　6　地域ブランドの重要性 …………………………………… 44
　7　湯布院を例にしたフラクタル理論の適応 ……………… 46
　結　論 ………………………………………………………… 46

3.『観光立国論』を読む ……………………………… 今　防人　48

　はじめに ……………………………………………………… 48
　1　『観光白書』に見るアウトバウンドからインバウンドへの重点の移行 … 49
　2　観光振興を国づくりの柱に ……………………………… 50
　　(1) 「まち」の停滞　51
　3　観光の革新と21世紀日本の針路 ………………………… 54
　4　おわりに：観光立国論の評価 …………………………… 57

4. 観光動因と充足感・不満感の相関性 …………… 早崎　正城　60

　1　観光行動のメカニズム …………………………………… 60
　2　観光行動に見られる誘因構造 …………………………… 61
　　(1) 内因性から捉えた観光行動　63

(2) 外因性から捉えた観光行動　66
　3　観光の充足 ……………………………………………… 68
　　(1) 浪費・贅沢視の概念　68
　　(2) 奢侈構成の周辺　69
　　(3) 観光動因と奢侈との関係　70

第2部　ツーリズムの新しい動向とイメージの変容　　73

5. ツーリズムと宗教 ……………………………… 小川　祐子　75
　　：スペインの修道院宿泊事例を中心に
　1　はじめに：問題の提起 ……………………………………… 75
　2　宿を提供する修道院 ………………………………………… 77
　　(1) 宿泊客を受け入れる修道院の伝統　77
　　(2) サンティアゴ・デ・コンポステラへの巡礼　78
　　(3) 修道院に宿泊する現代的状況　78
　3　修道院宿泊施設の実態調査および利用者の意識調査 …… 79
　　(1) 調査の概要　79
　　(2) 調査の結果　80
　4　他の欧米諸国における修道院宿泊の事例 ………………… 85
　5　まとめおよび今後の研究課題 ……………………………… 86
　　(1) 仮説の提示　86
　　(2) 今後の研究課題　86

6. 観光開発が少数民族観光村に与える影響について … 陳　晶　89
　はじめに ………………………………………………………… 89
　1　村の概況 ……………………………………………………… 90
　2　観光化がもたらした影響について ………………………… 91
　　(1) 経済的影響　91
　3　社会面での影響について …………………………………… 95
　　(1) 伝統　95
　　(2) 自然経済意識　95
　　(3) 道徳面　97

(4) 言　語　97
　(5) 服　装　98
　(6) 舞踊芸術　99
　(7) 手作り工芸品の販売　100
　(8) 教　育　100
　(9) 恋愛と婚姻　101
　(10) 祭りの変化　102
　おわりに …………………………………………………………104

7. 学生の目でインバウンドを見る……………………和平　勝明　108
　1　はじめに …………………………………………………108
　2　観光業界とは ……………………………………………109
　3　若者とは …………………………………………………110
　4　最近のインバウンド、アウトバウンド状況 ……………111
　5　日中学生の意識調査より（まとめ）……………………113

8. ツーリズムと対外イメージの変容 ……………………田　昌禾　118
　　　：日韓青少年の意識調査（2002年）の比較研究
　はじめに ……………………………………………………118
　1　ツーリズム ………………………………………………119
　2　実証研究 …………………………………………………120
　　(1) 調査の概要　120
　　(2) 調査地の概要　121
　3　実証研究の分析と結果 …………………………………123
　　(1) 相手国の経験　123
　　(2) イメージ変容　134
　　(3) その他の調査結果　136
　おわりに ……………………………………………………137

第3部　ツーリズムを演出する　　　　　　　　　　141

9. 地方空港の役割と今後の展望 ……………………和平　勝明　143
　　：地方の時代を航空需要から考察する
　はじめに …………………………………………………143
　1　国の航空政策 …………………………………………143
　2　航空会社の戦略 ………………………………………146
　3　地方空港の活性化の現状 ……………………………148
　まとめ ……………………………………………………150

10. 北東アジアの観光の可能性 ………………………佐々木　宏茂　152
　　：その下部構造、基本構造、上部構造
　序　論 ……………………………………………………152
　1　北東アジアの観光の発展段階 ………………………152
　2　北東アジアの観光の基本構造 ………………………154
　　(1) 北東アジアの気候風土　154
　　(2) 観光に関する下部構造アクセス概要　154
　　(3) 北東アジア周遊観光について　156
　　(4) 渤海国遺跡観光資源　156
　　(5) 豆満江地域開発と観光の下部構造　158
　3　北東アジア観光の基本構造促進 ……………………160
　4　北東アジア観光の上部構造 …………………………161
　5　北東アジアの都市化と観光 …………………………164

11.「焦作現象」……………………………………………今　防人　166
　　：中国の新しい観光開発
　はじめに …………………………………………………166
　1　焦作市とは ……………………………………………167
　2　焦作現象とは …………………………………………167
　3　観光地化の担い手 ……………………………………169
　4　焦作市の観光資源 ……………………………………169

5　インフラ整備 ………………………………………………171
6　ソフト面での整備—ホスピタリティ………………………172
7　強力な宣伝活動 ……………………………………………173
終わりに …………………………………………………………173

12. ホテル不動産価格の決定要因 …………………石崎　文吾　175

はじめに …………………………………………………………175
1　従来の鑑定評価方法 ………………………………………176
2　なぜ評価方法が変わりつつあるのか ……………………177
3　概算的にホテル価格を見積もる …………………………179
　(1) 1/1000方法　179
　(2) EBDITマルチプライヤー　179
4　ホテルの鑑定評価の考え方 ………………………………180
5　収益還元法 …………………………………………………181
6　ホテルマネージメント契約"HMA"の概要 ……………185
むすび ……………………………………………………………187

13. 観光産業におけるホスピタリティ教育 …………秋　貞子　189
　　：韓国の宿泊産業を中心に

はじめに …………………………………………………………189
1　ホスピタリティ教育へのニーズの高まり ………………190
2　「ホスピタリティ」の概念 …………………………………193
3　「サービス」の概念 …………………………………………194
4　「サービス」の上位概念としての「ホスピタリティ」……195
5　HospitalityとServiceの概念比較 ………………………197
6　顧客満足と従業員満足 ……………………………………201
7　従業員教育が目指すもの …………………………………202
8　韓国シティホテルにおける従業員教育についてのインタビュー調査 …202
9　調査の結果とまとめ ………………………………………203
10　今後の研究課題 …………………………………………206

14. 地域観光ボランティアガイドと高齢者の生きがいとの接点を目指して …安 勝熙 209

はじめに …………………………………………………………209
1　地域観光ボランティアガイドとは何か ………………………210
2　地域観光ボランティアガイドの全国大会 ……………………211
3　地域観光ボランティアガイド組織の現況 ……………………214
　(1) 団体の設立時期　214
　(2) 都道府県別の団体数　215
　(3) ガイド数別団体数　216
　(4) 都道府県別ガイド数　217
　(5) 都道府県別ガイドの平均年齢　218
　(6) ガイド料金　219
　(7) 申し込み方法　220
　(8) 地域観光ボランティアガイドにおける課題　221
4　地域紹介・観光ボランティア団体―京都を中心に ………222
　(1) 京都SKY観光ガイド協会　222
　(2) 大山崎ふるさとガイドの会　223
　(3) 宇治観光ボランティアガイドクラブ　223
　(4) 加悦町ガイドの会　224
　(5) 久美浜町郷土研究会　224
終わりに …………………………………………………………225

15. 国際観光資源に関する一考察 ………………………中本 強 228
　　　　：国際観光資源の意義

はじめに …………………………………………………………228
1　観光資源研究の意義 ……………………………………………228
2　人間と資源 ………………………………………………………230
3　世界遺産保護への動き …………………………………………232
　(1) ユネスコ世界遺産とは　232
　(2) 世界遺産条約の採択と発効　233
　(3) 世界遺産委員会の活動　233
　(4) 世界遺産委員会とリスト　234
　(5) 世界遺産の登録基準　236

4　世界遺産の観光資源的意義 ………………………………………237
　(1) 観光資源　237
　(2) 観光資源と世界遺産の関係　237
　(3) 世界遺産と日本の対応　238
5　中国と日本における事例 ………………………………………240
おわりに …………………………………………………………………241

第4部　持続可能なツーリズム　　　　　　　　　　　　　　245

16. ツーリズムと環境保護〈Ⅰ〉……………………中村　茂徳　247
　：英国ナショナル・トラストのワーキングホリデーを通して
はじめに …………………………………………………………………247
1　カントリーサイドの保全 ………………………………………247
　(1) コモンズの存在　247
　(2) コモンズ保存協会の誕生　248
　(3) ナショナル・トラストの誕生　249
2　ナショナル・トラストのワーキング・ホリデー …………249
　(1) ワーキング・ホリデーの目的　249
　(2) ワーキング・ホリデーの概要　250
　(3) ボランティアの支援体制　250
3　アシュリッヂ・エステイトの事例 ……………………………251
　(1) アシュリッヂ・エステイトの概要　251
　(2) 作業内容　252
　(3) キャンプの総括　254
おわりに …………………………………………………………………255

17. ツーリズムと環境保護〈Ⅱ〉……………………中村　茂徳　259
　：和歌山県・天神崎ナショナル・トラストを通して
はじめに …………………………………………………………………259
1　天神崎の代表性としての意識 …………………………………260
　(1) 天神崎ナショナル・トラスト運動の概要　260

(2) 天神崎の環境的条件　262
　　(3) 天神崎ナショナル・トラスト運動に関する先行研究　263
　2　天神崎ナショナル・トラスト運動の発展過程 ……………265
　　(1) 運動の草創期(1974年〜1982年)　265
　　(2) 運動の第二段階(1983年〜1994年)　266
　　(3) 運動の第三段階(1995年〜2004年)　267
　3　エコ・ツーリズムの可能性 ………………………………268
　　(1)「財団法人天神崎の自然を大切にする会」の運営状況　268
　　(2) 外部団体との協同関係の構築　270
　おわりに ……………………………………………………………274

18. 水辺景観の再生と保全 ………………………………佐野　充　278
　　：バンコクにおける水と暮らしの関係からの分析
　1　都市と水辺景観 ……………………………………………278
　2　バンコクの都市景観形成 …………………………………280
　　(1) 水上都市バンコクの成立　280
　3　バンコクの経済活動と水路 ………………………………282
　4　バンコクの水路実態 ………………………………………283
　5　水辺景観の変容 ……………………………………………285

資料編　289

1. 旅行業法及び施行規則の改正 ………………………岡出　清典　291

2. 旅券法の改正 ……………………………………………木村　英夫　293

キーワード解説

	用語	解 説
1	アウトバウンド	邦人の海外旅行。英語の「outbound」(外国行きの)より転用。反対語はinbound。(木村英夫)
2	アクティブシニア層	元気で行動的な中高年層、消費傾向は個性的で多様性に富んでいる。英語の「active senior」より転用。(竹嶋寛)
3	癒し	心や体の傷や苦痛がおさまり、気分が安らかになること。阪神大震災・地下鉄サリン事件が起きた1995年を境に、マスコミに登場する頻度が高くなった。健康・医療・宗教・体育の思想的潮流の中で用いられる場合と、宗教学でいう「救い」と大差ないとする見方がある。(小川祐子)
4	インバウンド	外国人の日本国内旅行。英語の「inbound」(本国行きの)より転用。反対語はoutbound。(木村英夫)
5	インフラ(ストラクチャー)	下部構造。英語の「infrastructure」。社会的経済基盤と社会的生産基盤とを形成するものの総称。(木村英夫)
6	エコツーリズム	環境問題に重点を置きながら、自然と調和した観光開発を進めようという考え方。自然環境保護を意識した観光。英語の「ecotourismu。」(木村英夫)
	エコツーリズム	自然の景観ならびに野生の植物や動物および伝統文化に対する研究や賛美などを目的とし、且つ、公園や保護区域等の持続的発展ならびに地域社会の福祉や環境教育を促進させるツーリズムである。(中村茂徳)
7	エスニックツーリズム	自らとは異なる民族の文化を鑑賞する観光活動。文化と自然とを繋ぐ「大自然の子どもたち」としての「未開人」の「文明社会では失われてしまった文化」を鑑賞する活動として生まれたが、近年は、人類文化の差異や多様性への関心のほうが高まっている。(陳晶)
8	エブディット	減価償却前営業利益と訳されるEBDITは、Earnings Before Depreciation, Interest & Taxesの頭文字。即ち、資本構成の影響を受けない利益(減価償却・利払い・税前利益)で企業の評価に使われる。(石崎文吾)
9	御師(おし)	大社寺に所属する祈祷師。伊勢神宮と熊野三山の御師が特に有名。地方に檀那と呼ぶ有力者を持ち、平素は配札を行ない、参詣を勧める。その檀那が御師の社寺に参詣する時には、案内・祈祷・宿の提供等を行なう。今日の旅行幹旋業務に類似した役割を果たした。(小川祐子)
10	環境教育	人間と環境との関係、ならびに世界的な環境問題に対して正しい認識を持って、問題解決能力および責任ある行動をとれる人材を育成するものである。また、環境保全活動が持続的に発展していくために必要な人材育成にも繋がる。(中村茂徳)
11	観光開発	「Tourism Developmennt」の翻訳語である。「観光=ツーリズム」は非居住地から居住地に戻ることでその間に手段、方法などが必要とされるし、人間行動においても生起する様々なことを含む。開発は社会に役立つように人為的に変化を加えることを意味する。したがって観光開発は現代的意味では観光が円滑的に行われるように人為的に手を加えて整えることである。(佐々木宏茂)
12	観光カリスマ	カリスマとはCharismaというドイツ語から由来する。超常的な力、能力を意味する。ドイツの社会学者マックス・ウエーバーが支配の類型としてカリスマ的支配を唱えてから使用されるようになった。日本では小泉内閣から地域の再開発の主軸として観光が取り上げられその主役が観光カリスマと称されるようになった。(今防人)
13	観光経済学	観光は地域社会に経済的影響を及ぼす。観光する側(観光主体)と観光客体(観光客を受け入れる地域社会、ホテルなど)の経済的需給の関係側面から分析し理論づけること。(佐々木宏茂)
14	観光資源	観光客を集めるのに役立つ美しい景観・名所・温泉など。観光素材とも言う。観光資源はもともとあるのではなく人々を引き付ける資源に加工されて初めて観光資源となるのである。(今防人)
15	観光心理学	観光分野に関する社会意識と行動を扱う研究のことである。自然や社会の観光分野を背景とした快適度増進の探求が中心であり、基本的には社会心理学の一部である。(早崎正城)

16	『観光白書』	国土交通省の発行する観光に関する年間動向データ等。「観光の状況」及び「観光政策」の二つを併せたもの。第一号は1964年に総理府から発行された。
17	観光立国論	観光を国の経済発展の主軸とする考え。この考えは発展途上国にしばしば見られる。投下資本が比較的少なくて大きな経済効果がみられるためである。日本では小泉内閣で初めて観光立国が再開発のコンセプトとして取り上げられた。これは従来のインフラ重視の全国総合開発スタイルのものとは異なりコミュニティの再編を中心においたいわばソフト型開発計画と言える。観光立国の裏面には外国人労働者の移入問題があることに注意しなければならない。(今防人)
18	冠ホテル	企業名等がホテル名称に付けられもの。チェーンホテルなどでチェーン名称の冠を付けたホテルがある。(木村英夫)
19	カントリーサイド	農村やそれを取り囲む森、丘、小川、遊歩道、自然保全地などから構成されている。そこには、英国特有の生物や植物が息づいており、レジャー資源の宝庫でもある。また、牧歌的農村へのノスタルジーを醸す空間でもある。(中村茂徳)
20	教育旅行	教育機関が学生・生徒のために実施する旅行。かつて修学旅行と呼ばれたもの。(木村英夫)
21	グローバルスタンダード	国際標準。英語の「global standard」より転用。(木村英夫)
22	高齢者観光	高齢者が安心して動き回れる環境の整備を行い、高齢者の観光促進、地域・産業の活性化をはかり、同時に高齢者の老化防止・健康維持、社会福祉費用の削減にもつなげようとするこれからの観光のあり方。(竹嶋寛)
23	国際観光振興協会	国際観光振興会法に基づき、1964年4月に発足した特殊法人。2003年10月に独立行政法人に移行。略称JNTO(Japan National Tourist Organization)。(木村英夫)
24	コミューター航空	主要都市と近郊地方都市または地方都市相互間を座席数100以下の小型機で結ぶ航空輸送。(木村英夫)
25	オープン・スペース	公衆が誰でも利用できる緑の空間(緑地・公園など)である。市民にとって、それはレクリエーションやスポーツのための土地である。英国では、コモンズ保全運動の歴史的展開により、現代的レジャー空間として発展している。(中村茂徳)
26	奢侈意識	奢侈は、贅沢、浪費、奢り、出費過剰等の意味がある。観光行為の大方が、金員の支出、物品購入による消費、慰安・快楽志向による散財という形態が主であるため、観光行為を奢侈行為とみなされることが多い。(早崎広策)
27	収益還元法	事務棟、アパート、ショッピングセンターなど賃貸用不動産の価値を客観的に評価する手段として米国で発達した不動産価値の評価法。日本従来の評価方法「原価法」や「事例比較法」と収益還元法が基本的に違うのは不動産を収益追求の一商品としてみる事と、〈時間軸〉を導入したことといえよう。時間軸について言えば、対象の不動産が将来生み出すであろう……と期待される収益を現在に割り戻す考えに基づいている。従って、収益還元法が進化した結果、DCF法(Discount Cash Flow)に基づく考えが表裏一体となった。なお、DCF法の考え方を要約すると、「DCF法に基づく不動産の価値とは〈投資期間中の収入の現在価値合計〉と〈将来売却見込み価格の現在価値〉の和である…」。(石崎文吾)
28	周遊観光	いくつかの目的地を周遊しながら観光するもの。(木村英夫)
29	巡礼	宗教上の目的で、聖地・霊場(札所)を巡る旅。キリスト教(カトリックとギリシャ正教)、イスラム教、ユダヤ教、仏教、ヒンドゥー教など多くの宗教に見られる現象。巡礼(メッカ)と参詣(聖者廟)を区別しようとする宗教(イスラム教)もある。(小川祐子)
30	水辺観光	海辺、湖岸、河岸などの空間が創る自然・文化景観を五感を使って体験することができる観光。港巡り、運河巡り、川下り、渚遊び、フィヨルド観光など。(佐野充)
31	世界遺産(条約)	1972年、ユネスコで採択された条約で、正式名称は「世界の文化遺産及び自然遺産の保護に関する条約」。日本は平成4年(1992)に加盟。(木村英夫)

32	世界観光機関:WTO	World Tourism Organization。ツーリズムの政策及び問題を世界的に公開討論する場として任務を果たす国連の専門機関。1975年に発足、現在加盟国150ヵ国と7つの準加盟地域がある。スペイン・マドリッドに本部を置く。(小川祐子)
33	体験学習	自身の体験によって学んでいく学習の手法。(和平勝明)
34	地方空港	大都市拠点空港(成田・羽田・関西・伊丹・中部)以外の空港。空港整備法では、大都市拠点空港は第一種空港となる。しかし、本来「地方空港」の定義づけはない。(和平勝明)
35	チャーター便	航空機などの運送機関の一部もしくは全部の貸切り。(木村英夫)
36	長期滞在型観光	「行ってみたい」から「住んでみたい」、つまり「旅」より「生活」を目指す新しい旅・観光の形態をいう。海外の場合、ロングステイ財団が「海外滞在型余暇」の名称で普及・啓発活動を推進している。(竹嶋寛)
37	ナショナルトラスト(運動)	The National Trust for Places of Historic Interest Or Natural Beauty。1895年英国イングランドに設立。美しい自然景観ならびに歴史的建造物の保全。市民からの募金や寄付等によって土地等の買収を行い、それを資産として国民に公開しながら管理している。(中村茂徳)
38	日本観光協会	国内観光の中枢機関として、1964年4月に設立された社団法人。(木村英夫)
39	パッケージツアー	交通運輸や宿泊、食事、観光など、旅行を構成する諸要素の大部分があらかじめ予約・手配されている旅行。(木村英夫)
40	ハブ空港	各地からの航空路が集中し、乗客や貨物を目的地に中継する機能をもった、その地域の拠点となる空港。英語の「hub」は車輪の中心部の意。(木村英夫)
41	不動産鑑定評価	不動産物鑑定評価(アプレーザルまたはヴァリュエーションとも言う)は幾つもあるが、基本的には(1)Cost Approach(原価法)、(2)Market Comparison Approach(取引事例比較法)と(3)Income Approach(収益還元法)の3方式がある。(石崎文吾)
42	不動産投資信託	バブル経済崩壊後、膨大な不良債権の担保化による土地建物の流動化を図る目的で1998年(平成7年)に成立した「SPC法」(特定目的会社による特定資産の流動化に関する法律)に基づき不動産投資を目的とした投資法人のこと。元々は、米国で発達した制度で、不特定多数の投資家から集めた資金で複数の不動産物件を購入してその運用益と場合によっては売却益を投資家に配当金として還元するReal Estate Investment Trustの頭文字を取ってREIT(「リート」)と言う。通常、日本版リート(「Jリート」)が不動産投資信託と同意語として使われている。(石崎文吾)
43	フラクタル議論	1975年数学者マンデルブローによって提唱された理論。自然界の現象、例えば雲の形、海岸線の曲線などの微小部分と全体部分とは相似形を有するとの理論。(佐々木宏茂)
44	ホームステイ	海外旅行や短期留学などで、一般家庭に宿泊滞在すること。(木村英夫)
45	ホスピタリティ	客のもてなしの良いこと。ホテル用語では「好ましい接遇」として使われることが多い。(木村英夫)
46	ボランティアガイド	無償で奉仕するガイド。(木村英夫)
47	(少数)民族文化	(少数)民族が自然に手を加えて形成してきた物の両面の成果。衣食住をはじめ技術・学問・芸術・道徳・宗教・政治など生活形成の様式と内容とを含む。文明とほぼ同義に用いられることが多いが、西洋では人間の精神的生活にかかわるものを文化と呼び、技術的発展のニュアンスが強い文明と区別する。(陳晶)
48	モニター旅行	旅行のモニターを募集し、旅行内容や目的地などを調査報告してもらう代わりに、旅行費用の一部を、モニター依頼者が負担する旅行。(木村英夫)
49	リゾート法	国民が余暇等で、ゆとりある生活を実現するために、良好な自然条件を備えた地域の整備を民間が行うことにより、併せて地域の振興を図るべく1987年に制定された。正式名を「総合保養地域整備法」という。(和平勝明)
50	ワーキングホリデー	休暇で外国を訪れる青少年に対し、滞在費を補う意味で、一時的に就労を認める制度。(木村英夫)
	ワーキングホリデー	外国で就労を付随的に認めた制度とは異なり、ナショナル・トラストが独自に行っている。プロパティ(資産)内のベースキャンプに一定期間滞在して、自然環境や歴史的遺産の保全活動に従事しながら休暇を過ごす。(中村茂徳)

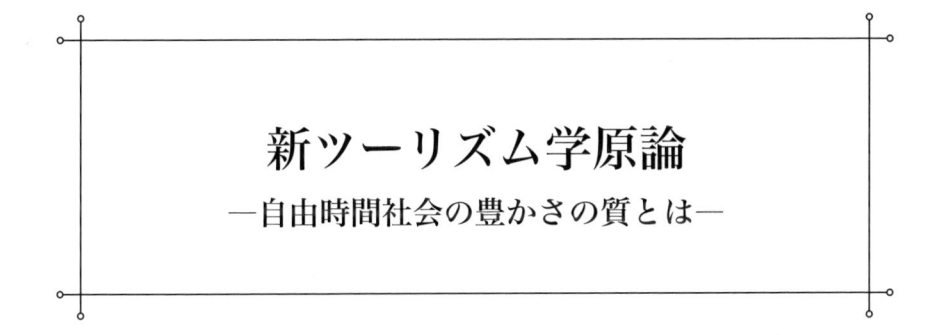

新ツーリズム学原論
―自由時間社会の豊かさの質とは―

序　論　ツーリズムとツーリズム研究の諸前提

今　防人

　めまぐるしく変動する世界情勢、ITをはじめとする科学技術の発展により、ツーリズムも大きな影響を受けている。ツーリズムは広大な分野にまたがっている。本書でもその全てが尽くされているとは到底言えないが、現代ツーリズムの重要な傾向や領域はしっかりと把握されている。

　本序論は、ツーリズムが決して真空の中にあるのではなく、地球という自然環境、世界という歴史的・政治経済的環境で起生している点に注意を払って欲しいとの願いから、敢えて以下のような内容とした。

　ツーリズムは、決してバラ色の地球、世界の中にあるわけではない。ある意味で修羅の只中にあるといってよい。また、自分あるいは自分たちだけが楽しむツーリズム以外のツーリズムにも注意を払って欲しい。

　人間は根本的に相互扶助なしには生きられない存在である。たとえ、経済的に自立しているという幻想を抱いて生きていても、cooperationがなくなれば、社会は一瞬にして崩壊するだろう。例えば貨幣は重要ではある。しかし、ロビンソン・クルーソーが無人島に漂着した際に貨幣が何の役に立っただろう。もっとも我々が生きている社会・世界自体がfictionである。貨幣にしてもfictionである。しかし貨幣は、多くの場合、人間の死生を制するfictionである。

1. ワールドツーリズムを阻害する要因

(1) 地球という環境の破壊

　巷間では近年の気候変動や天変地異の根拠に、極点の移動や地軸変換あるいはもっとマイルドな温暖化現象を危惧する声が次第に高まってきている。これらの声は、さまざまな予言とない交ぜになり、地球そのものが変動期に入ってきているとしている[1]。両極の大氷山の溶解が海面の上昇をもたらすならば、観光地として著名なモルジブや南太平洋の島々は水没するだろう。あるいは大半が海に面している先進諸国の大都市は、同じく水没の危機にさらされる。また、地球の地磁気の極端な減少が、地球内部の変動を意味しているとする人々もいる。地磁気は、マグマの活動に関係していて、地震や火山活動の活発化を招来するという。さらに天文学的な大災厄を唱える人々も少なくない。例えば、過去に恐竜の絶滅をもたらした小惑星の地球衝突がその一つであろう。地球に衝突する可能性がある小惑星や彗星は、決して少なくない。もしこれらのうち一つでも起これば地球、人類そのものの危機・破滅に至るだろう。

(2) パンデミー

　2006年現在、世界的な話題・危機の一つは、紛れもなく鳥インフルエンザのヒトへの感染であり、そしてウイルスの変化によりヒトからヒトへの爆発的な感染、つまりパンデミーである。2月には、各報道機関が、アフリカのナイジェリアで鳥インフルエンザが発生したと、一斉に報じている。各国はインフルエンザのワクチン「タミフル」の備蓄に懸命になっている。過去の人類史においてパンデミーは、決して珍しい現象ではなかった。ヨーロッパ中世の黒死病をはじめとし、パンデミーは頻発したといってよいだろう。特筆すべきは、大航海時代にヨーロッパ人が新世界に様々な病原菌を持ち込み、パンデミーを引き起こしたことである。一説によるとコロンブスが渡った頃はエスパニョーラ島の人口は2,000万人を超えていたが、十数年後には数十万人にまで激減したという。

ヨーロッパは、近代に入り医学というよりは上下水道や公衆衛生学が発達した。それにより、パンデミーは下火になっていく。もっとも20世紀になってもスペイン風邪や香港風邪、アジア風邪などのインフルエンザが猖獗を極めたことはSARSの比ではない。しかしながらエイズ、ナイル熱、エボラ熱そしてSARSなどの不可解な感染症は、人類にとって新たなパンデミーの脅威をもたらしている[2]。

　現代はまさしく大旅行時代といってよい。しかし、皮肉なことに上記の感染症は、人間の移動が飛躍的に増大したことにより、感染の猛威を一層増した。インフルエンザ対策として政府は、「外出の機会を避ける」「人ごみには近づかない」などの非現実的なアドバイスを出している。ビジネスにしてもメールと電話で全てが事足れりとするわけにもいくまい。政府は昨年から患者の隔離に力を入れ始めている。医師は、インフルエンザ患者に「72時間の外出禁止」をしきりに言うようになっている。これはパンデミーの不可避性を見越した措置とも考えられる。大流行までのカウントダウンなのであろうか？

(3) 大規模な戦争とテロ

　ベルリンの壁崩壊から17年近くが経過しているが、世界から戦争がなくなる気配はない。資源をめぐる湾岸戦争、アフガン戦争、イラク戦争、そしてこれと絡んだ9.11同時多発テロなど、テロの続発は、ツーリズムの発展にとり大きな障害となってきた。唯一の超大国米国の世界支配は、BRICS台頭などにより必ずしも安定したものとはなっていない。20世紀にはイデオロギー、すなわち「ゲルマン民族」「第三帝国」「大東亜共栄圏」「四つの自由」「民主主義」などをスローガンとした戦争が多かったが、21世紀はこうしたイチジクの葉を落とした露骨な資源獲得戦争が多くなってきている[3]。とりわけBRICSの中国、インドは、世界中の資源を求めて激しい動きに出てきている。争奪の対象となっているのは化石燃料、鉄鉱石、ウラニウム等の各種希少鉱物に止まらない。水資源も重要な対象となっている。水の重要性は、人体のほとんどが水で出来ていて、人間は飲料水を欠くことが出来ないというに止まらない。農業、工業にとっても水は不可欠である。あるいは輸送手段としての河

川・湖沼の水は重要である。地球上の水は、危機に瀕しているといってよいだろう。例えば有数の大陸内湖であったアラル海は、今では見る陰もないほど矮小化しかつ汚染されている。

戦争の危機は、資源獲得をめぐるものが中心となろうが、核兵器の拡散も極めて重要な事態を招きかねない。米国、ロシア、中国、英国、フランスの以前からの保有国に加え、隠れた核大国イスラエル、インド、パキスタン、北朝鮮、そして可能性の高いイランが加わる。また、潜在的核大国である日本にも注意が集まっている。核戦争になれば人間、動植物への直接的かつ甚大な被害のみならず、いわゆる核の冬により地球の気象が長期間大きな変動を余儀なくされよう。さらに危惧されているのが、テロリストによる超小型核兵器の使用である。旧ソ連崩壊による核燃料、核技術の流出、そしてこれらが流通する闇の核ネットワークの存在が明るみに出てきている。テロリストはスーツケースにひそめた超小型核兵器を大都会の一隅で爆発させることが出来る。

(4) 世界経済の破綻

以上(1)から(3)までの要因は、世界経済を破綻させる原因となり得るが、世界経済が内的要因から破綻することも考えられる。1999年のタイの通貨危機から端を発したアジア通貨危機は、各国の経済に甚大な被害をもたらした。世界金融システムの内部要因から世界経済が破綻する可能性は存在するだろう。

(5) 複合的要因

最近、米国の地理学者で環境学者のジャレド・ダイアモンドは、環境破壊と政治経済が密接に結びついて、文明が崩壊する興味深いケーススタディを発表した[4]。地球規模でこうした崩壊が生じないという保証はない。

2. ツーリズム研究が依拠する前提の再考

さて、これまでのツーリズム研究が依拠してきた幾つかの前提を再考して

みたい。

(1) 研究対象

　ツーリズムの前駆的形態として、前近代社会の巡礼などが取り上げられることは多いが、基本的にはツーリズムが"自由な個人の移動"を前提とするところから、近代社会の成立をもって始まると考えられている。ツーリズムが身体の移動を伴うことは必要条件である。もちろん前近代社会にも移動はあったが、自由意志を前提としていないというのである。しかしながら、この社会にも自由意志で移動した人々は存在した。鑑真和上にしても、布教という使命から再三再四日本への渡航を試みたのである。エジプトへ大旅行を試みたヘロドトスの場合も然りであろう。これは彼らの自由意志ではないのか？

　動物としての人間は移動する。しかも通常の動物のように厳密なテリトリーがあるわけではない。もちろん人間社会にも異人やよそ者の観念は、現代でも存在する。しかし、この場合テリトリーは極めて象徴的で記号的である。しかし、従来のツーリズム研究の立場からは自由意志で移動する人々の量的存在が問題となるのである。つまり、制度的に自由な移動を認める近代社会の存在が前提となろう。

　さらにクック商会が初めて旅行斡旋をしたことを想起しよう。斡旋業は近代以前にもあった。御師なども存在した。クック商会が旅行を演出する、つまりイニシアチブを握る。商会は産業社会の御師となる。産業としての旅行の登場である。演出者は情報の提供者、操作者である[5]。

　およそある学問が成立するためには、独自の研究対象と研究方法が要求される。さらに研究対象の普遍性も要求される。ツーリズム研究が近代に限定した場合、学的普遍性が保証されるのだろうか？　フェルナン・ソシュールが晩年に記号学を構想し、(構造)言語学がその中に入ると考えた。ツーリズム研究も将来は移動学といった大きな体系の一部となるかもしれない。

(2) 日常と非日常という枠組み

　通常、ツーリズム研究で描かれるツーリスト像は、好奇心に駆られ日常的

世界から非日常世界へ赴く人間、というものであろう。人は非日常世界でリフレッシュしたり癒やされたりして日常世界に帰還する。昔でも非日常世界に関する情報はあった。人からの伝聞、新聞、書物、絵葉書、旅行案内などである。非日常世界に関するこれら雑多な情報をまとめるのが想像力であっただろう。現在でも非日常世界についての情報は、これらのメディアからも得られるが、視覚・聴覚による情報が圧倒的に多くなっている。

旅行代理店のチラシやパンフレット、ガイドブックも健在である。しかし、テレビやインターネットによる情報が、非日常世界をあらかじめインプットしてくれる。バーチャルの世界を持ちながら、我々は非日常世界に行くのである。所与のこの世界は想像力の助けを借りる必要がない即自的な世界である。視覚・聴覚的には既に何ほどかは経験済みの世界かもしれない。両方の世界の敷居は次第に低くなってきている。それだけ〈癒やす力〉もなくなってきているのかもしれない。

視覚・聴覚的世界以外でも、我々は非日常世界を日常世界で一部経験していると言えよう。東京にはエスニック料理店が溢れている。トムヤムクンの味はバンコクでも東京でもそれほど変わっているとは思えない。

何よりもリピーターが年々増加してきている。リピーターにとって非日常世界は、第二の日常世界と化してきている。日本人の中にはマレーシアやタイにロングスティする人々が増加してきている。こうした人々にとっても非日常世界が日常世界となってきている。

アクセスが困難だった時代とは異なり、今や非日常世界は容易にアクセスできる場所となっている。かつての想像力によりキラキラ光っていた世界は散文的になっているのかもしれない。

(3) 新しいツーリズムの領域：スタディツアーとボランティアツアー

従来の〈癒やし〉や〈自己実現〉を目的とするツーリズムは今後もなくならないであろう。それはそれなりに価値がある。しかし、上記のように二つの世界がますます近づくならば、従来は主流でなかった異なる領域のツーリズムが注目される。つまり、スタディツアーとボランティアツアーである。

スタディツアーは、更なる好奇心を満足させるため、明確なプログラムを組んだツアーである。地球がますます一つの村となりつつあるならば、外国人はますます隣人となってきている。日本国内にもさらに多くの外国人が入ってくるだろうし、入れざるを得ない状況が差し迫っている。そこでスタディツアーが求められ、需要も伸びてくるだろう。近年、主として高齢者や年金生活者の外国ツアーで、事前に学習プログラムを組んで勉強会を開催している旅行社が出て来ている。ツアーに参加する人々が事前に知り合いになるというメリットもあるようだが、訪問地の歴史・文化・政治経済などを学ぶことは、実際のツアーをさらに豊かなものにするであろう。

　中高年者のスタディツアーもさることながら、生徒・学生にこそ、このタイプのツアーが必要である。事前・事後の勉強は、形骸化している今日の学校教育に喝を入れるだろう。スタディツアーを糸口に生徒・学生は勉強の目的を見つけるかもしれない。特に現代世界の知識が限りなく無に近い日本の若者にとっては、実地の体験を基に学び直す絶好のチャンスを与えてくれるだろう。歴史だけでなく、食・衣・慣習から見た文化、政治・経済、何よりも国際政治経済を具体的に考えさせてくれる体験を与えてくれるだろう。

　こうしたツアーにおいては教師も学ばなければならないのは言うまでもない。高校では、世界史の必修化と並行して形骸化が進行した。そうした時代に教育を受けた教員が現場に入ってきているからである。

　ボランティアツアーは、ボランティアを必要とする国や地域に出向いて活動するためのツアーである。旧ソ連圏崩壊後、社会主義の理念は地に落ちたといってもよい。しかしながら、資本主義自体が良くなったわけではない。逆に、むき出しの個人、集団、国家の利己主義が跋扈するようになっている。社会主義は少なくとも自己だけではなく他人のことを考える思想、利他主義の側面を有していた。しかしながら「新しい人間」（レーニン）は生まれなかったといってよい。人間の変革は制度の変革よりも難しい。制度の変革は人間の変革を自動的に生み出すことはなかった。

　しかし、人類が誕生して以来、利他的な思想が全くなかったという時代はない。原始キリスト教にせよ、利他主義はたとえ細々でも続いている思想で

ある。ボランティアを社会主義の代替思想と捉えるのではなく、利他の伝統思想に繋がるものと捉え返す必要がある。

1990年代から日本でも慈善や博愛とは異なるボランティアが生まれてきたことは極めて好ましいことである。義務的なものに止まらず、他者とのふれあいや共同作業などそれまでの人生で少なかった経験を求める若者が増えてきたことは喜ぶべきことであろう。「自己チュー」といわれる若者は、好んで「自己チュー」になったわけではあるまい。ボランティアツアーを通して、社会が自分ひとりで成り立っているわけではないことを、身をもって知るチャンスが与えられるだろう。

とりわけ肉体労働のチャンスがこうした機会にあることは大事である。戦後61年経つ現在、肉体労働は影を潜めている。しかし、人間が身体を持ち、この世から労働がなくならない以上、労働の原点である肉体労働のチャンスは、現代の若者にとって重要である。神経だけでなく身体を使い、汗をかくことは新しい自己の発見に繋がるだろう。

現代の若者は、家事手伝いをほとんど経験しないといってよい。薪割り、風呂焚き、家庭菜園の作業など、肉体労働の手伝いはなくなってしまった。農家の息子や娘が、農業をほとんど経験しない時代である。

流出原油の撤去や、地震で崩壊の家の後始末、雪下ろしなどは、若者に貴重な体験を与えてくれる。日本国内にもボランティアのチャンスは少なくないが、広く世界に目を向けると、常に必要としている国々の方が多いといえる。大地震、大津波などの大災害は言うに及ばず、常時ボランティアを必要としている国や地域は無数に存在する。

ボランティアツアーは人々を教育すると共に、人間が決して一人で、一つの民族や国家として存在しているのではないことを教えてくれよう。

本書はツーリズムの極めて重要な多くの領域をカバーしている。本序論で提起したささやかな課題を念頭に置きながら読んで頂ければ、必ずや得るものがあると確信している。

[注]
1) ここ数年、精神世界の人々が問題とするフォトンベルト、およびこれと関連してノストラダムスの予言の再考や神道系の予言などが静かに広がってきている。(例)「共同通信社は2月6日、ロシア通信社からのニュースとしてロシアのある天文学者のインタビュー記事を国内に配信しました。それによると、ロシアの天体観測研究所のアブサマトフ研究員が、今後太陽の活動停滞が起こり世界中の気温が次第に低下をはじめ、今後地球は「ミニ氷河期」に突入する可能性が高いとロシア通信社の記者のインタビューに答えたのです。」「フォトン・ベルトレポート」第24号　2006/2/9 宇宙の法則研究会 http://www.net-g.com./phton/reset.html
2) 巷間ではこれらの新型感染症が世界の闇の司令部による〈劣等民族のジェノサイド〉とする説がささやかれているが、確固たる証拠は一切ない。またSARSにしても中国における発生地・広州には人民解放軍の生物兵器研究所の存在を指摘する人がいるが、一切は深い闇の中である。
3) イラク戦争は石油をめぐる戦争であることは誰の目にも明らかである。クリントン政権下で人道的な介入を試みたソマリアの内戦から米軍はあっさり引き揚げている。石油も何もないからである。
4) ジャレド・ダイアモンド／楡井浩一訳(2005)『文明崩壊(上)(下)』、草思社。
5) ジョン・アーリ／加太宏邦訳(1995)『観光のまなざし―現代社会におけるレジャーと旅行』、法政大学出版局。

第1部　ツーリズム研究の新地平

1　LOHAS社会の実現を目指して
:「自由時間政策」の新たな展開

加藤　敏春

1　新しいライフスタイル：LOHAS

　「最近はすっかりヨガに通ったり、自然食を摂るようになったわ」。「体験型のグリーンツーリズムに凝っているんだ」。「いずれにしてもLOHAS(ロハス)っていいね」──。最近、オフィスの女性たちや団塊の世代の男性の間で、こんな会話が交わされている。若い人のなかには自然環境に優しい自転車通勤という人種も出現している。

　LOHAS(ロハス)をご存じだろうか。アメリカ発の「Lifestyles Of Health And Sustainability」の略で、健康と持続可能な経済社会の実現を重視するライフスタイルのことである。

　LOHASな人々は、自分の健康だけでなく、社会正義、自然資源の保全、自己啓発(personal development)、精神性などに大きな関心を持っている。消費行動においては、こうした価値観に基づいてブランドを選択し、新しい商品を最初に試す傾向があり、環境に配慮したものには価格が20％程度高くても購入し、また、人に勧めるという行動特性を持っている。アメリカ調査機関NMI(Natural Marketing Institute)の2004年度調査によれば、アメリカ人の27％はLOHAS層という結果が出ている。

　NMIによるアメリカLOHAS市場に関する推計によると、LOHAS市場は2268億ドル(約30兆円)と推計された。アメリカでは、LOHASのライフスタイルを支える商品・サービスを提供する企業は、個人が起業した小規模メーカーや自営業に近いものが多いが、自然食品店「ホールフーズ」やエコライフ関連

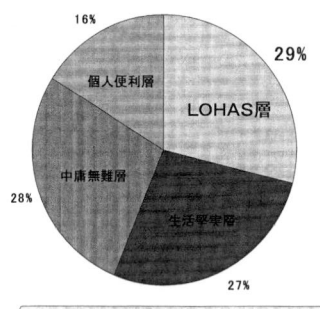

(図1) 日本のLOHASクラスターの構成比

(出所)「LOHAS消費者調査」2005サマリー（イースクエア）

グッズを紹介するショッピングサイト「GAIAM」をはじめ数十億〜数百億円規模の企業が育っている。

日本では2002年10月に、環境コンサルティングを行っているイースクエア社が、LOHASの提唱者を日本に呼び、シンポジウムを開いた。そして、それから数カ月後に雑誌『ソトコト』が特集を組み、大きな契機となった。その影響で、LOHASを推奨する非営利団体も誕生した。仕掛け人たちとメディアの力によって、それまで一部の人々の間で実践されていた健康と環境志向のライフスタイルが顕在化したのだ。

これまではアメリカでの調査しかなかったが、2005年2月にはイースクエア社が国内でも消費者調査を行い、日本人の29％がLOHAS層であることが明らかになった(図1)。これはアメリカとほぼ同じ割合である。

日本のLOHAS層も環境・健康、社会的な問題、自己啓発や精神性の向上に関心が高く、行動する人々で、購買意欲が高いことが特徴である。ブランドイメージを重視する一方、価格に対するこだわりは薄い。学歴や年収も高い。また、気に入った商品を家族や友人に勧めるなど情報発信力も高い。こうした国内でのLOHAS層の存在が明らかになったことから、日本の大手企業もLOHAS層をターゲットとした商品開発のスピードを速めている。

2. LOHASの目標

(1) 喜び、楽しみ、遊び、イマジネーションに富んだ幸せなLOHAS社会

　LOHASの目標は、喜び、楽しみ、遊び、イマジネーションに富んだ幸せである。人間はもともと喜びと楽しみに満ちた生活を望んでいる。そこでは仕事と遊びが渾然一体となっており、ことさらに両者を分ける必要もなく、遊びの要素からイマジネーションが湧き出て、そこから、そもそも創造性が重要なファクターとなる仕事に生き生きと熱を入れることになる。

　こうした生活は何も芸術家のような職業に限られるものではなく、すべての職業、あるいは家庭での生活にも十分当てはまることである。また、日常の生活を超えたお祭りや旅行、長期休暇、親しい者同士の集まりの楽しみも、本来、人間に与えられているものである。さらに、死期が近づき、これまでの人生のなかでの人間関係で味わった喜びやほろ苦さを反芻し、自らの果たした社会での役割を振り返りながら、やり残したことを完成させる時間、あるいは癒しのための時間が与えられることも、また人間の天与の権利であるといえる。多様な人生経路(ライフコース)や多様なライフスタイルのなかで生活者がこうした幸せを実現できる社会が実現されるべき社会であることは確かであろう。

　前述した特性を有するLOHAS層が社会の大半となり、そうした人々によって構成される社会を私は「LOHAS社会」と名付けたい。

(2) 幸せへの複線ルート

　これからの日本の社会は、これまでのような豊かさを第一義的な目標とする社会から幸せの追求とそのための複線的なルートが用意された選択肢の豊富な社会へと転換を図っていく必要がある。また自己実現とともに、それだけでは幸せを実現できない以上、他者とのネットワークやコミュニティの構築が不可欠である。そのためには生活者の一人ひとりが自らのライフスタイルを自己責任原則でデザインし選び取り、他者とのネットワークやコミュニティの構築を自覚的に行っていくための環境整備と広い意味での人的資本投

資への支援が必要となる。

　地球温暖化などの環境制約が地球規模で顕在化している状況の下で、社会を円滑に運営していくためにもこうした取り組みが不可欠となるが、幸せへの複線ルートを備えた選択肢の豊富な社会の実現は、同時に、効率では計れない人間の幸せを実現しようとする試みでもある。幸せの要素としては豊かさに加えて、喜び、楽しみ、遊びが含まれ、また生きていて良かったと思う感情や宗教的感情、あるいは悔いのない死といった本源的なテーマも重要となる。

3. LOHAS社会を実現するために：「自由時間」という新しい捉え方

(1) 新たに付加すべき機能

　LOHAS社会を実現するためには、物的豊かさとその再生産・享受のための余暇活動だけでなく、成熟社会において、自己実現、芸術・文化、研究、癒しといった心の豊かさを目指した広い意味での余暇活動、自由時間活動という側面を付加することが重要となる。

　さらに、これからの余暇ないし自由時間は、知識社会においてますます重要となる人的資本投資を行う時間としてとらえ直す必要がある。これからの人的資本投資は就職前の学校教育に限定せず、また企業内教育に限定せず、個人をベースにした社会を前提に生涯にわたる自由時間活動として取り組む必要がある。

　■ここで能力開発に代えて人的資本(への)投資という言葉を使うのは、能力開発という言葉が企業の生産性に直接つながる能力アップだけを指す場合が多いからである。ここでは創意工夫、対人関係、指導力、コミュニケーション能力、感受性といった幅広い人間の能力を指すものとして人的資本を使うこととする。

　また1990年代以降、先進国で深刻化している国や地方公共団体の財政危機の下では、人々の社会参加を活性化させ社会保障負担を軽減するための様々な仕組みや投資が必要となるが、その中で、家族や個々人が自らに対して行

表1-1　自由時間への概念の進化

これまでの考え方	これから付加すべき考え方
○明日の労働のためのレクリエーションの時間 ○経済成長の成果を余暇・レジャーとして享受するための時間	○成熟社会での新しい余暇・レジャーのための時間 ○知識社会における新しい余暇や投資のための時間 ○ケア世界におけるケアや投資や移転のための時間

う健康づくりのための投資やNPO、ボランティア活動を通した相互の助け合いに割く時間がますます重要となる。

したがって、これからの余暇ないし自由時間は、少子高齢化の世界の到来を前提に、家族や個々人が思いやりや交流によって温かい社会をもたらすための時間としてとらえ直す必要がある。また、子ども、高齢者、障害者等へのケアの時間を一人ひとりのライフコースの中で適切に取れるような時間配分の自由度の上昇、すなわち自由時間促進のための政策が必要となる。

(2) 自由時間の3区分

こうした観点に立って、生活者の自由時間を区分すると、①消費的な自由時間、②投資的な自由時間、③移転的な自由時間の3つに大きく分けられる。

①の消費的な自由時間は、個人の楽しみのための活動時間であり、旅行、レジャー、スポーツなどこれまで自由時間の中心的なものと考えられてきた時間である。

②の投資的な自由時間は、将来の生活や社会の充実につながる活動時間であり、家計資本への投資、人的資本への投資、地域環境への投資などからなる。

家計資本への投資は、生活の充実そのものを目指した住宅ストックの改良・改善からなる。地域環境の改善を目指す社会貢献も同様の投資であろう。人的資本への投資は、自他に直接及ぼす効用(清潔できれいな身体、教養と知性は自分にとっても周りにとっても効用が高い)や雇用における効果(所得増)を目指した自分や自分の家族への教育等の投資からなる。地域環境への投資は、地域福祉、ボランティアなどの移転的自由時間とあわせて、社会貢献活動として理解されている自由時間の使い方である。

③の移転的自由時間とは、ボランティアなど他者のために行う活動時間である。近年盛んになっている各地のエコマネー・地域通貨の活動は、一人ひとりの生活者が有している時間を単純な移転関係から投資的な関係に転換することにより、社会貢献活動を合理的にしようとする試みだとも考えることが可能である。

(3) 自由時間の定義

　旧来から自由時間という言葉は使われていたが、それは余暇時間の言い換えであり、「労働や教育などの義務的、拘束的な活動から自由になる時間」と捉えられていた。

　しかし、私による自由時間の新しい定義は、労働、教育などの時間を最初から義務的、拘束的と決めつけず、すべての人間の生活時間には、義務的、拘束的側面と自由な側面とがあるという考え方に立って、「活動種類には関わりなく、柔軟な時間配分が可能な時間、あるいは自由を感じられる時間」を自由時間と呼ぶ。例えば、労働時間の自由時間化とは、義務的、拘束的な労働を柔軟化し、自由裁量の余地を高めることによって、労働時間自体の長さは不変であるとしても時間の質自体を変化させるということを意味している。

　従来の定義では、当然のように自由時間であったレジャー活動の時間でも、上司とのゴルフなど義務的、拘束的であることもある。レジャーへ向かう渋滞の車中の時間もこうした面が強かろう。したがって、新しい定義によれば、レジャー活動の自由時間化ということも必要となる。

　従来の自由時間の定義は、管理社会的生活の強い社会では有効であった。なぜなら、そうした社会では余暇の中でしか自由を得られないからである。余暇時間こそが自由時間であり、両者は同義であった。

　ところが、労働や教育、家事やケアといった活動自体が自由に選択でき、また自由にデザインできる社会では、それらの活動の時間が自由時間ではないとは言い切れなくなる。また逆に余暇時間であるといっても、それが自由時間ではないかもしれないと意識されるようになる。例えば、現状の高齢者

が多く有する余暇が果たして自由に選択し、デザインした結果としての時間であろうか、という疑問が抱かれているのである。

つまり、私たちは、ある意味では管理社会に自ら身を埋めることによって豊かさを獲得してきたのであるが、これからのLOHAS社会を展望するに当たっては、豊かさに止まらない新しい理想が必要となっている。これが、豊かさから幸せへと、あるいは余暇から自由時間へと目標を高度化させることが必要な最大の理由である。

4. LOHAS社会の将来像

(1) ユニバーサル社会における人間回復
1) すべての人間がプレイヤーとなる社会

近年の経済発展は、豊かさと同時に、家族や共同体の変容および少子・高齢化社会をもたらした。この結果、誰もが相互にケアの対象となり得る社会が到来し、人類は、身分や人種ばかりでなく、性、年齢、身体状況の違いによって差別されず、共に等しく社会の主体的プレイヤーとなる社会(ユニバーサル社会と呼ぶべき社会)を実現できる状況になった。

20世紀型社会においては、男と女、大人と子ども、青壮年と高齢者、健常者と障害者という二分法が当然のこととして受け入れられていたが、これからのLOHAS社会においては、性や世代などによる違いを解消してしまうという形ではなく、両者の機会均等、そして両者が持つ能力や特性をもって相互に補い合うという関係が構築される。自由時間という捉え方や後述する自由時間政策の展開は、その際の最大の武器、ツールとなる。

LOHAS社会においては男女の自由な労働時間が実現され、男性の子育てや女性の社会参加を促進する。またボランティア活動を拡大して、青壮年と高齢者、健常者と障害者が隔離された社会を是正し、ノーマライゼーションの発想に立った社会の形成を促進する。

また、高齢者の知恵や経験、子どもがもつ遊びの天才、女性や障害者の独特な感性はLOHAS社会の貴重な宝となろう。ケア世界の到来を強く意識し

ている人にとって母性をもつ女性の存在は天からの授かりものと感じることが多かろう。

■建築や都市計画、工業デザインの分野では、健常者と障害者、青壮年と高齢者といった違いによる分断を取り払うバリアフリーの考え方やバリアフリーをあらかじめ組み込んだユニバーサル・デザインの考え方が普及してきている。ここでは、さらに進んで、そうした考え方に立って制度や社会システムがデザインされた社会をユニバーサル社会と呼んでいる。

2）父性・母性と癒し

ポストモダンの時代にあって、近代社会の指導理念であった市民の概念、人間中心の概念は、近代家族の変容（標準世帯概念の崩壊）や環境との関わりの変化（地球環境問題や廃棄物問題）とともに大きく見直しが迫られている。市民活動という場合の「市民」は、古代都市国家の市民でもなければ、近代家族の家長のことでもなく、ユニバーサル社会を既存の組織や制度に依存せずに主体的に創りあげようとする個々人のことを意味するようになっている。近代社会を主導した人間中心の考え方は、人間と環境（自然や宇宙）との相互関係を中心とする考え方に席を譲らなければならない状況となっている。

従来の家族から距離をおいた、ある意味ではバラバラな個々人の成熟を背景に、そうした個々人を厳しく叱ってくれる父性やそうした個々人を優しく抱きかかえる母性がネットワークやコミュニティに必要となっている。

また、自然や環境に対してある意味では尊大、傲慢であった従来のライフスタイルを反省し、他者との縁や、地球、宇宙に生かされているというスーパーナチュラルな癒しが求められている。LOHAS社会は、こうした父性・母性と癒しに関わる人間の本源的な欲求が新しいコミュニティ、人的ネットワークによって受け止められる社会である。

3）「二重時間制」を支える2つの価値観：「効率」と「反効率」

歴史を近代以前、近代、ポストモダンという長期のパースペクティブで見ると、人間と社会を律している時間の流れは大きく変化してきた。近代以前は、自然のリズムに合わせた時間の流れが主流であった。昼夜、四季などの

自然のリズムやそれと呼応する人間の体内時計に律された生活のリズムが中心であり、祭りや祝日などのハレの時間や年齢別団体への加入式（成人式など）が人間の共同意識のリズムとして付け加わっていた。

　その後近代（モダン）に至り、鉄道運行や工場稼働の時間、それと適合的な時計による時間管理が一般化し、照明の発明などによって自然の限界を克服する近代的な時間の流れが現れ、近代以前の自然のリズムに折り重なり、次第に自然のリズムに取って代わるようになった。

　そして今、ポストモダンの時代が到来し、ユビキュタス化、ブロードバンド化が急速に進む情報社会が到来することとなって、これからのLOHAS社会における時間の流れは、一方で時間の流れをさらに効率化する側面を有する（スピードの社会の到来）が、他方で近代以前から受け継がれてきた自然のリズムに即応した時間の流れを再度呼び戻し、根元的な人間回復につなげていくもの（スローライフの希求）となる。

　ユビキュタス化、ブロードバンド化が急速に進む情報社会においても、社会が一つのまとまりとして機能するためには、グループや社会の構成メンバーが共通して認知する「共通時間」の尺度が必要である。しかし、情報社会の特色は人間が自分自身で勤労時間をデザインできるようになるということであり、そこに「自分時間」が尺度として確立されることが必要になる。「共通時間」と「自分時間」より成り、社会のメンバーが生き生きとそれぞれ時間のデザインをする社会により真のLOHAS社会が実現されるといえるであろう。

　この「二重時間制」の社会を構築するための前提は、従来の「効率」の価値観に加え、「反効率」の価値観を確立することである。

　「効率」の世界の尺度は、

　　　距離÷時間＝速度

　　　仕事量÷時間＝効率

で表される。ここでの時間は「共通時間」であり、1時間当たりどの程度移動したか、どの程度の仕事量をこなしたかで価値が判断される。

　これに対して「反効率」は、まったく正反対の尺度で判断される。そこにおいては

時間÷距離＝じっくり度
　　　時間÷仕事量＝充実度

が尊重される。ここでの時間は「自分時間」であり、1単位当たりの仕事にどの程度有意味の時間を費やしたかが問われる。「じっくり度」や「充実度」の判定はそれぞれの個人が行う。

　こうした二面性を持つLOHAS社会の実現は、自由時間の発想によって生活者一人ひとりが時間をデザインすること、そうした環境を構築することが可能にすると考えられる。後述する自由時間政策のインパクトは当初は効率化の面から生じるが、時間の経過とともに人間回復や重層化、多様化の面が高まることとなろう。

　■キューバの代表的作家アレッホ・カルペンティエールは、若い頃パリで近代的な時間に反逆する文学運動シュールレアリズムに参画した。ところが、その後出身地の中南米ではなお新旧の時間が現実に併存している点に思い当たり、人間回復をイマジネーション上で実現する文学のテーマとして魔術的リアリズムを提唱した。彼の代表作『失われた足跡』は最近代の都市ニューヨークからオリノコ河の河口都市、そして原始の時間が生きているオリノコ川の最上流へと至るストーリーの中で重層的な時間の流れを表現した。中南米文学やラテン音楽の世界的な興隆は、それらによって現代人が忘れかけていた時間の流れの重層性が呼び戻されるからであろう。

(2) 自由な労働、生きがい・楽しみとしての労働

1) 自由な労働生涯

　これからの労働に関しては、高卒・大卒後、新卒で企業に就職し定年まで働くという形態は一般的ではなくなる。働く時期については、学校に行きながら、あるいは一時休学して働くものが増えるとともに高齢になっても自らの経験を生かしながら企業で、あるいは自営業者として働き続けるものが多くなる。

　定年制は近い将来なくなるであろう。「生涯現役社会」の到来である。教育

研修や育児、高齢者ケアなどのために休職・休業、短時間労働シフトが行いやすくなり、だからといってキャリアや継続的技能形成が妨げられない。そして、能力に応じた収入が一般化するようになる。

2) 同質化していく雇用労働と自営労働

　労働形態について、雇用労働と自営労働との差が縮まる。企業における雇用労働は、これまでのように企業に一定の時間を預けて指令の通り働くという形態から、企業というプラットフォーム上で個々人が参加して事業を遂行するという形態に変化する。

　他方、自営業、ベンチャービジネス、SOHOなどのマイクロビジネスには、起業、開業、事業継続のための資金、能力開発、販売、経理、信用保証、福利厚生等に関する支援システムが公的制度として、またインターミディアリーという形で整備される。こうして形成される支援システムがプラットフォーム化した企業と同等の役割を果たすこととなり、雇用労働と自営労働とは事実上同質のものとなっていく。

　こうした環境の下で、近年問題となっているニートやフリーターの増加に対しても解決策が得られるようになる。

3) 労働の位置づけの変化

　豊かさのための労働から幸せのための労働へと目標が変化する中で、労働自体の考え方も「義務としての労働(labor)」から「生きがいとしての労働(work)」へ、さらには「楽しみとしての労働(play)」へと変化する。労働は生活費を得るための活動であると同時に、それ自体が労働の目的となる。

　■遊び(play)を労働や仕事と対立するものととらえずに、むしろ文化や芸術ばかりでなく社会生活そのものが遊びを原型にしている点を明らかにした古典としてホイジンガの『ホモ・ルーデンス』(1936年)をあげることができる。非日常的な世界の時間と空間の決まりの中で規則正しく進められる遊びのルールや約束事から「法」は生まれ、戦争もかつては厳格な規則の下での競技として行われていた。人間にとって遊びは、まじめとふまじめ、あるいは善悪の対立を超えた根源的な生の範疇であり、社会や法を生み出す原動力であると指摘したのである。このような意味で「楽

しみとしての労働(play)」は、ふまじめな仕事の仕方を意味しているのではなく、より生の根源に近いところで仕事をしようとする方式を指しているととらえることができる。

4) 結果としての労働時間の短縮

前述の「二重時間制」の下では、当初は「効率」の価値が優先され労働時間は長くなる傾向を示すが、次第に「反効率」の価値が尊重されるようになる。後述する自由時間政策(特に「自由時間度」に関する企業の格付け・評価)は、社会をその方向に誘導するための環境を整備する。労働時間の短縮が単純に生活者の幸せの向上につながらないとはいえ、自由時間政策は、生活者が学習やケア、レジャーと労働を両立させる自由な生活設計を可能とし、次第に労働時間の短縮につながることとなろう。

■森岡[2005]は近年の日本人の働きすぎの状況に警鐘を鳴らしている。しかも働きすぎは日本人だけの問題ではなく、アメリカ人やイギリス人も働きすぎになっているという。その原因について森岡は、グローバリゼーション、情報化の進展をあげているが、まさにこれは「二重時間制」の当初の段階において「効率」の価値が優先される傾向にあることを示している。「自由時間度」に関する企業の格付け・評価等の自由時間政策は、次第に「反効率」の価値が尊重されるような環境を整備するものといえる。

(3) 21世紀型の経済循環

1) 貨幣経済循環と非貨幣経済循環

1990年代以降経済、特に金融の自由化が進み、市場経済の論理がほとんどすべての人間の活動分野を包摂し、あたかも万能であるかのごとき様相を示した。しかしながら、これからのLOHAS社会においては、人間活動の精神的な側面、知識活動的な側面が拡大し、また貨幣経済的な分業が行き過ぎた面が反省されるにつれて、自作や手づくり、在宅ケア、自己啓発、家庭教育、ボランティア、相互扶助、環境にやさしい消費といった家庭内での生産・投資やコミュニティ活動の非貨幣経済循環が再度注目されるようになっており、その傾向が次第に拡大していく。

今までの管理型社会においては、労働と余暇の関係と同様に貨幣経済循環と非貨幣経済循環はこれまで対立的にとらえられてきたが、実は相互に補い合うとともに、適切に組み合わせれば全体としての効果も大いに向上するという側面を有している。21世紀の経済循環は、こうした貨幣と非貨幣の経済循環が緊密に重合したものになろう。

　エコマネー、地域通貨は、1997年に私が日本において提唱し実践的普及活動を進める中で約800もの地域(2005年12月現在)で導入されたり、21世紀初の万博として日本で開催された「愛・地球博」において実施されたEXPOエコマネーに約60万人もの人々が参加するようになっているが、今後の発展としては、多様な形態のエコマネー、地域通貨が登場することにより、非貨幣経済循環を顕在化させるのみならず、貨幣と非貨幣の経済循環を重合化させるものとして機能することだろう(エコマネー、地域通貨の詳細に関しては、私が主宰する(特)エコミュニティ・ネットワークのホームページ〈http://www.ecommunity.or.jp/〉および参考文献にある拙著を参照されたい)。

■従来より「近代世界システム」は終わりつつあると指摘してきたウォーラスティンは、最新著『脱商品化』において「脱商品化」という概念をこれからの社会の基本方向として提示している。ウォーラスティンのいう「脱商品化」とは、われわれの生活を取り巻く基本的な物質条件の循環の大半が市場システムを活用しつつもNPOなどにより担われる状況を示しており、私的財産や貨幣を否定するのではなく、利潤という概念が次第にウエイトを下げていくことを言っている。これは、貨幣経済循環と非貨幣経済循環が構築されていくという私の指摘と符合していると言えるであろう。

2) 無形資産投資の活発化による新たな成長軌道

　従来の経済成長は、有形資産の量的拡大によってもたらされる面が強かった。しかし、知識社会化が進展するにつれて無形資産への投資活動が経済成長に及ぼす影響が高まってきている。この点に関しては、1990年代日本の全要素生産性がかなり低下したこと、民間研究開発投資がいわゆる「死の谷」(Valley of Death)を克服できず技術進歩を起こしにくくなったことなどに見ら

れるように、総じて日本経済の対応は遅れている。

　その背景には、需要の大きな財・サービスを生み出すイノベーション力が低下していることがある。今後のイノベーションは、一方の極にICT（ブロードバンド・ユビキタス）、バイオ・ゲノムなどの生命科学、ナノテクなどの材料、環境・エネルギー技術などがあり、他方の極に健康、学習、安全、環境、ケア（福祉を含む）などのサービス産業が有力となると考えられ、新時代の会社はそれらへの積極的対応が求められる。これらの新しい産業に属する会社の生産関数は、共通して以下のように表される。

　　　$V = F$（有形資産、無形資産）：
　　　　Vは会社が生み出す経済的、社会的、人間的価値

　ここで「有形資産」とは、「物的資産」と「金融資産」のことであり、「無形資産」とは、「従業員資産」（従業員とナレッジワーカー）、「顧客資産」（顧客そのもの）、「サプライヤー資産」（サプライヤーとパートナー）及び「組織資産」（リーダーシップ、戦略、組織文化、ブランド、プロセスなど）のことである。経営者やナレッジワーカーは、従来の「物的資産」と「金融資産」に加えて「顧客資産」、「従業員資産」、「サプライヤー資産」、「組織資産」を元手にして価値を創造する。

　この生産関数に関しては、会社の価値創造過程における「無形資産」の役割が90年代以降「有形資産」のそれを凌駕していることが実証的に明らかにされるとともに、アメリカでは「競争力協議会」が提言（"INNOVATIVE AMERICA"）を出すまでに至っている。90年代の会社価値評価手法は、ROA、ROEなど株主価値最大化を目標としたもので限界がある。知的生産性は、「無形資産」がどの程度会社の価値創造に寄与したかを示す指標であり、現在その開発が世界各国で行われ、すでにその成果はデンマークやEUなどでガイドラインが出され、会社のIR（Investment Relations）に活用されている。

　今後日本においても無形資産投資を活発化させる必要があるが、そのためには新しいコミュニケーション・スキルを開発・蓄積しながら、単線的なライフコース上の人間に止まらない人間の本来の意味での能力の開発を進めることによって、新しい成長軌道が実現することが必要となる。

3）資源、環境に配慮した新しい効率

新しい定義による自由時間は、新しい資源・エネルギーの効率と豊かな環境の創造に結びつく。画一化した労働や余暇は、朝夕の「痛勤」や盆暮れ・ゴールデンウィークの渋滞といった運輸需要の偏在や夏季電力需要の変動幅の拡大などを生んでいる。労働や余暇の自由時間化は、労働時間・通勤時間のピーク、余暇・レジャー時間のピークを平準化し、施設稼働率の向上と資源・エネルギー効率の向上をもたらす。また、自由時間を活用した非貨幣経済循環としての環境に優しい消費活動や環境改善活動もまた、ごみの減量、リサイクルの促進、環境負荷の低い生活に結びつき、資源、環境に配慮した新しい効率をもたらすものとなる。

5. 自由時間政策のメニュー

(1) 各活動時間の自由時間化

自由時間政策の背景、必要性を整理すると図2のようになるが、それを踏まえ自由時間政策のメニューを整理すると次のようである。

1) 労働時間の自由時間化

①労働時間の選択肢の拡大　これまで日本の労働時間短縮は、もっぱら休日の増加によって達成されてきたため、毎日の労働時間の選択肢は多様化しなかった。今後は、裁量労働の範囲を拡大するにとどまらず、フレックスタイム、フリータイム、ウィークデイ・フレックス、ホリデイ・フレックス、ヴァケーション・フレックスなど多彩なフレックス制を普及させる必要がある。

また、女性の持続的能力向上や高齢者の能力活用、そして自由なライフコースの選択余地の拡大のためには、これまで男子のフルタイム労働者を中心とした単線的なライフコース、企業等の長期熟練形成システム、単一的な労働時間制度を見直していく必要がある。このため、オランダなどで見られるようなパートタイム労働の正規労働化を推進するなど複数の労働時間の選択が可能となるような環境整備に努めるべきである。

さらに団塊の世代の大量退職が問題となる「2007年問題」の状況においては、これからの高齢者の働き方については、ライフコース上で、引退する自

由と共に働き続ける自由の確保とそのための弾力的な労働時間の運用の促進を図ることが必要である。

②ビジネスの個人化とマイクロビジネスのネットワーク化　これからのビジネスのスタイルは、これまでのピラミッド型組織を重視する形から、一定のプラットフォームの上で個人個人が能力を開花させる形に変わっていく。そうした中で今後成長が見込まれるのは、ベンチャービジネスや個人事業者（SOHOを含む）などのマイクロビジネスである。

特にマイクロビジネスは、柔軟な労働時間を重視するものとしても大きな期待がかけられている。女性や高齢者が起業するマイクロビジネスには特にこうした側面が強く現れている。ワークスタイルとライフスタイルを自由時間化するために、こうした性格をもつマイクロビジネスを支援するとともに、労働法制の柔軟化やマイクロビジネスのネットワーク化などマイクロビジネスの活動環境の整備を推進する必要がある。

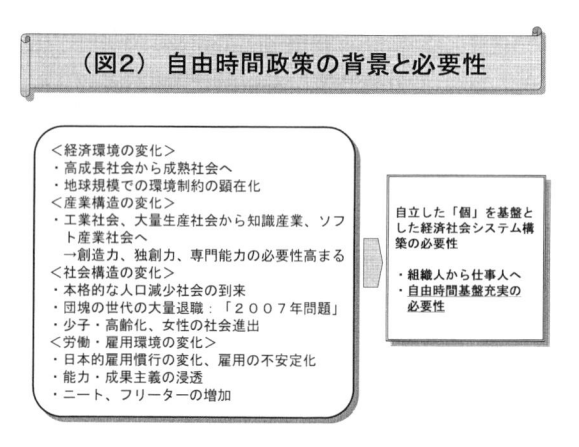

（図2）　自由時間政策の背景と必要性

```
＜経済環境の変化＞
・高成長社会から成熟社会へ
・地球規模での環境制約の顕在化
＜産業構造の変化＞                       自立した「個」を基盤と
・工業社会、大量生産社会から知識産業、ソフ    した経済社会システム構
 ト産業社会へ                →         築の必要性
 →創造力、独創力、専門能力の必要性高まる
＜社会構造の変化＞                       ・組織人から仕事人へ
・本格的な人口減少社会の到来                ・自由時間基盤充実の
・団塊の世代の大量退職：「２００７年問題」      必要性
・少子・高齢化、女性の社会進出
＜労働・雇用環境の変化＞
・日本的雇用慣行の変化、雇用の不安定化
・能力・成果主義の浸透
・ニート、フリーターの増加
```

2）教育・学習時間の自由時間化

①リカレント教育の充実　知識社会化に伴って生涯にわたる教育・学習が各個人の能力発揮のためにますます重要となっている。また、産業構造や職業構造はかつてのように世代単位で変わるのではなく、一世代の中でもどんどん変わっていくスピード社会となっている。このため、教育・学習と労働、家事、ケアとの自由な退出入を確保できるようリカレント教育の機会と場を

整備するとともに、こうしたリカレント教育を従事者が受けやすいような体制づくりを企業や組織が進めやすいよう支援を行う必要がある。

3) 家事・ケア時間の自由時間化

①**家事・ケア技能の普及(誰でも専門家)**　市場経済の発達のなかで分業化が進み、ややもすれば生活者がそれぞれの生活場面において自ら分担した方が生活の充実につながるようなことでも市場から購入してしまい、その結果、個々人の人間的能力の矮小化や適切な男女分担の阻害につながる場合がある。そのため、料理、住宅改造、ガーデニング、子育て、介護など家事やケアを遂行する能力の向上につながるような相互研修や生涯学習プログラムの充実を図っていく必要がある。

②**地域生活福祉ネットワークの形成**　LOHAS社会においては、地域コミュニティは従来の地縁だけでなく、趣味やサークル、市民活動やボランティア、あるいは情報ネットワークを契機としたものが加わり、新たなコミュニティの機能を発揮することが可能となる。

　少子高齢化の進展に伴ってますます重要性が高まる家族や地域社会に課せられるケアの課題を解決していくために、こうした地域生活福祉ネットワークの設立支援とその機能の向上を推進する必要がある。特に、子育て、介護等のケアに関して、「公・共・私」のベストミックスによる在宅支援ネットワークを整備して、ケア従事者の負担の軽減、ケア時間(ケアするもの、ケアされるものの時間)の自由時間化を進めるべきである。

4) 余暇・レジャー時間の自由時間化

①**新たなレジャー活動の普及**　レジャー面でも、これまでの単なる遊びのためのレジャーから、自己を発見するためのレジャーへ生活者の関心が移っていく。特に、高齢者のレジャーのウエイトが拡大してくることを踏まえると、これまでのファミリー型のレジャーでない多様なレジャーが必要とされるようになる。また、個々人が広く社会に関心をもち、自己実現を重視するようになっていることを踏まえ、アウトドアやエコツーリズム、ロングステイなど人間と環境の共生への視点を涵養するレジャーや、職業研究者の手から開放した研究という新たな個人消費など新たな多彩なレジャー活動を促進する

必要がある。

②余暇・レジャー時間の偏在の是正　余暇時間が増大したものの日本人は有給休暇を有効活用するというよりはむしろ、集中的に一時期に余暇を取ることが多い(盆・暮れ、ゴールデンウィークの余暇ラッシュ)。その結果、余暇時間のうち相当な部分が施設利用待ち時間、渋滞時間等で過ごされることとなっている(休日の「窮日」化、ゆとりの喪失、高価格・低サービス)。一方余暇インフラ(レジャー施設、電力、道路、鉄道等)では稼働率と施設利用のミスマッチから経営の安定の阻害、非効率な施設利用等の問題が生じている。このため、日本人が集中した休日以外にも多様な余暇・レジャー時間がとれるよう柔軟な労働形態、休日の分散化を推進する必要がある。

(2) ライフコースの複線化・複合化

1) 子どものライフコース設計能力の拡大

　単線的なライフコースの前提が崩れつつあるため子どもの能力開発(教育)には基礎学力の獲得に加え、自らの将来を早めに見通すことが出来る能力の向上が必要となってきている。親の世代のライフコースが子どもの世代でも通用するかどうかは不確定となってきているため、親や学校の努力は子どもの自己判断能力の向上に集中させる必要がある。

　そのためには、家族や学校という限定された世界から早めに子どもを広い世界と触れ合わせる必要がある。社会人教師、ボランティア高齢者教師の拡大など学校に広い世界の経験・知識をもたらすほか、高校生が企業、NPO、農家、自治体などで長期の研修を行うインターンシップ制など早期に社会と触れ合う機会づくりを推進することが必要である。

2) 女性の社会参画の拡大

　現在の日本の税制や年金制度は、世帯を前提とした制度設計となっている。男女共同参画社会へ向けた経済社会システム変革の一環として税制や年金制度を個人を前提としたものに改革していく必要がある。

　就労形態についても、パートタイム就労が熟練やキャリアの形成、あるいは賃金水準の面で不利とならないような環境整備など女性能力の発揮のため

の選択肢の拡大に努めるべきである。また、職場から家庭に戻った女性が再度職場との行き来をしやすくするため、職業能力維持や職場情報交換・提供の機能をもつ女性人材センターなどの環境整備を促進する必要がある。

近年女性の能力や感性を生かした起業の事例が増大している。少子高齢化やケア世界化の中では、女性の能力や感性を生かした事業の機会と必要性が拡大しており、このため女性ビジネスや女性がつくるNPOの展開を促進することが求められている。

3) クリエイティブ・エージング

現在3400万人の会員を持つアメリカのAARP（全米退職者協会）は、高齢者個々人の自立、尊厳を守り、生活の質を高めていくことを目的とした世界最大のNPOである。政府へのロビー活動、中高年に対する諸プログラムの実施、情報提供など様々な活動を行っているが、基本は会員によるボランティアで"to serve, not to be served"がモットーとなっている。また、英国でも地域ごとに独立したAge Concernというボランタリー団体があり、地域を越えた連携をとりながらボランティア活動に加えて、独自の保険商品やアラームシステムの販売など多様な活動を行っている。

こうした社会貢献型の高齢者組織を日本でも整備していく必要があるが、この場合、日米の環境の違いや団塊の世代の大量退職に伴う「2007年問題」への対応を考慮し、AARPのような医療保険ではなく、再雇用や起業、趣味の拡大、社会貢献的な資格づくりなどを通して、日本型の高齢者のネットワークづくりを推進する必要がある。推進に当たっては、地域コミュニティごとのネットワークづくりを全国的につなげていくというボトムアップ型を重視すべきである。

4) 高齢者の経験・ノウハウの伝承と共有

知識社会の基本は、共有し得る財である知識を経済社会の発展の動因としていこうとする点にある。高齢者の経験やノウハウは、これまで家族や地域社会、あるいは企業の中で伝承されてきていたが、こうした単位での継承に加えて、インターネットという分散型のデータベースを通じ、社会が直接高齢者の知識を共有することが可能となりつつある。このため、高齢者の経験

やノウハウを頭脳資産として蓄積し、各地・各機関の頭脳資産をネットワークするプロジェクトを推進する必要がある。

(3) 自由時間ネットワークの創造
1) コミュニティの再生と新しいまちづくりの推進

生活者個々人が幸せへの複線ルートをもてるように、生活者のまちづくりへの参加を拡大し、市民、NPO、企業、行政がパートナーシップを組んだ新しいパートナー型のまちづくりを推進する必要がある。そこでは、ユニバーサル・デザインやバリアフリーの考え方を建築や都市計画の分野から地域システムにまで拡張し、高齢者、障害者と一般市民との共生を図ることが求められる。

中心市街地活性化法、都市計画法が改正されて2006年度から都市機能の集約化を図る「コンパクト・シティ」の実現を目指した新しい法的フレームワークが整備される。このフレームワークの下で新しいパートナー型のまちづくりが推進されるよう、市民、NPO、企業、行政により構成される地域協議会の設置など環境を整備していくことが必要である。

2) エコマネー・地域通貨の推進

地域における財・サービスの交換を地域内でのみ流通する地域通貨で行うLETS(地域経済信託)が欧米で普及しつつある。日本で急速に導入が拡大しているエコマネー、地域通貨は、これを発展させるとともに、情報ネットワークのユビキュタス化、ブロードバンド化を活用して、できる限り電子化された形態(ICカード・携帯電話など利用)を活用することによって広範に普及させようとする21世紀型のプロジェクトである。

今後の発展としては、多様な形態のエコマネー、地域通貨が登場することにより、非貨幣経済循環を顕在化させるのみならず、貨幣と非貨幣の経済循環を重合化させるものとして機能するようになる。

自由時間の観点から見れば、エコマネー・地域通貨は自由時間自体の交換を促進し、移転的自由時間を投資的自由時間に転換することによって、両者の活動を活性化させようとする試みととらえることが可能である。エコマ

ネー・地域通貨が成功すれば、自由時間ネットワークの重要なインフラとなると考えられるので、その活動を推進する必要がある。

3) 新しい家族像

近年結婚に対する価値観が大きく変化していることは事実であり、結婚や出産は「必ずすべきもの」から「したい人がすればよいもの」というように、人生の選択肢の一つとして捉えられるようになっている。このような考え方が浸透してきた結果、未婚率が高まるとともに、結婚を選択した人でも、夫婦関係の平等化が進んでいる。

個人が主役となる社会では、家族も今までのような画一的なスタイルのままではいられない。LOHAS社会の日本の家族像が、アメリカのように頻繁な離婚と再婚を繰り返す社会となるのか、スウェーデンのように結婚にこだわらず婚外子を大量に生み出す社会になるのか、それとも第三の日本型新家族像に進むのか、現状では明らかでない。しかし、家族に関してもできるだけ多様なライフスタイルが選択可能であることが望ましく、社会政策はそれを支えていく必要がある。

4) 企業の自由時間対応度評価

労働時間や有給休暇消化率などの企業のゆとり度に加えて、①学習やケアによる中断あるいは短時間勤務にもかかわらず、キャリア形成が継続しうるかどうか、②女性や高齢者を十分活用し得る企業であるかどうか、③留学など個々の社員の能力向上につながるような制度や運用実績があるかどうか、

(図3)「自由時間度評価」の活用

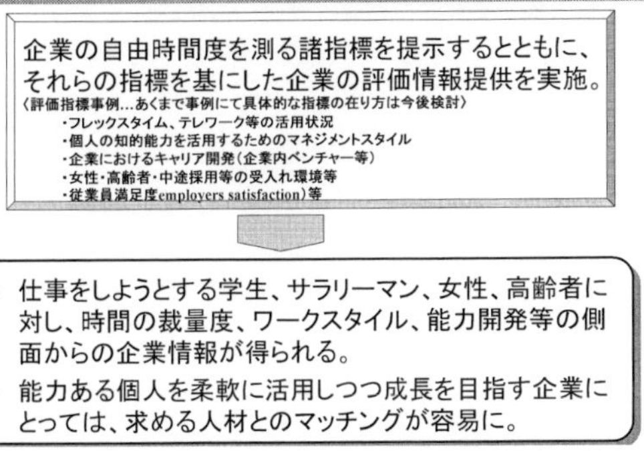

企業の自由時間度を測る諸指標を提示するとともに、それらの指標を基にした企業の評価情報提供を実施。
〈評価指標事例。あくまで事例にて具体的な指標の在り方は今後検討〉
・フレックスタイム、テレワーク等の活用状況
・個人の知的能力を活用するためのマネジメントスタイル
・企業におけるキャリア開発(企業内ベンチャー等)
・女性・高齢者・中途採用等の受入れ環境等
・従業員満足度 employers satisfaction) 等

・仕事をしようとする学生、サラリーマン、女性、高齢者に対し、時間の裁量度、ワークスタイル、能力開発等の側面からの企業情報が得られる。
・能力ある個人を柔軟に活用しつつ成長を目指す企業にとっては、求める人材とのマッチングが容易に。

といった自由時間対応度評価を行う必要がある。企業の自己評価、投資家の評価、就職希望者の評価にこうした指標づくりを役立てていくことが望ましい。

将来の企業会計の改訂に資することを念頭に置き、以上と関連して、技術、知識、技能、組織づくり、ソフトといった企業の無形資産への投資とその効果が計測できるような財務諸表づくりを開発することも必要である(図3)。

5) 政策・NPO活動評価

各省庁、自治体の政策やNPO等の活動が自由時間政策の観点から見てどのような意義があるか、またどのような、そしてどの程度の効果があるかを診断し、発表する試みを行う必要がある。

[引用・参考文献]
1. 加藤敏春(2002):『エコマネーはマネーを駆逐する』勁草書房。
2. 加藤敏春(2003)『安心革命』ビジネス社。
3. 野村総合研究所(2005)『第三の消費スタイル』野村総合研究所。
4. 森岡孝二(2005)『働きすぎの時代』岩波新書。
5. ウォーラスティン・I(山下範久訳)(2005)『脱商品化の時代』藤原書店。
6. コイル・D(室田泰弘・矢野裕子・伊藤恵子訳)(2004)『脱物質化社会』東洋経済新報社。
7. ジョーンズ・A・B(野中郁次郎監訳・有賀裕子訳)(2001)『知識資本主義』日本経済新聞社。
8. Blair, Margaret M. and Kochan, Thomas A. (2000): *The New Relationship*, Brookings Institution Press.
9. Council on Competitiveness (2004): *National Innovation Report*, INNOVATIVE AMERICA.
10. Kotter, J. P. (1996): *Leading Change*, Harvard Business School Press.

2. 観光誘因と観光資源の地域的特性と普遍的価値

佐々木 宏茂

はじめに

　観光資源の有する地域的特性や風土性に根ざす特徴は、観光の誘因となるものである。その誘因の源となるものは人間の心理にどのように働きかけ動機づけらるのか、またそれが現今言われるグローバリズムと対極にあるローカリズムと考えた場合、その魅力が後者にあることを認識して、かつ観光資源がよく知られて動機づけられ観光行動に結びつくゆえ、観光資源を中核にすえて課題に応え、理論づけることが本論の目的である。

　ここでは、観光資源を観光者の意欲を満たす全ての対象物とするが、観光の財貨の取引そのものは除いて考えることにする。

　観光資源は大きく分けて自然的資源、文化的資源、産業的資源であるが、ここで論じることは、主として地域特性としての自然的観光資源、文化的観光資源、社会的観光資源を念頭において考察する。一方、ここでは経済的側面から言われるグローバリゼーションと対比させたのは、観光による経済的効果、観光資源の保護と保全の意味と観光資源の価値を認識することが観光を促進させ、諸国民の相互理解と世界平和に寄与すると思うからである。

1. 観光資源と観光意欲行動

　冒頭にも述べた如く、観光資源はよく知られてこそ、その意味や価値を認識することが観光行為につながるのである。したがって、観光宣伝とそれを

理解する潜在的観光者の能力と観光意欲が必要とされる。長期滞在リゾート観光の場合は余暇活動能力と参加型観光の観光資源の活用が考慮されなければならないが、ここでは観光資源の地域的特性と価値を中心課題とするので、参加型観光については論及を避けることにする。

　観光成立要因をあげ、その要因と観光の因果比例関係を明らかにすることにより、観光資源の地域的特性の重要性をよく理解できるであろうとの観点から、観光の存在領域を観光資源、可処分所得、余暇時間の3次的空間によりこの因果関係をあらわしてみよう。これらの関係は理念的にどのように公式化されるかを表現してみることとする。

　観光客数：Y　観光資源誘引度に応じる観光意欲：X
　経済可処分所得：a　観光地に至る一人当たりの距離：b　余暇時間：c

とすると、観光資源がよく知られて観光意欲が高まることを前提とすれば距離的障害を乗り越えて行動しようとする。これはレジャー白書に見られる如く余暇と可処分所得が多ければ観光をしてみたいとの希望が最上位に来ることから判断しても明らかな傾向である。

　したがって　$Y = ax/b$　で表せる。したがって
$b = axc/Y$
$x = bY/ac$

　観光地へ至る距離は、経済可処分所得と観光誘引度と余暇時間の積を観光客数で割ってみることになる。ここでは観光資源が中心課題となるので、観光地に遠くまで出かけていきたい場合は条件があるが、およそ次のように言えるであろう。経済可処分所得と余暇時間が多ければ、観光資源の魅力度に応じる観光意欲距離は延長される。相対的には意欲距離は短く感じられる。経済可処分所得と余暇時間が少なければ、観光意欲距離は短くなる。相対的に観光距離は長く感じられる。観光資源の価値は定性的に分析されることが

通常であるが、理念的に理論づけると以上のようになる。しかし、これに地域特性が加われなければ観光の非日常感覚を満たすことができない。観光の存在領域は以下の如く第三次元領域に表現できる。

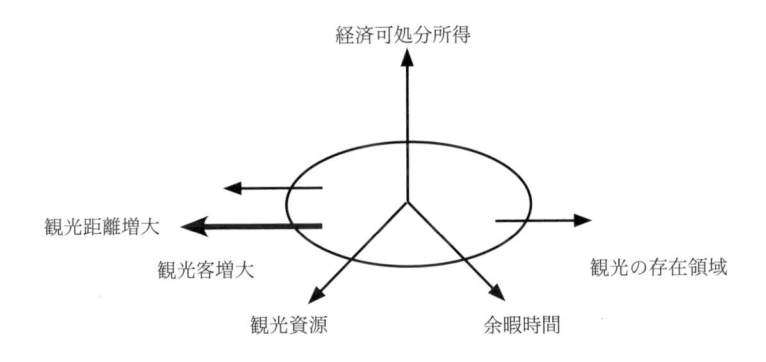

図2-1　観光の因果関係と存在領域

観光の存在領域はこの**図2-1**に示したように経済可処分所得と余暇と観光資源を中心に位置付けた場合から観光資源を論じるべきであろう。

2．観光は何故に非日常性を志向するのか

　観光の概念規定の要素として、①日常性からの脱却、②日常生活圏への帰還、③営利を目的としない、④風物（観光資源）に親しむ、などがあげられる。何故に風物に親しむのか。風物に親しむとは、「余暇活動のひとつであり、日常生活からはなれてリクリエート（再生）することであり、精神的に若返ろうとすることでもある」ということである。こうした行動は人類が文明を築いて以来、何らかの形で行われてきたし、現今では余暇活動として観光は生活構造の中に組み込まれている。近代に至って余暇利用により気晴らしと楽しみ、好奇心や知識欲をみたし、精神的、肉体的に再生しようとする。近代以前においても人間が社会生活を営む上では、祭りごとや、民族舞踏にみられる如く非日常性を創造して、生活の再生を図り社会集団の維持を図ってきた。現代においての余暇活動への志向の最大なものは親しい者同士で、家族同士、

職場仲間同志で観光的空間である非日常世界に身をおいて再生することが、ひとつの慣行的行事にまでになっている。こうした行動は日常生活圏から離れた先の空間そのものが観光資源といえよう。その空間は内容的には自然資源であり、歴史資源であり、社会資源であり、異なった都市における文化資源であったりする。余暇的再生活動は、人間が特に農業生産活動を始めて自然の一次的絆を離れて社会生活をはじめて以来、そのおかれていた地域や形態こそ異なれ、祭事や生活の区切りや変化を求めていたことは歴史的事実である。こうしたなかで現代的特長として観光活動が国際的になりグローバル化していくなかで、観光資源はグローバリゼーションのなかで特異な位置にあり、グローバリゼーションの対極にあるローカリゼーションの位置づけを欠かすことが出来ない立場にあることを言及してみることにする。

3. 地域特性としての観光資源とフラクタル理論

　観光資源の地域的特性を論じる場合、フラクタル理論の理念的特長をあてはめると観光資源の地域的特性の分析に役立ち、適応させることが出来るであろう。
　次の詩は中国中世時代の王儀之の漢詩である。

仰いで碧天の際を見
緑水の際をみる
静かに音なく極まりなき眺め
目を凝らしてみれば理(ことわり)みづから陳(ならぶ)
大いなるかな造化の妙
満殊(ありとあらゆるもの)均からざるなし
群(諸々)の笛の音高く低く(交わる)といえども
わが心に適い(新たに)非(あらざるなし)
　―欄亭詩集―より(岩波文庫)

四角で囲ってある箇所の意味は、自然の造化の妙はすべて等しくないものはない。つまり、共通して等しいという意味である。これは詩人・王儀之が直感的に彼の士魂が捉えたフラクタル理論の感覚である。

　フラクタル理論とは、数学者マンデルブロー（Maddelbrot 1924~1973）が提唱した理論である。一見、複雑そうに見える木の葉やあるいは自然に出来た海岸線のどのような微小部分でも適当に拡大したとき、もとの図形とまったく同じ形をしている性質があり、この性質を持っている図形を「フラクタル図形」と言う。この在り様は自然界にあふれている。雲の形の全体部分の相似形、風が吹いて残した砂後なども同様である。

　世界遺産登録基準の相対的評価の基準の基本はオーセンチシティ（純粋性）であり「独特な特徴、独特な構成要素が求められ、かつ総合的には全体は大部分において、自然環境上のつながりの上で相関的ないし相互的に重要な要素を持っていること」である。これは全体と部分の相互関係を相似的に捉えるフラクタルが当てはまる部分である。先にあげた王儀之の詩に「満殊（ありとあらゆるもの）等しからざるなし」という表現は、この詩を読んだ場所、空間、環境を配慮すると、その風土性においてフラクタル理論からすれば、自然形態の中に相似形があることを彼の士魂が直感的に読み取ったのである。観光資源はある特定の地域のおける自然資源であり人文資源であり、社会資源であり、これらが自然環境上相関的に相互的に重要な要素をもっていることである。例えば人文的な側面について言えば、地方で話される「お国言葉」（訛りのある言語）は一定地域の範囲内で話される言葉である。これも自然観光資源ではないが、文化資源としての観光資源としてあげられる。国際的に見ればその国の言語なり風俗習慣も相関的、相似的な関連性を持っているが故に相通じるのである。

　日本では河川、山間が多く、言語学者の研究によればこうした自然条件によって居住集落が区切られるので、わずか2キロ離れているだけでアクセントがことなるところが少なくないと言う。これは自然条件の基底の上に生産様式、経済条件、社会文化様式が人間の文化を形成するうえで変化を与えるのである。

観光資源は、こうした歴史的時間軸と現状の空間的制限や社会的条件の下に観光資源として認められるのである。

4. グローバリズムと観光資源の関係

　観光は今や世界最大の売上げ高を有する産業であり、今後も世界平和が続く限り成長を続けると言われている。つまり観光産業はグローバル化していると言えよう。ひるがえって、グローバル化の問題としては金融の自由化、貿易の自由化は大量生産方式による市場獲得のための競争原理を内在させた。

　これによって人類は多大の恩恵を得た半面、多大な経済的被害を受けたことも事実である。こうした解決のためにグローバルガバナンス（何らかの国際的に合理的な経済統制）が必要であると論議されている。こうしたなかで観光及び観光資源の役割を再評価して位置づけなければならない。

　観光客は観光資源を対象として動機づけられ、国際的にも国内的にも非日常性を求めて行動する。非日常性における環境は、フラクタル理論にしたがえば、その観光地の環境における一見複雑そうに見える場合でも相似形的な部分と全体との相関関係によってなりたっている。そこの自然環境、社会環境、文化環境の特性を洗い出し、検討して観光客に訴求して観光客の欲求に応えなければならない。その際も観光地、観光社会、観光資源、観光客の相互関係の調和が求められる。このあり方が観光地域性の特徴と普遍的な価値を生みだすのである。

　1987年、内需拡大を目指して総合保養地整備法（通称リゾート法）が施行された。国民の長期滞在観光を促進させて地方経済の振興を図ろうとしたものである。バブル経済と拙劣な土地政策によって各地域の観光施設経営は不振に陥った。どこの観光施設も金太郎アメの如く中身は同じ施設が多く、その多くはフランスの大規模リゾート観光施設を真似たものであった。そしていわば、中央による大資本の投下資本によるその早期回収のための経営政策を採らざるを得なくなった。これは言い換えれば、国内における形を変えたグ

ローバリズム的やりかたであったと言えよう。現在これへの反省がなされ、資産価値の下がったこうした観光施設を買い取り、再生する方策がとられている。その方向性は、地域特性にあった再生でなければならず、その根本発想にフラクタル的なアイデアが求められる。

5．気候風土と観光資源、観光地と固有価値

　風土とは、「人間の精神、生活様式として具現化されている自然資源である。環境は主体としてそれを取り巻く外井からなり、人間の環境の対応関係として分析されるが風土は人間を含む全体的な世界として総合化された概念である。風土は世界の一部である郷土、地方性をも意味して、地方的特色を示す生活用様式、文化的景観として示される」(広辞苑)。

　観光資源を論じる場合、この風土性を十分配慮しなければならい。例えば中国を旅行すれば数多くの仏教関係の寺院がある。この仏教文化は古代日本に伝わるのに一千年を要した。南ではタイ仏教様式、中国では中国仏教様式が風土的特長により加わりその様式に差が出てきており、その教えにも微妙な違いが出ていると言われる。その地域における気候風土、それに伴う生産様式と生活様式に関わってそれぞれの特徴を表現するようになってきたのである。さらに風土に影響された例を挙げるならば、砂漠の民イスラム民族は決して豚を食してはならないとされる。何故か。イスラム文化の根底をなすコーランには、豚は食してはならない禁忌事項の記述があるからだ。

　風土的な側面から言えば、砂漠の民は水を求めて遊牧するが、豚は遊牧に適さない動物であり、湿原に適した動物である。砂漠の民は生活上、豚を連れて生活の手段としては活用できない。そして砂漠の民は一神教を信じる。

　砂漠には森林がなく、照りつける太陽のみが全ての存在根源として認識され唯一の太陽をあがめ一神教を生じさせた。コーランはこうした風土で教理を形成している。風土と宗教は深い関係がある。こうした風土がその地域の生産様式や生活様式と結びつき、地域の行動様式や文化を形成するうえで地域の特性の原理的役割を果たすのである。

湿潤地帯では水が豊かであり、森林が繁茂し、すべてが生成発展して自然のサイクルに従う。そこでは汎神論的思考のもとに文化や儀式を生じさせる。こうした地域性の中で地域の価値観にしたがった文化様式で洗練されたものは、観光資源として評価されるのである。

　世界遺産における地域性の評価として、「たまたま人類の創造的天才が現れ傑作を創造したり、ある時期を通して、またある世界文化上の地域において、建築、記念的芸術、または町並み、及び景観的デザインの発展おいて、人類が価値を認めるものを世界遺産とする」としている。

　このあり方は、地域性の価値あるものは普遍的な人類の価値を示すことになる。

　ここに、地域特性に基づいた洗練された観光資源を通して観光による相互理解の重要性がある。こうした遺産はかけがえのないものであり、保護保全が必要になる。

　観光資源の内、文化資源は形而上学的にその評価はグローバルな視点からなされるが、それは経済的なグローバリズムとは異質の位置にある。

　世界遺産における文化遺産の評価は、「顕著な普遍的な意義を有するできごと、または生きた伝統、思想、信仰、芸術的および文学的作品と直接、または明白に関連するもの」となっており、ここにはグローバルな視点から価値基準を設けているものの、普遍性の中に観光のローカリズムを内包しているといえよう。観光資源の価値は英国の哲学者ラスキンが提唱する如く、固有価値（任意のものでも生命を鼓舞し生きる価値を与えるもの）を提供していることになる。さらに彼はそれを鑑賞する能力とあいまって実行価値が存在し、そこに豊かさと富を生じさせるといっている。こうした価値は地域特性の中にはぐくまれるものであり、その固有価値はある時代のある地域における固有価値でもある。

6. 地域ブランドの重要性

　観光は人類の平和が続く限りさらに進展していくであろうが、その促進の

ために地域振興に関わる方策、観光資源の価値認識と保全ないし適切な開発が求められる。ラスキンの言う固有価値をさらに敷衍するならば、地域の固有性、特徴を価値付ける作業が必要になる。それは部分と全体との関係を有機な環境のなかで価値付けることである。先にあげたフラクタルな全体と部分の関係のなかで調和が取れるようにすることが、観光資源にも当てはまることである。したがって、このようにして地域全体を観光資源として位置づけるならば単に目先の経済的追求のみが先行するならば、持続性に欠き、実効的価値を欠くことになろう。「リゾート法」は土地神話の高騰による不動産投資とそれによる資産形成とキャピタルゲインに走った結果、観光地域の全体的なバランスを欠いた結果であり、総合的な地域の特性と合わせた余暇政策とフラクタル的な原理性を欠いた結果といえよう。

　地域ブランドという言葉が、最近よく観光地域振興に関して言われる。それは、地域の中核となる特徴から全体との関連性によって統一されたブランドが形成されるとみてよかろう。

　観光客がそのブランドにひかれてそこを訪問し地域の経済的、社会的振興を促すことにつながるのであるが、そのためには地域の人々の協力と地域の人のリーダーシップが欠かせない。地域の商工業品や農水産のブランドも、このような背景のもとに形成されるのである。

　この地域ブランドの考え方は、今から10年ほど前にスイスの山間にあるビスク地方の山村から始まった。その町は従来イタリアに抜ける街道筋にあり、物資供給の流通拠点で栄えていた。その近くにもう一本の街道が出来て、その町は廃れてしまった。その町の振興策にとられたのが、地域ブランドを形成することであった。この小さな山間の町は住民こぞってその地域の牧畜酪農、農業製品を地域に特化させてブランド化させたことから始まる。町はこれによって復活し、その地域ブランドは有名になり観光客も増えて町は見事に復活をとげたのである。

　地域ブランドは、大資本による地域無視の開発では成功しない。産・官・学の諸機関の共同が大切であるが、なかんずく地域の優れたリーダーが求められる。そして最終的にはこうした垣根を越えた組織的な創造と販売体制、

総合的な地域戦略があって地域振興は可能となる。フラクタル現象は自然現象であるが、自然は有機的つながりを有して機能している。地域特性も地域独特の自然や生産システムや思想価値、産業、商業、の基本的なフラクタル的要素が個性を形づくるので、単に大量生産の標準化や生産方式とは異なる。グローバリゼーションとは異なる限定された地域振興であり、グローバル化とは対極にあるといってよいであろう。

7. 湯布院を例にしたフラクタル理論の適応

　総合保養地整備法による大規模開発の申し出を拒否して、地域特性を活かして成功した例としては、大分県の湯布院がある。この観光地をフラクタルにあわせて言及してみたい。湯布院は、面積わずか2,900haの盆地に囲まれた山間部の温泉町である。

　この地域が観光地として成功した根本原因は、ここの原農村風景をより洗練した形で地域の特性として引き出していることである。盆地であるが故にその盆地で生産されるフラクタル要素である植栽、農産物、そして周辺の山の景色、なかんずく布院山の眺望を大切にして、旅館の高さ制限は2階までとして、景観にこだわる。日本の原農村風景は自然にしたがって自然を大きく開発しない。自然のよさに手を入れる〈開発ではない〉旅館の植栽は地元のものであり、自然の風合いを大切にする。みやげ物の木工品も地場で生産された木材を用いる。湯布院で生産された多種類の乾燥花びらで、観光客が貼り絵を作る。もちろん、料理の食材も地場のものを出来るだけ使う。ここには、フラクタル理論にみられる全体の部分と微細な部分の風土的なつながりが相似的につながっている。つまり地域の特性を活かしている。

結　論

　観光地には都市観光地も海洋観光地も山岳観光地もあるが、フラクタル理論の応用を意識的に自覚することにより観光地のデザインをするべきであろ

う。こうしたあり方が観光地の持続的なブランドを成り立たしめる。こうしたあり方をより拡大した形でグローバルガバナンスの視点に立って行動するものは、世界遺産登録基準とかナショナル・トラスト運動などである。環境を意識した観光の地域開発についてもより重要性を増していくであろう。共生とか共存を課題として観光地域を考慮する場合は、ローカルリズムがグローバリズムより優先することが観光による地域振興の中心課題である。

[引用・参考文献]
1. 鈴木秀雄(1996)『超越者と風土』、大明堂。
2. 竹内　実(1990)『閑的適のうた』、中公新書。
3. 高安秀樹(1997)『フラクタル』、朝倉書房。
4. 橋本和也(1999)『観光人類学の戦略』、世界思想社。
5. 小池一臣(1997)『観光地づくりの実践』、日本観光協会。

3.『観光立国論』を読む
：共生文化・国家を目指して

今 防人

はじめに

　ツーリズムが21世紀最大かつ最重要な産業であることは、過去数十年間言われてきたことである。特に開発途上国においては比較的に小さな投資により外貨を稼ぐ重要な産業として注目され、製造業の分野では〈先進国〉の後塵を拝するものの観光大国として注目を浴びる国々も輩出してきた。もちろん、ツーリズムが産業面でのみ重要というわけではない。「ツーリズムは平和へのパスポート」というWTO（WORLD TOURISM ORGANIZATION）のスローガンはツーリズムが果たす重要な役割をあらわしている。間接的な情報がともすると様々な伝説や神話あるいは虚像を生み出す傾向があるのに対して、ツーリズムという人間の直接的相互作用に基づく経験は等身大のイメージを生むのに役立つであろう。距離化は対象を見ることを可能にするが距離が問題である。近過ぎると対象は見えにくくなるし、遠過ぎると対象は見えにくくなり、場合によっては対象を過大視、過小視することにも繋がる。直接性が秘める陥穽に注意しながらも、やはり国境を超えるツーリズムの意義を認めざるを得ない。

　しかし、この現代的なツーリズムが自由な個人を前提としていることに注意を払いたい。単に国境を超える人間移動ならば帝国の巨大な軍隊の移動もあったのである。近代日本において国境を超える戦争は日本民族のかつてない異文化体験でもあった。この体験は様々な個別的エピソードを生み出したものの、総体として日本民族と周辺の様々な民族・国民との間に、今なお残

る大きな障壁を生み出したのである。

　移動の自由を享受する個人の好奇心を中心とする動機付けがツーリズムを支える重要な基盤であることを再度確認したい。

　さて、戦後の歴代内閣はものづくりを経済政策の中心的柱としてきた。観光政策では個々の政策にはインバウンドに注意を払ったものも見られるが、全体としてはアウトバウンドに焦点が置かれていた。特に高度経済成長以降は諸外国の非難をかわすために、蓄積する一方の外貨を減らす一策として国民の海外旅行が奨励されてきた。

　小泉内閣において初めて国の重要政策として観光が取り上げられたと言ってよい。政府がこれまで出してきた種々の文書を通読すると、単にアウトバウンドとインバウンドの不均衡の是正と経済効果だけを狙ったものでないかとの印象を強くする。ともすると外国人客の増大や観光の経済的波及効果のみに目を奪われがちであるが、小泉内閣の「観光立国論」はもっと大きい目標を論理的に内在させているのではないかと思われる。一口で言うならば日本の根底からの変革の契機を秘めているのではないか？　今回の論稿ではこのような文脈で「観光立国論」を読む際に浮かび出てくる問題を提示してみたい。

1　『観光白書』に見るアウトバウンドからインバウンドへの重点の移行

　『平成9年版観光白書』は「平成8年度の観光をめぐるトピックス」の中で以下のように述べている。

> 「国際観光は非常に幅広い層で行われる国際交流であり、各国の相互理解を深め、友好・信頼関係を強める上で大きな役割を期待されている。今後も引き続き様々な角度から日本人の海外旅行及び外国人の訪日を促進していくことが重要である」。

　これに対して、『平成15年版　観光白書』は「TOPIX―平成14年度の観光をめぐるトピックス」の冒頭で「政府部内で観光振興に向けての取り組みの気運が高まる」との表題の下で以下のように述べている。

「平成14年2月、第154回国会における小泉内閣総理大臣施策演説で、海外からの旅行者の増大と、これを通じた地域の活性化を図るとの方針が示され、観光振興は内閣の主要政策課題となった」。

6年の歳月を隔てる両白書の大きな相違点は後者ではアウトバウンドについては触れられていない点である。経済の回復の兆しは明確になりつつあるとは言え、景気回復の実感に乏しい人々から見ると〈海外からの旅行者の増大〉に目が行くのは無理はない。しかし、両者の相違点としては〈これを通じた地域の活性化〉という文言にもっと注意を払うべきであろう。

過去10年間の白書を通読すると、『平成12年版観光白書』まではまるで呪文のように上述の「今後も外国人の訪日とともに、日本人の海外旅行を、引き続き様々な角度から促進していくことが重要である」という一句が必ず入っている。

しかし、『平成13年版観光白書』からはこの常套句が消えている。代わりに次の表現が入っている。

「このように、訪日外国人旅行者数が過去最高を記録したとはいえ、未だに日本人海外旅行者数と比較すると4分の1程度に止まっており、引き続き海外旅行者の訪日を積極的に促進していくことが必要である」。

2. 観光振興を国づくりの柱に

観光政策審議会は平成12年12月1日に次の答申を国土交通相に提出した。
「21世紀初頭における観光振興方策〜観光振興を国づくりの柱に〜(答申第45号)」この答申は以下のような認識に立ち、地域のサバイバルの必要を論じている。

産業構造の変化、グローバリゼーションの進展に伴う競争条件の激化等に伴い、国内各地域においては、人々が生活し、集う基盤であるいわゆる「まち」の多くが活力を失い、停滞してきている状況にある。特に、近年では地方分権に向けた動きや人口の減少等が相まって、各地域は人々の定住、来訪促進

をめぐり、他地域との間で激しい競争を展開している。この地域間競争を生き抜くため、より多くの人々に住んでもらい、より多くの観光客に来訪してもらえるような「まち」の魅力が必要とされ、今後はそのための地方独自の活性化への様々な取組みが試される状況となってきている。

(1)「まち」の停滞

過疎化の進行、地方都市の中心部の空洞化、東京への一極集中など地方都市のさびれようは現在も進行中である。シャッター通りなどの話題は尽きない。

答申は地域にとって観光が持つ意義を次のように語る。

「地域にとっても観光振興のために地域固有の文化や伝統の保持・発展を図り、魅力ある地域づくりを行うことは、アイデンティティ（個性の基盤）を確保し、地域の連帯を強め、地域住民が誇りと生きがいをもって生活していくための基盤ともなること」にある。

平成14〜15年の政府の様々な観光振興の取り組みとしては、次が挙げられる。

①平成14年2月、第154回国会における小泉首相は施策方針演説で、海外から旅行客の増大と、これを通じた地域の活性化を図るとの方針を示し、観光振興は内閣の主要政策課題となった。
②同年5月から関係府省が共通認識の下で観光施策の連携、推進を図るため5回にわたる副大臣会議の場で議論が重ねられ、7月には、「観光振興に関する副大臣会議報告書」がとりまとめられた。
③副大臣会議と並行して、内閣でとりまとめた「経済財政運営と構造改革に関する基本方針2002」（「基本方針2002」）（平成14年6月25日閣議決定）では、経済活性化戦略の6つの戦略、30のアクションプログラムにおいて「産業発掘戦略―観光産業の活性化：休暇の長期連続化」が位置づけられた。
④平成14年12月には、「基本方針2002」に基づいて国土交通省が関係府省と協力して「グローバル観光戦略」を策定し、閣僚懇談会で報告した。これ

を受けて平成15年3月には、国土交通大臣を座長とする「グローバル観光戦略を推進する会」を開催し、同戦略を官民一体となって強力に推進することを確認した。

⑤平成15年1月の第156回国会における小泉首相施政方針演説においては、観光の振興に政府を挙げて取り組み」2010年に訪日外国人旅行者数を倍増させることを目標とすることとされた。

⑥更に、幅広い視点から、わが国の観光立国としての基本的あり方を検討するため、総理大臣主宰の「観光立国懇談会」が15年1月から開催され、4月には報告書がとりまとめられた。

⑦この報告書を受けて観光立国実現のため、5月には「観光立国関係閣僚会議」が開催された。同年7月にはこの会議から「観光立国行動計画～「住んでよし、訪れてよしの国づくり」戦略行動計画～が出された。

特に⑦は重要である。なぜならば観光と地域づくりの関係は逆転する可能性を秘めているからである。

「そもそも訪日外国人旅行者を増大させるということは、この日本を、海外に住んでいる多くの人々にとって魅力を感じる国、訪れてみたい国、住んでみたい国にしようということに他ならない。これはひるがえれば、我々日本人がこの国に自信と誇りを持つことにつながるものである」[1]。

観光立国は確かに政府の各府省庁を挙げての最重要課題の一つである。しかし、ここに至り、実際の受け皿は各地域となることが明らかになる。地域の改革こそが観光立国の要となるからである。

〈観光立国懇談会〉のメンバーである国立民族学博物館教授の石森秀三は改めてこの点を強調している。

「日本では今後、少子化による人口減少と高齢化の進展が予想されており、交流人口の増加による地域活性化が必要になっている。そのさいに、観光振興を基軸にした地域づくりが重要になることはいうまでもない」[2]。

ここでは具体的な例を引きながら〈観光振興を基軸にした地域づくり〉を考えてみたい。『平成16年版観光白書』には「観光カリスマ」として地域の観光魅

力づくりに取り組んでいる人びとが紹介されている。富山県八尾町で例年9月1〜3日に開催される「越中おわら風の盆」は、老若男女が揃いのはっぴや浴衣姿に編み笠をつけ、三味線や胡弓の音にあわせ唄い踊り、流し歩く祭である。そしてこの3日間に例年約25万人の観光客が八尾町に押し寄せる。しかしながら、この3日間が過ぎると観光客は引き潮のように引いていく。

八尾町の観光の活性化を考えた地元で酒屋を営んでいる福島順二(69歳)は風の盆を通年化しようと試みた。1929(昭和4)年に結成された「富山県民謡おわら保存会」をはじめとする町民の反応は当初は冷ややかだったが、福島の粘り強い説得によって、月2回地元の観光会館で踊りを披露する「風の盆ステージ」開催にこぎつけた。このステージは、単に踊りの鑑賞だけでなく、由来の紹介や所作の解説、踊り方教室といった今で言うところの体験型の観光だったと言える。この新たな観光資源の創出は単に集客という効果を生み出しただけではなかった。保存会は、本物を見せたいとの意欲をかきたてた結果、けいこ量を増やし、おわら風の盆という伝統文化の伝承・育成を強化するという「わが町」の意識と行動をさらに強めていった。

福島の試みはここに止まらなかった。旅行会社のツアー参加者を対象に混雑を避けて本番さながらの「おわら」を味わってもらう「月見のおわら」を平成10年10月から開催した。これ以外にも、雪に埋もれる冬季に観光客を呼ぶために「越中八尾冬浪漫」、重さ4トンの曳山を男衆が引き回す春の祭りである「曳山祭り」の後継者育成と技能の向上を目指す「曳山囃子鑑賞会」も冬のイベントとして定着を見せている。

このような福島を中心とするたゆまぬ努力は、八尾町への通年の入れ込み客数の飛躍的増加をもたらした。平成10年度には34万人だったのが平成14年度には65万人に増加している[3]。なお福島が会長を務める「富山県民謡おわら保存会」が平成16年度のサントリー地域文化賞を受賞していることを付言しておく[4]。

11町内(支部)で組織されている「保存会」が「おわら」の伝承・発展を通じて八尾町のアイデンティティを強化してきたことは想像に難くない。「観光振興を基軸にした地域づくり」が具体的に何を意味するかは、この例から明ら

になろう。

　「観光立国論」における地域振興が従来の全国総合開発型とは異なることに注意を払う必要がある。防空に主たる狙いを置く国防国家を目指す「国土計画」[5]と基本的に全国の経済地域格差の是正を狙いとするTVA型開発という二つの異なる根をもつ、戦後の全国総合開発計画が中央政府主導であったことは明らかである。しかしながら、観光立国論の地域振興が異なるトーンを有していることは注目すべきである。様々な「規制」を残しているものの小泉内閣の規制緩和や地方への権限委譲が少なくとも総論としては大きな流れとなっているのも事実であろう。規制緩和が自助努力・自己責任と表裏一体となっていることも事実である。地方自治体のかつてないほどの大型合併が既得権限の先取りを表しているにせよ地方の相対的自立を促す効果があるだろう。新たな競争主義・サバイバリズムの地方版とも言えよう。

3. 観光の革新と21世紀日本の針路

　上記の「観光立国懇談会」の報告書には「(5)観光の革新と21世紀日本の針路」と題する項目がある。

　「観光の革新を推進することで、日本全体の、そしてそれぞれの地方の「光」が輝きを増し、社会が活性化していくことになる。「世界に開かれた国」として、外国の人々が「訪れたい」、「学びたい」、「働きたい」、そして「住みたい」日本となることこそ、21世紀に日本が追求すべき国の価値である」[6]。

　ここで言う「外国の人々」は、具体的にはどの国々の人々なのか？　その手がかりを与えてくれるのが訪日外国人である。日本の現在のインバウンドツーリストを考えれば簡単に答えが出よう。アジアの国々の人々である。例えば、『平成15年度観光の状況に関する年次報告』によると平成15年の訪日外国人旅行者数は、521万人(対前年比0.9％減)であった。国別に見ると韓国が14.7％増の146万人で5年連続首位、以下、台湾79万人(10.5％減)、アメリカ66万人(10.4％減)、中国45万人(0.9％減)、香港26万人(10.5％)となっている。訪日外国人の圧倒的多数がアジアの人々なのである。

さて上記のフレーズの構成要素を見てみよう。

〈訪れたい〉が、ビジット・ジャパン・キャンペーンの最終目標である2010年までに訪日外国人旅行者数を1000万人に引き上げることにあることは明白である。この目標達成のために、政府は、広報宣伝活動、外国人受け入れ体制の整備、低コスト観光の提供、国際コンベンション等の振興、外国人旅行者の出入国手続きの円滑化、世界の国々との観光交流強化の取り組みを平成15年度から実施している。

〈学びたい〉が海外からの留学生・就学生を念頭においていることは明らかである。日本への留学生を10万人まで増大するといういわゆる「中曽根計画」が達成された(2003年)今日、留学生とりわけ中国からの留学生・就学生に対する日本国民の眼差しは必ずしも好意的なものとは言えない。特に昨年6月に福岡市で起こった一家4人殺害の容疑者が複数の中国人留学生・就学生と判明してからは、外国人とりわけ中国人留学生・就学生に対する警戒の念は強まったといえる。自民党を中心とする政治家の中には「治安」の確保が最大の課題の一つと公言する人々が急速に出始めるに至っている。

中国人などの留学生・就学生の犯罪増加の背景として指摘されるのは日本側の受け入れ体制の不備である。政府などの提供する奨学金の量的質的な乏しさ、そしてこれとは裏腹に米国などに比して就労への寛大さは事実上の底辺労働者の意図的な温存とさえ思われる状況が存在する。もちろん、このことは単に留学生・就学生にのみ言えることではなく、主としてアジアからの留学生・就学生さらには研修生あるいは最近、国際世論に衝き動かされてようやく犯罪視して罰則を強化する動きを見せている人身売買の犠牲者が挙げられる。

留学生に関しては酒田短期大学の例に見られるようにとにかく定員割れを防ぐために日本語能力や勉学意欲が不十分な外国人を安易に入学させる、大学あるいはもっと露骨に就学生を入学金・授業料を稼ぐ手段としてしか考えていない日本語学校の存在があげられる。このような状況を背景に法務省は2003年秋から異常といえるくらい就学生の査証審査を厳格にしている。その結果、2004年4月の中国人の就学査証申請に対する査証交付率は大幅に低下

した。東京地区の日本語学校に限っても、交付率は03年の約65％が04年春は24％弱に急落し、入学試験に合格してもビザを交付されなかった中国人が多数出るに至った。この事実が瞬く間に中国に伝えられて、応募者の激減につながった[7]。この措置で一番被害を被ったのは真面目で勉学意欲が旺盛な当の留学生・就学生であろう。彼らは現在・将来における日本観光の先達PR役、日本の良き理解者となることが期待されているのである[8]。誤って彼らを丸ごと犯罪者視するのではなく門戸を開放することが喫緊の課題とされている。

　一方では留学生・就学生の変化も指摘されている。かつての明確な動機付けを有し、どちらかというとエリート層に近い留学生・就学生でなく漠然と先進国日本に憧れてやって来る者や出稼ぎ意識でやってくる者も多くなってきている。こうした変化は日本もかつて(そして現在もなお)経験したところである。英語の研修と称して漠然と英語圏に留学を希望する若者が後を絶たないことを考えれば、一概に責めることは無意味なことであろう。

　〈働きたい〉〈住みたい〉と「観光立国論」もたびたび言及しているように、少子化・高齢化は好むと好まざるにかかわらず日本が外国人労働者の導入をせざる得ない状況に立たされているのも事実である。雇用問題に敏感な財界はこの問題に対して政府関係者よりも率直である。2004年4月14日、日本経団連は、外国人の受け入れ促進に向けた提言を発表した[9]。

　この提言は、新しい就労管理の仕組みとして「外国人雇用法」を制定するほか、内閣に「外国人受け入れ問題本部」を設けて特命担当相を置き、秩序ある受け入れ体制をつくるべきだと指摘している。労働力人口が減少することが明白であるなかで多様な能力を持つ外国人の力を生かすべきだと同提言は強調している。

　研修生などの隠れ蓑を着けずに正面から外国人労働者を取り上げたこの提言はFTA(自由貿易協定)の浮上とともににわかに現実味を帯びてきている。現在は日本の結んだFTAはメキシコ一国であるがアジア諸国との交渉は既に始まっており協定の中身も看護や介護などの労働力が問題になっている。

　外国人が定住・永住する状況は目前に迫っているといってよい。第二次世

界大戦の負の結果である在日朝鮮・韓国人や在日中国人とは異なる混合社会の到来に直面している。外国人が既存の日本文化や日本社会に同化することだけを目標とするのではなく異質の文化を尊重し取り入れる本来の日本的伝統に鑑みて対応するならば古代に花開いたような文化の創造が可能となろう。日本人が「排他的」となったのは近代に入ってからのことである。

我々は異質的な人々や文化を摂取し融合する能力に恵まれていると考えられる。日本文化の根底には様々な要素を受容し融合する枠組みが存在すると考えられる。導入過程で葛藤がないというのではないが、時間の経過とともにアマルガメーションが起こり、一見導入要素と似てはいるが実は異なる文化創造の力に恵まれているといえよう。いたずらに自虐的になり、近代にのみ視界を限定するのではなく、長い日本の歴史の伝統に沿うならば他民族・他文化との共存は決して恐れることではないだろう。異文化を受け入れ共生的な文化・社会を創造してきた古代の人々から学ぶことにより21世紀の共生国家・文化を構築する青写真を是非描いていきたいものである。

4. おわりに：観光立国論の評価

国の総力を挙げて観光立国を図る試みは日本近代史上初めてのことであろう。よしんばそれが不況からの脱出を目先の利益としても評価できる。「観光は平和へのパスポート」は依然として真実だからである。そして観光が平和を前提とすることは3年前の9・11同時テロが国際観光にいかに甚大な損害を与えたかを考えれば一目瞭然であろう。また、観光が移動の自由を享受する個人の好奇心などの動機付けを根底としていること自体が世界の平和を前提としているといえる。

また観光立国論が地域の主体性を前提に様々な工夫を提案しているのも評価できる。従来の観光資源の開発を考える時、そこに住んでいる人間が生活を楽しめるような場所の創出という発想は極めて重要である。住民自身が享受でき誇れる町でなければゲストをどうして招くことが出来るのであろうか？　かつてのように観光がとにかく集客して、その地にお金が落ちるよう

にするという開発業者やホスト中心からゲストが観光から何を得るのかという観光者と同じ目線に立って考える方向にシフトしさらにそこに生活を営む人々の主体性を考慮するに至ったのは充分評価出来よう。

　自分がこれまで見たこともないような自然景観や歴史的文化的観光資源がこれからも価値を持つことは否定出来ない。しかし、日常的な観光資源が注目されて来つつあるのも事実である。例えば、十数億人の人々が上下を問わず競争主義の観を呈しているような中国でも、こうした観光ニーズが出て来ているのは極めて興味深い。

　海外旅行がレジャーとして急速に普及しつつある中国の主要旅行誌『時尚旅遊』(32万部)は最新号で京都を特集している。16頁のグラビアと記事のほかに15頁の別冊ガイドブックを付けた。2004年末に5人の取材団が祇園、鴨川、哲学の道、鈴虫寺などを歩き回り、季節の変化を愛しながら暮らす老若男女を紹介した。「春は桜の花びら、秋は落ち葉が道に敷き詰められる。げたで歩くと地面の接触のやわらかさで季節の交代がわかる」といった土地の人々の声を伝えている。初来日の寥敏編集長は、現代の中国人が物質中心主義になっていること、しかし、京都には心の静けさを求める文化があることを強調している[10]。

　住む人々が愛してやまない生活こそ観光資源となりうるという一つの考えは極めて新鮮である。このエピソードには観光立国論の精神が反映されているように思われる。

　観光立国論が従来の大型で国土開発を主たる狙いとする上位下達型の全国総合開発ではなく地域の主体性を重んじる方向に転進した点も評価に値しよう。もちろん政府がイニシヤチブを取っていることも依然として事実である。しかし、様々な批判はあるものの財源の移譲や構造改革特区は地域自身が自ら地域の改革に取り組むことを狙いとしていることは否定できない。地域はもはや中央政府に従属しつつ甘えるという姿勢は許されない。この意味で観光立国論による日本の改造は充分に注目すべきものである。

[注・参考文献]
1. 国土交通省編(2003)『平成15年版観光白書』、独立行政法人国立印刷局。
2. 石森秀三(2004)「観光立国への道」(上)、『日本経済新聞』。
3. 国土交通省編(2004)『平成16年版観光白書』、独立行政法人国立印刷局。
4. 『朝日新聞』(夕刊)2004年7月24日。
5. 溝口三郎(1940)『国土計畫の話』、帝國農會。
6. 観光立国懇談会(2003)「観光立国懇談会報告書」。
7. 大日向和知夫(日本語学校ネットワーク会長)、2004年8月12日「日本語学校 第三者の評価機関設置を」『朝日新聞』。
8. 観光戦略研究会、2004年8月6日「ニッポンの観光戦略22提言PR役の留学生を大切に」『日本経済新聞』。
9. 「外国人雇用法を提言」、2004年4月15日、『日本経済新聞』。
10. 中国旅行誌に「普段の日本」、2004年5月24日、『朝日新聞』(夕刊)。

4. 観光動因と充足感・不満感の相関性

早崎 正城

1. 観光行動のメカニズム

　現代社会の多様化は、社会諸般の体制を著しく変化させているが、特に自由時間の増加は、経済変動の鈍化にも影響が少なく、消費生活での自由時間の増加への変容を招いている。この自由時間の消化の一形態である観光も、精神浄化の作用を期待されつつも、種々の変化を来しているために、「観光」の諸機能、例えば、心身の健康づくりを第一義とした自然・文化の学習、休養やスポーツへの参加・観戦などだけでなく、卑俗性までも包括して、歪曲した一面も見受けられる。

　かつて、政策的に倹約貯蓄や質素倹約などの訓言が生活に定着するようになって以来[1]、「自由時間」自体が不徳のものとして存在し続けたわが国においては、未だにその風潮を向けきらぬまま、余暇時代を迎えた。この自由時間の増加は、自由時間昇華の不慣れから、まさにその不消化現象を来すまでに至っている。

　このことは、当然観光にも影響を及ぼし、目的不在と既存概念の旅行意識が作用しあって、観光の本体を訳のわからないものにしているのが現状である。

　この様な中にあって観光は、一方的な経済支出を伴った現象であるところから、一般の外的消費として浪費や贅沢視する奢侈(Luxury)としての認識がはっきりしており、また自由時間の消化という一面からも、観光印象の度合いによっては時間の無駄遣いという意識が存在している。このことは、観光

者の心情から生ずる観光意識が奢侈意識を構成しているものと思われる。このように考えてみた時、余暇・経済両面の消化・消費形態を成している観光について、その総体行為を奢侈行為と解釈しても否定しえないところがある。観光に対する奢侈意識の問題が、観光への誘因の一部を構成するものと考える背景は、ここにある。

今後さらに観光を科学的に解釈していく場合、これらの意識構造を考察していくことは、行動科学上、欠かせられない研究分野のひとつになろう。そこで問題はまず、その基本となる観光誘因の構成について内因性と外因性に大別して考え、併せて観光の奢侈感を検討してみることにしよう。

2. 観光行動に見られる誘因構造

観光にかりたてる誘因は何か、また一方で抑止させる原因は何か、という問題は、一般的には経済的、身体的背景がある。しかしその他、個々の財力、職種、居住地、さらに近隣交通の利便性や天候、季節、そして体調に至るまでさまざまな要因が関係していることが考えられる(観光動因の関連表)。これは、観光における奢侈感の存在が1つの原因となる。この背景から推察して、観光行動への決定要因をいかなる視点(範囲)に求めるかの問題については、今日必ずしも一致した意見は見られない。しかし、観光の科学的専門的研究が行われるにつれて、単なる外的要因だけでなく、精神的、心情的要因も研究されるようになり、今日ではいくつかの所論を見かけるようになった。

例えば、ドイツの経済学者だったグリュックスマンは、観光サービスに関する需要と供給との直接的関係を凝視している。論中において特に注目されるのは、「旅行(移動)の原因は、自然に対する憧憬から生じた心的状態」とし、「日常生活から脱出して放浪したくなり、そして放浪の最初のうちは労働者であった者が、やがて浮浪者」[2]になったりすることを述べ、旅行誘因と奢侈行為との関係を示唆していることである。さらに人間関係、家族問題などの社会学的考察や感情、精神などを熟慮した心理学的考察もなされている。

このほか、同じドイツのボールマンは、観光の決定要因として「一般的決

表4-1　観光動因と奢侈意識の誘発起点表

形態別動機		展　開
観光動因と奢侈意識構成	身体的	＊健康度（体調・体力など） ＊行動域、運動量、疲労度など ＊性別、年齢別など
	社会的	＊職種、職位、自由時間量など ＊収入・財力など ＊家族構成、友人・知人など ＊生活環境、交通の利便性など
	精神的	＊趣味、趣向、興味度など ＊性格、知識、学習心など ＊観察力、判断力、応用力など
	その他	＊衝動性、突発性など ＊季節、天候、寒暖など

定要因」と「特殊的決定要因」をあげ、前者では自然状態、経済的及び政治的状態の中で心情性を扱い、後者では観光地及び観光地方の特殊な催事や施設、観光宣伝を主に挙げて、その中で心理的作用の介在を示唆している[3]。

またノヴァールも別の見地から2種に類別しているが、ボールマンとは内容が異なっている。ノヴァールによる「一般的決定要因」は、特殊な条件で偏向を生ずることなしに、観光者の数量を増減させるものを意味している。「特殊的決定要因」は、これとは逆に、観光者の流れを特殊な方向へ移行させることを指している。そして、これらの分析としては「一般的決定要因」を、①要求種目の変化、②労働時間における生産率の増大、③関連的諸影響、④国際的旅行斡旋期間、⑤マス・メディア、⑥社会的・政治的安定と国際平和、⑦旅行施設の改善と旅費の低減、⑧観光の往来に対する国際的障害の除去、などをあげている。そして「特殊的決定要因」として、土地の気候、風景、風俗の3点から考察し、精神的風土との関連性を意図的に捉えている[4]。いずれにも心理学的な研究が観光行為の決定要因について考察されている。これは、人間の欲求原理を中心とする導因構成、社会全体的な導因を構成している2類に大別できよう。特に後者については、観光事業の観点から捉えられており、観光現象の深い分析が種々試みられている。しかし前者の観念的な諸因の分析については、社会学の範疇で観察され、心理学の導入に若干の浅薄さが感じられる。

そこで、観光者の行動決定についての導因を心理学的に、内因性と外因性の行動に二分して考えてみよう。

(1) 内因性から捉えた観光行動
1）意　志
「意志」の解釈は広くあって多様に用いられているが、一般的には「大小にかかわらず、意識的な目標を持って、意志を達成するような行動的方法を用いる場合の意識的な精神作用」とされている[5]。

意志ある行動は、欲求と同じ力動的な性質を持っているので、意志は一種の欲求の成立にほかならないといわれている。そのために、観光において動機的な作用として「自由時間の増加」、「生活水準の高度化」、「交通の利便性」、「観光情報などの介入」が心的環境を作り上げる要因と思われる。そして意志体験が得られると、その目標実現に適合した刺激が働き、希望・要求としての誘因性を持つことになるのである。

これは、過去に慰安旅行の目的を主にした存在での消極的な観光が、これを経ることによって、心的環境の形成をみて能動的に受用され、目標を明確にさせた動的な観光形態へ移っていくものでもある。このことは、わが国の観光旅行の目的にはっきり見ることができるし、また生活の一部を形成するようになっていることからもわかる。最近の観光者が自主性を持った動的観光形態に移行してきたのは、この影響によるものと考えても間違いではなかろう。

意志の発達は、欲求としての精神状態が呼び起こされた次には欲求の葛藤が起こり、それが思慮及び選択の過程を経て解決され、さらにそれが行動の目標となって動機を作り上げていく、と言われている。この様な一連の経路の課程は、観光現象にだけ見られるものではなく、一般事業においても存在しているが、特に簡単な単一経路としてみると観光現象に合致する面が多い。

例えば、観光の欲求は「享楽への欲求」、「脱労働の欲求」、「健康の欲求」などが相互に関係を結んで1つの体系を形成しているものであり、この欲求が発達してくると、これとは別に「安易の欲求」、「怠惰の欲求」、また「貯蓄の欲求」

などが結合した新たな相互関係を生じ、欲求の衝突をひき起こすとみられている。

このような葛藤や衝突は熟慮の結果、選択へ移行する。そして、選び出された観光欲求は、観光行為に対する動機を形成することになるし、また観光の目標でもある。観光行動はこの目標に達することであり、動機の実行であると考えられる。

以上の観点から、例え「意志」が観光行為の直接的な導因になり得ない場合があっても、強力な刺激と観光行動の誘因の生成に影響を与えていることについては否定できないところであろう。

2）感　情

意志とは別に「感情」の問題が存在する。感情は一般に衝動と欲求の反応であり、体験や環境刺激などに対して行われるものとされている。これが意志へ反映したものが感情といわれ、観光行動の過程において心情的な美意識や旅情の感覚作用は大きなものがあり、主体性、内面性を本性とする感情は、観光の導因に最も強い意識を構成するものと思われる。

また、感情的経験と感覚的経験とは、質的な類似性を備えており、快楽志向の素因を受け持っている。このことは、観光時における景観が感情的快感を産み、また観光関係の諸施設の完備が感覚的快感を構成するために、両者の結合が情緒的行動へと導かれるからである。

これは単に観光の導因としてだけのものではなく、むしろ事後の評価形態をもなすもの[6]であり、さらに再度の観光誘因に影響を与える最大のポイントにもなろう。

しかし、一般的に以上のような考え方が可能であっても、感情を巨視的に捉えれば広範囲な解釈が成り立ち、感情の中に含まれる多意性を知ることができる。

その第一は、現在の適応に伴う感情が考えられよう。観光行為において心的な快味とは別に、比例的作用を持つ「疲労の感情」、「期待の感情」などがある。これは、調和的、葛藤的な形式をとりながらも1つの関係を持った感情（relative feeling）を、要求の程度に依存しながら構成している。これは、現段

階において奢侈意識を作り上げる導因として理解することができよう。

　第2には、過去の経験に伴う感情がある。現在の体験に過去の経験を適合させる時に伴う感情として理解される。この種のものには、まず過去と現在の間に生じる類似性に対しての親しみの感情(feeling of familiarity)、初めての観光地に対して有する新奇の感情(feeling of novelty)、他の観光地や諸施設との対比の効果(effect of contrast)に伴う感情などがある。いずれも観光の導因に影響力を持ち、これらの複合作用が観光行動への誘発を大きくすると考えられている。

　第3には、未来の適応に伴う感情がある。未知の観光地に対しては、目標との関係で生じる期待の感情(feeling of expectancy)がある。そしてその目標に興味が生じると希望や憂慮になり、また積極的に観光行動を求める場合には、それが憧憬の感情を生じさせることにもなる。この結果、過大な期待にはしり、現実との違いによって欲求不満を生じさせることもあるが、これは奢侈意識の構成要因に結びつく可能性が強いということができよう。

　以上は感情の形式としてのものであるが、観光動因における感情の内容をさらに考えてみる必要があろう。

　それにはまず、感情の拡散現象が挙げられる。観光地において受ける快感は、ただ当該地の好印象からのみ生じるものではなく、車中や船中などの往復路における条件に加えて、気候による自然条件など、多様に複合されたものが観光者の快感に結びつくものである。したがって逆の見方をすれば、快感の拡がりを指摘することができ、その行動要因を中心として1つの感情を形成していると見ることができるのである。これも観光行動の決定要因への強化作用を成すものといえる。

　次に感情の深化(deepening)がある。これは先に述べた外延的な拡がりとは別に、それ自体の内部へと内包的に深化する感情現象である。観光はいつの時点でも旅情を伴った大小の情趣的傾向を醸し出す。このため「観光」ということばの概念から、どの観光地であれ、またどのような観光形態であれ、思念の域において観光自体の有する情緒的雰囲気の中に誘導されていく。

　そして経験の積み重ねによって固定化してきた観光イメージが、その良否

は別として、「観光」ということばを聞くことによって既に観光の享楽性を感応できるようになるのは周知のごとくである。

このような感情の深化する経路については、感情の適応性が著しく明確になっていくことがわかる。そのため、観光に対して初めは漠然とした快感は、その後に観光行為の動機となるのである。

3) 知　識

観光の欲求は、人間の特性とも考えることができる。われわれは人間の行動を環境適応へかりたてる社会的条件も持ち合わせており、社会的、歴史的な条件によって観光環境の造成と適応性の並存を見ることができる。この社会的条件の環境適応性に加わるエネルギーは、いわゆる相対的な知識であり、動因の成り立ちと行動過程で生じる抵抗の回避に役立っている。

さらに知識の場合は、想像、思考及び自我意識等に関係し、興味と感銘度を深める機能がある[7]。また、知識の発展についても、乏しい意味から豊かな意味への想化(idealization)の過程であろうと思われる。そのために、知識発展の各段階がそれぞれに新しく広くなっていくところに特色がある。

観光に関する知識は一般的に情報や学習等によって得られるが、興味や好奇心、探訪心等の度合いに応じて知識の吸収にかなりの差を生じさせる。知識は相互作用に依存しつつ高揚を見るのである。

以上、観光の決定要因に関して「意志」「感情」「知識」の側から観光への動因を概観した。

(2) 外因性から捉えた観光行動

1) 人間疎外

生活は常に環境に支配されながら、安定した生活の平衡状態を求める方向で動いている[8]。ところが、現代社会の人間疎外感は一種の人格不在の状態として生活体の内部に発生しているが、逆にまた復権のための行動を発現させる導引としても働いている。視点を変えれば、不快(苦痛)を回避しようとする傾向はその場から遠い方向への逃避、または新天地を求める行動へと誘発する動機として働く。

この結果から、観光の欲求とこの動因とが相互刺激の高揚を見て観光行動へ移行し、その実行を見るのである。
　また、人間には一般的に快感原則(plesure principle)が内在しており、快経験は記憶、想起等に強い持続作用を有するものであるが、反面、深い経験については忘却しようとする気持ちが働く。このような作用は、いずれも観光動因への足がかりを形成するものとみなすことができよう。

2) 国民性

　国民性については、特定の国民に共通する心理的特性を意味し、一定の文化的要因が、一定の国民性を形成するものと解されている[9]。しかし、このほかに社会的、歴史的要因も国民性の形成に大きな影響力を持っている[10]。
　観光と国民性との関係を考えてみると、一定の生活様式における慣習、道徳、態度さらには観念的なものに見られる行動様式がある。わが国において小規模型、多目的型、無計画型、節約型等の観光者タイプが目立つことは、その特徴的なものといえよう[11]。
　観光の目標を決める時に、経済的な背景を考慮したり、また社会的要因、例えば職業上の制約などの同調化を強いられる場合が多くある。このため自発的なきっかけを失った観光者の増加が指摘されている。このことは1つの社会性として捉えることができ、観光の導因と奢侈意識の特質形成に影響を与えるものとみなされよう。

3) 情　報

　情報は、受け手から見た場合に広い意味で資料、サービス、宣伝などを包括したものと考えられるが、観光の導因としては直接的な影響力を持つものである。
　資料は知識の形成と関心度を招く作用がある。例えば、ある観光地についての資料が入手されると、それは知的刺激に変換され観光の決定へと移行する。このことはまた、観光の価値観を高める素因をもったものと言える。
　サービスについては、物的なものと精神的なものに分けて考えることができる。物的サービスは主に観光事業の根本的なものとして理解されるが、精神的なサービスはさらに当該観光地での地元住民との接見、交通機関や宿泊

施設等での接待、またガイドの内容なども加わり、観光をより情趣的傾向へ誘発させる要因として無視できない。

観光の直接的な誘因に宣伝がある。観光者から見て、資料が能動的な作業において得られるのに対し、宣伝は受動的なものといえる。関係業者の行う直接的宣伝は事業性を帯びたものとして観光の動因には若干の融通性を欠くが、マス・メディア機関を経たニュースやPR、また既に訪問した人々からの印象伝達等は、当該地への憧憬の念を高揚させるのに十分なものがある。

3. 観光の充足

(1) 浪費・贅沢視の概念

観光における浪費問題や贅沢視することは、観光が支出、時間の消失という非生産的な形態で成り立っているため、観光自体に奢侈の概念が存在していることは否めない。そこで論を進める前にまず、この奢侈の概念について捉えておく必要がある。

奢侈(luxury)については、消費経済上から多く論じられており、いつの世においても生活における必要限度以上の消費・消失に至っては奢侈とみなされるものであるが、一概に奢侈を定義づけることは困難である。これは時代の変遷や社会各層の別からその内容に変化を生じさせ、はなはだ不確実なものだからである。

今日の社会において必需品と認知されるものでも、過去にあっては贅沢品とみなされていたり、また将来的に普及品として日常品化してくることもある。さらに別の層においては法外な贅沢品とみなされる場合も多い。このため、仮に定義するとしても、各層をひとつにまとめて誤りのない定義を得ることは非常に困難といえる。

従来、学者はいろいろの観点から奢侈に対する定義を下している。奢侈論の大家であるラブレイは、人間の第一次的欲望を標準としており、それによると「奢侈とは、われわれの第一次的欲望の充足には関係のないものである。これを得るためには多額の金員を必要とし、またこれを生産するには大いな

る労力を費やしなければならないものを指す。したがってこれを利用する人はきわめて少数に限られる。」としている。そして「ある時代において奢侈と見られるものも、大いなる経費を投ずることなく獲得される時代が来れば、もはや奢侈と称することはできない」[12]と述べている。

またホブソンも「精神ならびに身体の健康を阻害するもので、使用(消費)しなくても済む一切のもの」と論述し、「奢侈は個人の境遇、ならびに育ちにしたがって変化するものであり、多くの家庭において奢侈はその使用(消費)する物品の問題ではなく、その量(内容)と価格との問題である」[13]として心的作用を示唆している。

すなわち、先学者の考えるところから、奢侈は時代を異にするにしたがって変化するものであり、さらに社会の各層によって奢侈の内容に変化を来すことを肯定している。このことは、生活標準を基礎においた奢侈行為の観察の必要性を意味するものである。

そこで、奢侈に関して次の三点が挙げられよう。すなわち、①高価もしくはその認識があること、②少数の人にしか利用されていないこと、③必要以上の量(内容)で使用(消失)すること、の三要件である。これから見て奢侈形態を大別すると、「観念的奢侈」と「物的奢侈」に分かれる。前者が行為者の内面的心情的な作用であるのに対し、後者は外面的可視的な事象を意味するものと言える。

(2) 奢侈構成の周辺
1) 観念的な浪費感と贅沢感

観光における奢侈意識の構成要因として、当該観光における印象度がある。印象に関する内容は諸条件が複雑に関係しあって構成されるものだが、大別して自然条件と人為的条件に分けてみよう。

まず自然条件の第1に「気候」がある。例えば、快晴時と風雨時での観光条件としては、身体に受ける抵抗度からその印象度合いにかなりの差異を生じるし、気温や湿潤、さらに寒暑などもこれに含まれ、強力な作用を示す。

第2には、「地域」差がある。都会に住むか地方で生活しているかでは、目的

地（観光地）の自然・文化や都市・田園等の景観に対する感度の差異は、さらに地理的ハンディも加担され、観光意識と観光行為に相違点を生じさせる。この差は潜在しつつも対比感覚で出現し、特に交通上の不利な場合は必要以上の出費と時間の損失及び疲労の荷担等が影響して奢侈的観測がなされることが多い。

　人為的条件としては、資料や知識の欠落によって無計画、無思考的観光タイプを生ずる観光内容の貧困さがある。そのほとんどが欲求不満を形成するとともに、奢侈行為としての意識を生じさせる。この他、所得差による観光内容の差異、行動前の心情、観光目的、さらには職種や自由時間の有無など、社会的諸般の条件が相関していることも生活構造に差異意識を生じさせることになり、奢侈構成の一員になっている。また、これらの両者の諸条件を経験した結果、そこに残影する疲労感、虚無感等は、いずれも奢侈意識への誘因になるものと理解することができよう。

2) 物的な浪費感と贅沢感

　物的な浪費感としては、社会的条件があげられよう。観光を取り巻く社会的事情にはいろいろあるが、例えば交通関係では、まず施設問題が考えられる。道路整備の不良や駐車場不足、案内標識の不徹底、さらに往来上の交通渋滞、交通事故等はすべて不快現象を招き、奢侈感への作用をひき起こす。この外に環境問題も介入する。観光地の俗化現象、衛生状態、さらには盗難や観光者に対する地元住民の不親切等は不快因として、奢侈への可能性を大にするものである。また先に述べたように、わが国特有の観光者タイプから観察して宿泊費、交通費、みやげ品代、そのほか観光地での諸経費の多支出は、高次元での満足感以外はほとんど奢侈意識の主因と考えても間違いではない。

　以上の結果から、観念的奢侈においては間接的な判断が多く、これに比較して物的奢侈には直接的な判断が目立つ。

(3) 観光導因と奢侈との関係

　ここで観光導因と奢侈の関係を明らかにしてみよう。

観光の決定要因の特質は、いずれも期待、興味、好奇心、探訪心等を誘発するところに発見できた。ところが奢侈意識は、これらの願望(欲望)形態に逆らう結果から生ずる反作用であり、相反現象として捉えることができる。

　事前に自己脚色された観光イメージは実現化する過程において逐次反応を示すものである。だから、観光において期待効果の減少化をみるとき、これに比例して不快度を増すことになる。このような経験への抵抗現象はすべて奢侈の要因へ傾倒していくのである。

　また、わが国特有の観光者が"旅の恥はかき捨て"的様相と"モラル不在"で代表される裏側に、観光に内在する奢侈意識を助長しているきらいがある。例えば、観光者の中に存在する利己的態度は、観光時における開放感と快味作用の持続現象を出現させる。このような背景は往々にして他人をかえりみる余裕を忘れさせ、主観的で自己中心の態度に傾倒していくからである。観光時に不快感を持った観光者の大方は、観光行動において浪費感を形成させることにより、奢侈誘発への起因をなすことになる。

　観光の奢侈構成は、従来の観光に対する"不徳感"から観光行為の総体を奢侈視するものと、外部からの要因としてその強化作用を助長する健康度合い、すなわち疲労、罹病、事故、傷害等や盗難、紛失、障害などから派生する奢侈意識の構成とあるが、両者とも究極的には心的作用の奢侈形態が存在していると言える。ここに観光の決定要因に表裏して、快感度合いの高低から奢侈の位置づけを見ることができるのである。

　観光への動因と奢侈意識との関係について、一般には観光者の行動発生において奢侈意識の出現を観察できるが、しかしもともと観光は自由時間の消失と一定の支出額を前提としたものであり、この意味において、印象の如何を問わず、探索行動の時点で消費意識(金員・時間)の生成を見ることが多い。したがって観光の総体において奢侈意識を知覚することができ、この知覚度合いも社会的条件(所得格差・生活環境・家族構成等)や自然条件(気候・地域性等)によって差異を生じるものであることも、併せて思考されるのである。

[注・参考文献]
1. 徳川時代に「徳政令」が発布されて以来、近年に至るまで奢侈を罪悪視する政策が取られている。
2. GLUCKSMANN, Robert(1936)：*Allgemeine Fremdenverkehrskunde*, Bern(=『観光事業概論』国際観光局訳、1940年)
3. BORMANN, Arthur(1930)：*Die Lehre von Fremdenverkehr*(=『観光学概論』国際観光局訳)
4. NORVAL, A. J. (1936)：*The Tourist Industry. A natinal and International Survey*, London(=『観光事業論』国際観光局訳、1946年)
5. 大脇義一(1964)『心理学概論』、培風館。
6. 拙著「観光施設の公益性に関する研究」
7. 大脇義一：前掲書。
8. 平行維持規制(Homeostasis)と呼ばれており、特に生理学者Bernard,C.らによって考察がなされている。
9. 大場祥護(1976)『文化社会学』、内田老鶴圃新社。
10. 和辻哲郎(1963)『風土』、岩波書店。
11. 拙著(1969)「観光者の実態とその心理的分析」、『私学研修福祉会報告』。
12. Emile de LAVELEYE (1812) *Luxury*, Allen.
13. HOBSON, John, A. (1938)：*Poverty and Wate*.

第2部 ツーリズムの新しい動向とイメージの変容

5. ツーリズムと宗教
：スペインの修道院宿泊事例を中心に

小川 祐子

1. はじめに：問題の提起

　今日のツーリズムは、その大衆化の帰結として、さまざまな問題に直面している。自然環境の汚染、林立する高層ホテルによる景観の破壊、夏季に集中する宿泊客のために大量に使われる水資源の慢性的不足、受け入れ地域の日常生活を妨げる交通渋滞、経済格差と生活習慣の違いに起因する社会的影響等である。

　マス・ツーリズムによって、観光活動が極めて広く一般化した現在、ツーリズムの対象が多様化する中で、人々は何を求めて、観光行動を行うのであろうか。

　これまでの観光研究では、ツーリズムは「日常生活から一時的に離れて、非日常的空間の中で非日常的時間を過ごし、再び日常生活へと戻る」ことと考えられてきた。都市型のホテル、旅館、リゾートといった豪奢な施設で、手厚いサービスを期待するものが主流であった。これは、週末やまとまった休暇を通じて、リフレッシュし、気持ちを新たに再びストレスの多い日常生活での活力を養うといった「代償作用」を動機とするものといえる。

　それが、1つの目的地を繰り返し訪問したり、1年を通じて通算3カ月、4カ月といった長期の滞在をするリピーターの観光行動を考える時、そこには「もう1つの日常」の存在が伺える。すなわち「ツーリズム＝非日常」の構図はもはや時代遅れとなり、自分のライフスタイルを求める行動へと変化している傾向を読み取ることができるのではないだろうか。

農山村空間で展開されるツーリズムは、ルーラルツーリズム、アグリツーリズム、グリーンツーリズムと、さまざまな名称で呼ばれ、統一した呼称は今だ確立していない。ここでは、「スローフード運動」と呼応して、単なる美食を求めるのではなく、食の安全に関心の高い消費者が、観光行動として訪れ、農山村そのものを精神的な安らぎの場と考える。

韓国では、外国人が寺に宿泊して伝統的な仏教文化を体験する「テンプルステイ」が始まり、33カ寺で境内の掃除、座禅、写経など修行僧と同じ生活を体験することに人気が集まっている[1]。日本でも、四国88カ所の札所を巡礼する遍路や秩父観音霊場巡礼、比叡山での1日回鋒行、金峰山での修験体験など宗教的な体験を求める観光活動が新たな人気を博している。

筆者がこれまで研究のフィールドとしてきたスペインの場合、支配的な宗教はキリスト教カトリックである。主な宗教施設はカテドラル(大聖堂)を頂点とする教会、及び修道院である。信者・信徒として日々のミサにあずかるだけでなくツーリズムを通じて日常の生活空間を離れ、都市生活の喧騒に疲

表5-1 スペインにおける修道院の宿泊施設

	自治州	修道生活体験型	修道院宿泊型
1	アンダルシア	8	5
2	アラゴン	13	3
3	アストゥリアス	2	0
4	バレアレス	2	7
5	カナリアス	3	1
6	カンタブリア	7	1
7	カステリャ・マンチャ	7	3
8	カステリャ・レオン	31	11
9	カタルニャ	20	1
10	バレンシア	5	9
11	エストレマドゥラ	1	6
12	ガリシア	7	4
13	リオハ	4	1
14	マドリッド	6	3
15	ムルシア	1	0
16	ナバラ	11	1
17	バスク	15	6
	合計	143	62

出典:Javier de Sagastizabal (2003) Alojamientos monasticos de Espana, Everest S. A., Leon.より筆者作成。

れた人々が心身を回復させ、精神的支えを求めて訪れている[2]。

　表5-1に示したように、修道院が提供する宿泊施設は、2つに大別することができる。1つは、修道院の建物内にある宿泊施設で、修道会の内部の生活を共にする形態のもの(修道生活体験型)と、もう1つは、修道会の宗教活動とは分離した形態のもの(修道院宿泊型)である。両者を併せて、スペイン国内に、205カ所ある[3]。

　ツーリズムという現象の中に示される「癒し」を求める行動は、何に起因するものなのだろうか。高度な産業社会になると、人々はなぜ「癒し」を必要とするのであろうか。ツーリズムという行為の中で、「癒し」を選択するそのメカニズムを検証することは、現代の社会が抱える様相を理解する1つの手がかりを提供するのではないだろうか。

2. 宿を提供する修道院

(1) 宿泊客を受け入れる修道院の伝統

　スペインには何百という修道会があるが、中でもベネディクト会(6世紀にイタリアのモンテ・カッシーノで「祈り、働け」をモットーに聖ベネディクトスが創設)とシトー会(11世紀にフランスのシトーで聖ベルナルドゥスが改革したベネディクト会)が最も多くの宿泊施設を提供してきた。修道院は、集落や都市にあるものもあるし、また実際こちらの方がほとんどだが、自然に囲まれたところもある。

　修道院の中には、歴史のプロセスの中で、戦争や永代所有財産解放令[4]による売却を通じて消滅していったり、多くの財産を失ったものもある。

　こうした修道院は、歴史の中で巡礼者や物乞いを受け入れ、そのホスピタリティの精神を際立たせてきた。「どんなに多くの宿泊希望者が修道院を訪れても、キリストと同じように温かく迎えなければならない。なぜなら、主はある日こう言った。"私は宿を請い、彼らは私を受け入れた"。宿を求める者が到着したと気付いたら、修道院長もしくは誰か修道士は出迎えて、真の慈善を示して受け入れなさい。彼らの中に私がいる」。聖ベネディクトスが基礎

を確立した修道院規則の第53章にはこう述べられている[5]。

(2) サンティアゴ・デ・コンポステラへの巡礼

　修道院が宿を提供してきたことは、スペイン北部にサンティアゴの道があることが決定的な影響を与えていることは言うまでもない。ヨーロッパ全土から押し寄せる巡礼者のために、宿泊施設や施療院のネットワークが必要だった。

　サンティアゴ・デ・コンポステラへの巡礼は、814年にここで聖ヤコブの墓が見つかったとされたことから、10世紀には国際的な巡礼地となっていった。これ以降中世の全時代を通じて、ローマ、エルサレムと並んで、キリスト教の三大聖地となった。サンティアゴの街道は、常に人の行き交う往来となり、あらゆる国から、あらゆる年齢の、あらゆるタイプの人々が訪れ、こうした人々を受け入れる必要性が出てきた。巡礼者の行き交うサンティアゴの道が通っている地域にとって、巡礼は富の源泉となった。スペインの歴代の王たちは、寄付をし、税を免除し、施療院や宿泊施設を建設して、街道の整備に努めた。

　こうして街道には多くの建物が立てられた。当時は、識字能力のない人々が多かったため、建物の壁面には、聖書の物語や歴史などのレリーフが所狭しと刻み付けられた。今日の我々の目からはグロテスクに見えるそれらのレリーフも、当時の人たちにとっては、大切な巡礼の道しるべであった。

　サンティアゴの道に沿って、それはスペインの北、国土の約3分の1にあたる広い地域に、修道院の宿泊施設や施療院があった。それらのうちいくつかは、パラドールとなっているものもあるし、また修道院の近代的な宿泊施設に生まれ変わったものもある[6]。

(3) 修道院に宿泊する現代的状況

　従来スペインといえば、地中海沿岸、マジョルカ島、カナリア諸島といった海浜部の偏った地域に、ヨーロッパ諸国からチャーター便で夏季に集中して観光客が訪れるという典型的なマス・ツーリズム開発の代表的な受け入れ

国であった[7]。

　しかしビーチ観光とは異なった地域へと観光目的地が拡大しつつある。経済成長にともない、スペイン人自身の観光活動も増大している。こうした社会的傾向における新たな対象の中でも、歴史的遺産の持つ役割が顕著となり、いわゆる「文化観光」として1つのカテゴリーを形成するに至っている[8]。

　歴史的な伝統を有する多くの修道院は、建造物、絵画・彫刻など多くの芸術的富を提供し、訪れる者の注意をひきつける。また多くの人々は、修道生活の特徴である禁欲、祈り、沈黙をより間近で知りたいと思っている。今日、信者であろうとなかろうと、多くの人々は、修道者が内面の均衡と平安を得るために行っている黙想と沈黙を求めており、そうした静寂の滞在を数日間享受したいと望んでいる。こうした現代の新しい求めの声は日毎に強さを増してきており、これに応えて、修道士・修道女たちは、門戸を開け、自分たちの家に宿泊客を受け入れている[9]。

3. 修道院宿泊施設の実態調査および利用者の意識調査

(1) 調査の概要
1) 調査目的

　本調査の目的は、スペインで出版されている修道院宿泊施設案内を中心に情報を入手し、実際の宿泊施設の状況およびそこを利用する観光者を対象に、観光活動の中に、精神性や癒しを求める行動がどのように意識されているのかを考察するための基礎資料を得ることである。

2) 調査期間

　2003年3月から4月である。

3) 調査方法

　実際に宿泊施設を提供している修道院を訪れ、宿泊を通じて関係者に面接調査をする。また同じ宿泊者として、利用者と面接調査をしてヒアリングを行う。

　今回の調査では、エストレマドゥラ州カセレス県のグアダルペ王立修道院

と、リオハ州リオハ県のサン・ミリャン・デ・コゴリャ修道院を宿泊対象とした。マドリッド州マドリッド県の無原罪の御宿り修道院では、事前の準備ができなかったため、施設訪問のみ行い、関係者との面接調査および利用者に対するヒアリングはできなかった。

4) 調査の仮説

①利用者は、伝統宗教に対して、無関心もしくは批判的である。

②利用者は、修道院という宗教施設に対して、歴史的芸術的価値の高い文化遺産という認識を持っている。

③利用者は、実践的な宗教活動よりは、精神的な安らぎや静寂を求めている。

表5-2 調査宿泊施設の特性

修道院名	グアダルペ王立修道院	サン・ミリャン・デ・コゴリャ修道院	無原罪の御宿り修道院
修道会名	フランシスコ会(男子)	隠遁アウグスチノ会(男子)	カプチン・クララ修道女会
所在県	カセレス県	リオハ県	マドリッド県
修道会の形態	活動会	活動会	観想会
修道士(女)の数	10人	12人	12人
宿泊施設の形態	修道院宿泊型	修道院宿泊型	修道生活体験型
経営主体	民間企業	民間企業(エスタンシアス・デ・エスパニャ)	修道会
部屋数	47室	25室	18室
宿泊者数	94人	50人	42人
等級	2星	4星	なし
開業年	1970年代	1997年	不明
男女の別	男女とも可	男女とも可	男女とも可
食事の提供	レストラン	レストラン	修道院内に住む家族が提供
典礼の種類	付属教会のミサ	修道院内のミサ	修道院内のミサ他
典礼への参加	自由	自由	自由

出 典：Javier de Sagastizabal(2003) Alojamientos monasticos de Espana, Everest S. A., Leon and Antonio Aradillas(1999) Monasterios de Espana, PPC S. A., Madrid より筆者作成。

(2) 調査の結果

1) 修道院宿泊施設の状況

「hospedería」というスペイン語は、「修道院の宿泊所」という意味を持つ。今回の調査で入手した最新の案内書(2003年発行)によると、修道院の建物内にある宿泊施設であっても、修道会の内部の生活を共にする形態のものと、修道会の宗教活動とは分離した形態のものと、2つに大きく分けられている。後者の場合、経営主体が修道会のケースと、民間企業のケースがある。

前者の場合、特に後者との違いを際立たせるために、従来の「hospedería」という言葉を用いずに、「casa de acogida」(歓迎の家、祈りの家)という用語を好んで使っている。

前者の宿泊施設では、個々の修道会の目的や理念によって多少の違いはあるが、修道士(女)と宿泊者の区別なく同じ食事を同じ食堂で食し、1日8回の聖務日課へ自由に参加し、グレゴリオ聖歌を共にするなど、あくまでも強制はしないが、精神修練の場としての傾向が強い。

今回の調査では、**図5-1**に示した1(グアダルーペ王立修道院)と2(サン・ミリャン・デ・コゴリャ修道院)は後者のケース、3(無原罪の御宿り修道院)は前者のケースであった。

2) 関係者に対するヒアリング

グアダルーペ修道院、サン・ミリャン・デ・ココリャ修道院いずれの場合も、修道院宿泊に対する人気が高く、予約が取れないこともあるくらいである。年間を通して稼働率も高い。

グアダルーペ修道院の場合、1970年ごろホテルの提供を開始した。経営は民間企業となっているが、経営者は修道士である。90年代になって道路事情が良くなったこともあって、マドリッド方面からの宿泊客が増えた。外国人宿泊客ももちろん多いが、主体はスペイン人である。かつては宿泊者も地域住民も朝7時の勤行に参加することができたが、現在は公開していない。また、修道士によるグレゴリオ聖歌の合唱も日課の中で行っていたが、現在10人の修道士ではとてもできない。最も若い修道士が30代で、高齢化も著しい。修道院付属の教会で行うミサが、宿泊者・地域住民も参加できる典礼である。グアダルーペの人口は2,365人(2000年)[10]で、就業機会も極めて限られる。その中で修道院が提供するホテルは、すぐ近くにあるパラドールとともに貴重な雇用を創出している。

サン・ミリャン・デ・ココリャ修道院の場合、開業は1997年である。世界遺産の指定(1997年)を受けるに際して、国及び州政府が歴史的建造物の修復を行った。その費用を回収する方策として、ホテル部分を作り、経営は民間企業として「エスタンシアス・デ・エスパニャ」グループに加盟している。修

道院はホテルとは直接関係していない。宿泊者・地域住民ともに修道院内で行なわれる朝8時の勤行に参加できる。12人の修道士の高齢化は著しい。

3) 利用者の意識動向

表5-3に示したように、今回の調査でヒアリングした修道院に宿泊する動機は、その多くが、修道院の持つ芸術的価値の高さ、歴史的、文化的要素に魅力を感じるというものであった。カトリックという伝統的な宗教そのものには関心がない、もしくは批判的な立場を取る人が多かった。これは、20世紀のスペイン内戦(1936—1939)と、それに続くフランコ独裁の時代を直接経験した世代の人々は、カトリックに対して非常に複雑で多様な思いがある一方で、フランコの死(1975年)から始まった民主化以降の若い世代の人々にとっては、宗教そのものに対する関心が薄い、もしくは支配的宗教に対する反発を反映しているといえよう。

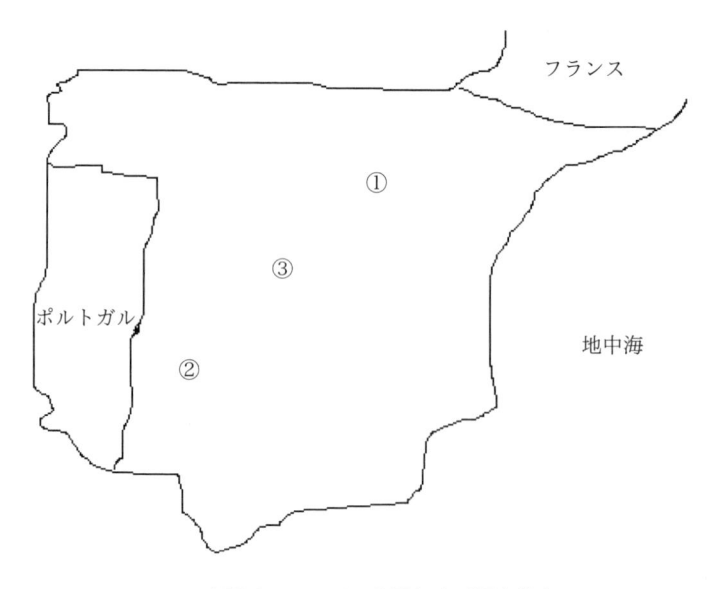

図5-1　スペイン全図および調査地点

筆者作成

調査地の概要

① **グアダルペ王立修道院**(エストレマドゥラ州カセレス県)

　14世紀に発見された聖母像に祈願したアルフォンソ11世が、その直後の1340年イスラム教徒との戦いに勝利したことに感謝して作らせた壮大な王立修道院。歴代の王の寄進を受け、その外観は要塞のようである。16・17世紀には一大巡礼地となった。ラテンアメリカへ向かった征服者の多くが、エストレマドゥラの出身であるため、グアダルペの黒い聖母像は、ラテンアメリカでもキリスト教信仰の精神的支柱となっている。1993年に世界遺産に認定された。

② **サン・ミリャン・デ・コゴリャ修道院**(リオハ州リオハ県)

　州都ログロニョから約50kmで、ここは聖エミリウス(ミリャン)が隠遁生活を送り、574年に没すると巡礼地となった。10世紀に建てられたモサラベ(イスラム支配下のキリスト教徒)様式の教会と修道院がスソ修道院で、現在は無住。修道士が増えたため1053年に建てられたのが、ユソ修道院である。ユソ修道院の文書の欄外に修道士が走り書きした注記が、最古のスペイン語文章として知られ、中世スペイン語の発展過程を知る重要な資料となっている。1997年に世界遺産に認定された。

③ **無原罪の御宿り修道院**(マドリッド州マドリッド県)

　修道会の創立は1618年で、現在の地に建てられたのは、1975年である。「祈りの家」の運営と、洋服クリーニングに従事している。

表5-3 宿泊者の意識動向

	グアダルペ王立修道院				
出身地	マラガ県	オランダ	マドリッド県	セビリャ県	カステリョン県
交通手段	自家用車	自家用車	自家用車	バスをチャーター	自家用車
宿泊回数	複数回	1回目	1回目	1回目	1回目
年代	50代	40代	50代	60代	30代
構成	夫婦	女性2人連れ	グループ	グループ	夫婦と子ども2人
選択手段	有名だから知っている	ガイドブック	有名だから知っている	有名だから知っている	有名だから知っている
典礼への参加	なし	ミサに参加	なし	絶対参加しない	なし
宿泊動機	芸術的雰囲気 価格帯	この修道院の歴史的文化的要素	修道院の宿だから	修道院の宿だから	有名だから
				価格帯	
コメント	近代的なホテルにも泊まるが、パラドールやこうした宿泊施設も好き。近くにもパラドールがあるが、そこは4星なので、こちらにしている。	宗教には興味はないが、好奇心からミサには参加した。2泊する予定である。	近くにパラドールがあることは知っているが、修道院の宿は特別である。	パラドールのような単なるホテルではない。政治と宗教は語りたくない。	夫がカセレス出身で、祖父の葬儀に出席。宗教的要素には関心はないし、熱心な信者ではない。

　宗教施設としての修道院に宿泊することに対する拒否感はなく、退屈だとか静か過ぎて不気味であるといった反応はなかった。単なるホテルではないことを強調する人が多かった。宗教施設の持つ静寂さ、近代的な社会とは異なる時間の流れに身を置きたいという積極的な動機が伺える。

　一般の観光客の中には、修道院宿泊に拒否反応を示す人もいた。グアダルペ修道院では、修道士が修道院内を約1時間説明しながら案内するツアーが行われている。宿泊者、一般観光客を問わず、入場料は、3ユーロ(約370円)である。1回のツアーで、40人前後は集まり、なかなかの盛況である。一般入場者に対し、ここに今晩泊まるのかと尋ねると、拒否反応を示す人もいた。しかしこのツアーは、最後に希望者のみ祭壇裏側まで上り、聖母像を間近で拝み、聖母象の写真にキスをする。ここで観光客は参拝者に変わる。修道院の生活振りにジョークを飛ばしていた人も神妙な面持ちで祈りの言葉を口にしていた。

	サン・ミリャン・デ・コゴリャ修道院
マドリッド県	アルメリア県
自家用車	自家用車
1回目	1回目
50代	60代と30代
夫婦	母と娘
出身地(イルン)が近いので、知っている	出身地(サンセバスティアン)が近いが、宿泊はBANCOTELで情報を得た。
なし	ミサに参加
この宗教的、芸術的雰囲気が好きだから	修道院の宗教的な雰囲気が好きだから。・修道女達と生活を共にする「祈りの家」があれば、ぜひ泊まってみたい。
近代的なものは好きではないので、この宗教的・芸術的雰囲気がとても落ち着く。宿泊は初めてだが、修道院自体は何度も訪れている。	母と娘3人とも看護婦で、老人介護病院を経営している。いつも死と向きあう生活なので、常に宗教や信仰のことを考えているし、人から修道女かとよく聞かれる。スペインの中では、少数派だと思う。

4. 他の欧米諸国における修道院宿泊の事例

　表5-4で示したように、ドイツで修道院に宿泊し、休暇を過ごすことに特にエグゼクティブと呼ばれる人々の人気が高く、それを商品化して提供する旅行代理店もある。その場合、ドイツ語圏であるオーストリア、スイス、リヒテンシュタイン、南チロル地方(イタリア)、アルザス地方(フランス)も含めた商品提供が行われている[11]。

　アルゼンチンにも、ブエノスアイレス県アスールにあるトラピスト修道院が、「霊的な休息」のための宿泊施設を提供している。大統領が週末になるとここを訪れたこともあった。ラテン・アメリカには、チリとブラジルにも同様の修道院がある。

　同様に、フランス、イタリアにも修道院が提供する宿泊施設がある[12]と思われる。

表5-4 他のヨーロッパ諸国における修道院宿泊施設

1	ドイツ	21
2	オーストリア	7
3	スイス	2
4	イタリア（南チロル地方）	1
5	フランス（アルザス地方）	1

出　典：Hanspeter Oschwald & Mirko Milovanovic(2003): Zeit für Klöster-orte der Ruhe und Besinnung-, BUCHER, München.より筆者作成。

5. まとめおよび今後の研究課題

(1) 仮説の提示

　高度文明化した現代社会が、1970年代以降、新たな危機状況に立ち至ったことを警告する論者は多い。高度産業化がもたらす産業公害の発生、環境破壊、それに伴う生態系の崩壊などは、最も今日的な課題となっており、その時々に応急措置が繰り返されながらも、その危機状況の深化は、急速の度合いを加えつつある。

　高度なテクノロジーの発達とはうらはらに、大衆文化の呪術化、宗教化現象は、現在都市生活者の日常文化の中に広範囲に認められる[13]。特にスペインでは、過去の体制への反動から教会での結婚を避け、市役所で書類のみの結婚が多かった。それが経済成長、民主主義の定着とともに、このところ教会での結婚式が増加し、披露宴も豪華さを増してきている[14]。

　ツーリズムは、強い信仰心からであれ、単なる名目であれ、宗教から生まれた。歴史的・社会的背景はそれぞれ異なるものを持ちながらも、現代において同じような「癒し」のツーリズムが生成するメカニズムは、伝統宗教や民俗に回帰しながら、現代の都市生活を再構成しようとする営みとしてとらえることができるのではないだろうか。

(2) 今後の研究課題

　今回は、これまでのマス・ツーリズムの反省から新たな観光を模索する中で、ほの暗いカテドラル、修道院のひんやりした回廊、グレゴリオ聖歌と祈

りのお勧めという伝統宗教施設に対して関心が高まりつつあることを取り上げた。こうした社会的要請に対し、伝統宗教も門戸を開き、観光事業を積極的に取り入れて、社会的責務を果たし、修道院という宗教施設の存在意義を自ら発信することで、人々の伝統宗教に対する認知を取り戻し、その存続を図ろうとしている。

今回は、訪れた修道院が3カ所で、調査対象のサンプル数も十分とはいえない。また修道生活体験型の宿泊施設を調査できなかった。高齢化に悩む各修道会が、どのように「祈りの家」を運営できるのか、その実態を知る必要がある。

先行研究の整理を踏まえて、継続的な実地調査を行い、さらなる研究に発展させたい。

[引用・参考文献]
1. 『朝日新聞』(夕刊)、2002年5月27日付。
2. María José Francés (1998): *Monasterio Hospedería de España*, Editorial Everest S. A.; Ignacio Fernández & Alfonso Domingo (1999): *Vacaciones sanas*, EL PAIS AGUILAR; Juan José Alonso (1998): *Romerías*, EL PAIS AGUILAR,; Jesús Espino (2002): *Rutas Románicos en la Eapaña Verde*, Jaguar.
3. Javier de Sagastizábal & José Antonio Egaña (2003): *Alojamientos monásticos de España*, EVEREST, S. A.; Antonio Aradillas & José María Íñigo (1999): *Guía de Monasterios de España —Espíritu, Arte, Tradiciones—*, PPC S. A.
4. Dir. por Enrique Fontanillo Merino (1986): *Diccionario de Historia*, Editorial Anaya S. A. pp.164-165. スペイン語では、"desamortización"という。1820年、1855年と数回にわたって公布されたもので、大地主であった教会や修道院の所有する土地をはじめとする財産を国有化・分割売却を命じた法令。
5. Antonio Aradillas & José María Íñigo, *op.cit.*, pp.8-9.
6. María José Francés, *op.cit.*, p.4.
7. Ed. Secretaría General de Turismo (1994): *FUTURES-Plan Marco de Competitividad del Turismo Español*, Ministerio de Comercio y Turismo.
8. José María Abad Liceras (1997): "El turismo cultural; ¿esperanza o amenaza para el Patrimonio Histórico?", *Restauración & Rehabilitación*, no.5.
9. María José Francés, *op.cit.*, p.6.
10. El País (2002): *Anuario El País 2002*, Ediciones El País.
11. Christliche Stätten (2001): *Klosterführer*, GRNEWALD,; Hanspeter Oschwald & Mirko

Milovanovic (2003): *Zeit für Klöster—orte der Ruhe und Besinnung—*, BUCHER.
12. June Walsh & Anne Walsh (1999): *Bed and Blessings Italy—a Guide to Convents and Monasteries Available for Overnight Lodging—*, Paulist Press.
13. 宮田登(1997):『「心なおし」はなぜ流行る―不安と幻想の民俗誌―』、小学館。
14. OCS NEWS、2002年10月1日付。

6. 観光開発が少数民族観光村に与える影響について
：中国貴州省黔東南苗・ドン族自治州郎徳上村を中心に

陳 晶

はじめに

　中国西部[1]は少数民族[2]が集中して住む地域であり、経済発展の遅れた地域でもある。長らく、この地域は交通が不便であり、自然経済を主として外部との交流が極めて少なく、情報がほとんど入らない状況が続いていた。しかし、その環境が幸いして自然生態及び民族文化がありのままの姿を保っている村も少なくない。

　1990年代から中央政府が打ち出した「扶貧」(貧しい家を助けて生産力を高め、貧困状態から抜け出すこと)政策と中国西部大開発[3]政策を推進する際に、この地域で注目されたのが観光資源である。工業化の展開がほとんどなされていなかったため、手付かずの自然生態環境及び民族文化が運良く残っていたからである。現地の人々は観光産業の展開による地域経済の振興に期待している。しかし、観光産業の展開は西部の自然生態及び民族文化に対して、善かれ悪しかれ大きな影響を与えているのは事実である。

　その影響には目に見えるものと見えないものがある。さらに、長期的なものと短期的なものがあることも社会学者の間では広く認識されている。観光開発が与えている諸影響については現在、現地の見識ある実務者と中国政府及び専門的研究部門では高い関心を寄せ、研究がすでに始まっている。

　本研究は中国貴州省において最初に観光開発に取り組んだ苗族の村「郎徳上村」[4]を事例にし、観光開発が少数民族に与えている社会的影響を考察し

た。調査方法は、村祭りに参加したり、観光ショーを見学するなどの参与観察とインタビューによった。

1. 村の概況

　郎徳上村は中国貴州省黔東南苗族・ドン族自治州[5]雷山縣郎德鎮にあり、中国西南地域の雲貴高原東南部苗嶺の主峰である雷公山の中部地域にある。州の第一都市である凱里から27キロ、所属縣の雷山縣縣庁まで17キロ離れ、緑あふれる山の頂にある。村を囲む山の斜面には緩やかな棚田があり、その棚田を縫って道路が村まで続いている。棚田の麓には渓流が流れ、その渓流の上にはこの民族特有の塔屋つき木の橋である「楊大六」(村出身者で民族英雄の名前を冠にした)橋が架けられている。この村の周辺は緑の樹木に囲まれ、まさに風景画のような景色である。エキゾティックな景観は自然にとどまらず、村内には「高床式吊脚楼」[6]という苗族の家屋118軒が散在して外来者の人目を引く。この木造建築はほとんどが明と清の時代に建てられたもので、中国の国家級文化財[7]の指定を受けている。

　村の人口は150世帯、700人余りで、村民は苗族の西氏系に属し、陳と呉の二つの姓に分かれている。村は今から700年前の明朝初期に誕生した。しかし、この牧歌的村には悲劇的な過去がある。この村は19世紀半ばに清朝の圧政に抵抗する運動を起こしたが、政府軍はこの村を徹底的に破壊し村民もほとんどが虐殺された。その後、辛くも生き残った15人の村民が現在の郎徳上村を再建したという歴史がある。

　この村には、村民の直接選挙による村民委員会と村共産党支部という二つの行政指導組織がある。同時に村の内部には伝統的な指導部も存在し、三つの組織の指導者がお互いに協力して村の運営にあたっている。伝統的な指導部は寨老(尊敬される長老)、歌師(村の歌舞活動の管理役)、鬼師(村中の宗教事務の管理役)、牯蔵頭(13年に1回の祭礼実行責任者)などの重要なメンバーによって構成されている。

　この村は他の少数民族地域での農村部の状況と同じように、観光開発以前

は、収入源を主に農業に頼り、商業的活動による収入はほとんど無く、土地の利用及び経済活動は世帯単位であった。観光開発に着手する以前の村民一人当たりの年収は平均1328元であった(2002年のデータ、約160ドル)。当時、苗族村民は昔ながらの農耕と生活習慣を保ったまま、伝統的な苗族文化を維持してきたといえる。

　1985年に、村の幹部たちはこの村を訪れた一人の学者の意見を採用し、村が所属する上級県政府の支持を得て、村内にある木造住居を文化財として指定するよう政府の関係部門に申請することにした。この申請の目的は、外部からの資金援助を獲得することと村の知名度を上げることにあった。その後、省州県政府関係者は村内を調査して、省文化庁(文化財申請の審査部門)が村の申請を許可した。その結果、村の伝統的な木造の「高床式吊脚楼」の住居すべてが正式に省級文化財として認定された。さらに、この文化財を保全、維持するために省政府から20万元の補助金が出された。そして、自治州及び県上級行政部門の直接指導に従って観光開発が始まり、貴州省で初の観光村の誕生となり、内外からの観光客を受け入れて観光産業がスタートしたのである。

2. 観光化がもたらした影響について

(1) 経済的影響

1) 観光と収入

　観光開発が展開する以前の村の全収入は農業及び商業から得ていた。しかし、観光開発が始まってから、観光産業からの収入が着実に増加し、現在では農業収入に次いで第二の収入源となっている。村民に対して直接調査を実施したところ、2002年における村民一人当たりの平均年収はすでに約2300元にのぼり、その内訳は農業収入が約1200元で52％を占め、観光収入は約1000元で44％を占めていることが分かった。その他の収入は約100元で4％となっている。

　下記の表は現在、村民が観光産業によって得ている収入の内訳を示したものである。

表6-1　観光産業による収入内訳

項目	ショーへの出演	エスニック料理経営	民宿経営	工芸品販売	合計
収入	765	134	67	35	1001

単位：人民元　資料：2002年現地調査データによる作成

　1996年に同村で観光開発が始まった当初、観光収入は少なくわずか30元ほどであった。その後、観光収入は年々増加する一方である。しかし、1998年には村民の年間観光収入が1320元までに増えたものの、その後は減少に転じた。近年になると隣村が相次いで観光開発を展開したことにより観光客誘致の競争が激化し、観光収入の増加率が鈍化したからである。それでも総収入のうち、観光収入は二番目に多いという事実には変わりない。

　村が観光開発を展開する以前は、村の経済は伝統的な農業を中心とし、村民の収入は収穫量などで判断され、現金収入はごくわずかであった。近年になって、観光収入が第二位の収入源になると同時に、村民にとっては現金が蓄財と日常消費の財源となっている。安定的収入確保の道が観光産業によるものとなり、この観光がもたらす現金収入は郎徳上村の村民の大半を困窮状態から脱出させたといえる。観光開発が展開されていない近隣の苗族村は、年間収入はまだ平均1200元前後の低水準にとどまり、郎徳上村と隣接村とを比べると、その経済格差が大きいことは一目瞭然である。

　観光産業が本当に苗族の村民経済に大きな変化をもたらしたかを実証するため、観光開発が展開された村と旧来の村とを生活面で比較した具体的な例を挙げて分析したのが次の表である。このデータは郎徳上村と隣村の猫猫河村（18年前までは郎徳上村と同じ生活水準で、現在まで観光開発は実施されたことがない）の村民の家にある家電製品の平均所有数などである。

表6-2　郎徳上村及び猫猫河村の家電製品の世帯所有率

	テレビ	電話	冷蔵庫
郎徳上村	96.7	36.7	80.0
猫猫河村	7.3	2.3	4.0

単位：台　資料：2003年現地調査データによる作成

　このデータが示すとおり、観光産業がいかに村民生活を豊かにしているかが明確に分かる。

2）観光地化による農業の変化

　郎徳上村では、観光地化によって農業への影響も大きいことが明らかになった。それは観光産業が収穫した農産物を商品として売るという道を開いたからである。同村が観光開発を展開する以前、農産物はほとんど自給自足用のもので、ほんの一部を市場に売り出していたが、この村で観光が展開されてから、従来市場に売り出すはずの農産物が観光客の消費に回されるようになった。これらには主に米、さつま芋、じゃがいも、野菜、果物、魚、豚肉が含まれ、観光客の食材として利用されている。村内で生産されるこれらの食材は、ほとんど農薬を使わないため緑色健康食品と銘うたれ、観光客から好評を得ている。

　村内で栽培された農産物は現地で加工してからすぐ売れるため、遠い市場に売りに出すための運搬などの苦労がなくなり、様々なメリットも明らかになった。まず運送という段階が省略され、そして無駄な時間及び多大な人件費が節約できたのである。第二には、村内で食材を売る価格が市場で売る時より高い（しかも観光客は安いと言っている）。第三には、せっかく苦労して市場に搬入した農産物が値下げしても売ることができず、また村に持ち帰らなければならないという無駄がなくなったことである。観光客に食材として利用されることで、農産物はすべて村内で消費されることになり、村民たちにとっては村内での現地加工販売という方式が一番望ましい販売形態であることがわかったのである。

　観光産業の発展に伴って、農産物を現地で加工商品として商品化することがだんだんと多くなっている。とくに近年では、農産物の現地加工・商品化が主体となり、県や町の市場に農産物や家畜を売りに行く村民の数は年々少なくなっている。

　農産物の現地商品化はまた、それまでの農家が生産する農産物の種類にも変化をもたらした。観光客の増加によって、また食材の需要動向に従って農産物の栽培状況や内容を調整する必要があることを農民たちが学んだからである。例えば、最近では食糧を栽培する農民の人数が減り続け、代わりに野菜を栽培する人が増え、綿花の栽培は減り続け、鶏などの家畜を飼育する村

民が増えたのである。この変化は、郎徳上村の農業がすでに観光産業を主軸とした経済の中にあり、観光産業の付属部門産業(下位産業)に位置づけられていると判断して間違いない。

このように、郎徳上村で農業が観光産業の下位産業となった理由は、村民の観光産業への協力ぶりによってもわかる。現地調査の時に、村民たちが次のような話をしてくれた。「山の畠に行く途中に呼び止められて、観光客を迎える歓迎ショー上演のために村に戻ったことが何度もある」。つまり、観光客が村の入り口に着くたびに、村民全員が揃って歓迎式のショーを披露することが常態化し、村民たちは観光客の突然の来訪があって当日の農作業計画が乱されることも我慢をして歓迎式典に参加しているのである。しかしながら、農作業に影響が出ることで多少文句などを言うこともあるが、彼等はどんな不満があっても、毎回数キロの山道を駆け下って出来るだけ早く村に戻っていた。

この行為は、苗族の村民が昔から客を歓待するのが好きだったという習慣を持ち続けていること、さらに村民の意識の中に観光産業はすでに農業よりも重要になっていることを裏付けている。つまり、農業よりも観光産業を優先にするという方針が村民全体に浸透しているということである。

現在、観光優先に対する不満は、観光客の来訪人数がまだ少ないことや、観光産業の管理及び運営不備という点にある。今後、観光客の増加によって、農業と観光産業との主従格差はさらに拡大すると予想されている。

3) 観光地化が民具作製に与える影響

民具作製は従来郎徳上村の伝統農業経済構成の重要な一部分であり、自給自足が自然経済の特徴であったが、観光産業の導入以来、民具作製に与える影響は無視できなくなり、大きな変化が起きた。近年では、手工芸品も徐々に商品経済の軌道に乗ってきていることが明らかになっている。例えば、以前では村民が村内の祭りの時に自分が使った大事な楽器「芦笙」[8]、服装に縫いつけた刺繍物、民族服装及び銀製の装身具などを村に訪れた観光客に売り始めたのである。この手工芸品を販売することによって現金収入が増加することが分かり、村民たちは次第に手工芸品製作に費やす人数と時間を徐々に

増やし、現在では村での手作り工芸品販売に従事する婦人が11人に増えた。村民たちは、観光客に販売することで現金がいくら入るかもだんだんと分かってきて、例えば家畜の鶏を一羽20元前後の値段で売れることを基準にすると、一回の観光ショーでの参加費は2元前後しか貰えないが、一枚の刺繍入りの布質バッグを販売すると25元で売れることがわかったのである。このような利益に誘惑され、手工芸品製作に費やす時間や製作者の増加は避けられないものとなり、農作業に費やす時間、従事者の減少は必至となるであろう。

3. 社会面での影響について

(1) 伝　統

調査の結果、村民の60％は、観光産業の発展過程の中で、自分たちの伝統が大きな影響を受けたと答えている。村民20名を対象に各年齢層別に直接アンケート調査を実施した結果で、各年齢層別に村民の意見が相違していたことも判明した。「影響が大きい」と答えたのは20歳以下と21～30歳未満の村民で65％を占め、31～40歳未満の村民は40％、40歳以上の村民は10％を占めていた。この調査結果から、年齢が若くなればなるほど観光地化の影響が受けやすいと考えていることが明らかになった。

(2) 自然経済意識

観光産業が発展する中で、村民の自然経済意識は観光活動によって衝撃的な影響を受けたことも明らかになっている。それまで、村民は金銭に対する欲求意識は薄く、彼等は低水準の物質生活と自然生存状態に満足していたのである。たとえば、衣食住が最低限保障され、祭日の時には米酒が飲め、闘牛[9]が観戦でき、年に一回自家で飼育している豚一匹を殺し豚肉を食べられれば満足という人生観で、毎日自由気ままに生活できれば大満足と考えていた民族である。

村民は交通不便な山地の中に住んでいたため外部と情報交換は少なく、村

民は外部の現代的な新しい生産方式や生活様式をほとんど知らなかったため、生活水準を向上させようとの欲望はなかったのである。

　長い歴史の中では、苗族の農村地域での分配方式は平等主義に近いものであった。1949年以後、農村では人民公社という組織の管理の下で、依然として平等主義的な分配方式で生活し続けてきた。この分配制度の影響のため、村民は低レベルの物欲を追求しつつ、自然経済に満足していたといってもよい。

　しかし、国内観光客及び海外の観光客が村に訪れてからは、今までとは違う新しい生活様式が部分的、かつ徐々に村に進入し始め、華やかで魅惑的な世界が村民の目の前に出現した。そのために、村民は新たな欲望に目覚め精神世界は揺れ出したのである。村民たちは依然として伝統を尊重するが、同時に金銭、財産への欲求が徐々に強くなってきたのは明らかで、これが観光産業の推進力にもなってきた。

　伝統と商品意識への対立、衝突も日々激しくなっている。現在、村の半数以上の村民が収入増加を目的に、村の観光事業に参加している。村民が大切にしていた共同娯楽場所である円形の「芦笙場」[10]広場は昔は商売と一切無縁であった。しかし、この広場は現在、周囲の半分がすでに自営商店に囲まれている。村民の自家製の手造り品は、増えてきた観光客が観光記念品として購入していくため、村民自身が所持していた手造りの品がどんどんと売り切れてしまった。そして、さらに収入を増やすために、郎徳上村の村民は事前にわざわざほかの隣村に出向き、他人が作った手作り工芸品を購入、その後に自分が製作した手作り品と称して観光客に売る現象が見られるようになった。このように、現在では村全体がすべて商品経済に巻き込まれたと考えられる。

　村民自身もその変化をはっきりと認識している。私は異なる年齢層の村民72名に商品意識が伝統意識に影響があるかという質問をしたところ、次の結果が得られた。

表6-3　商品経済の伝統意識への影響

	20歳以下	21歳～31歳	32歳～40歳	41歳～50歳	51歳～60歳
とても大きい	80%	65%	45%	37%	0%
大きい	20%	30%	43%	48%	0%
小さい	0%	5%	12%	13%	11%
なし	0%	0%	0%	2%	89%

資料：2002年12月現地調査データ

　この結果からみると、51歳以上の年齢層を除き全員が伝統意識が商品意識の影響を受けたことは「とても大きい」と「大きい」に回答している。すなわち、年齢層が若ければ若いほど、影響を受けやすいという現象が明らかになった。

(3) 道徳面

　自然経済意識の変化は、常に道徳観の変化を伴うものである。20歳以下の年齢層の青少年以外、村民たち自身も道徳観の変化を感じている。この調査の中で、20～30歳の年齢層は村の道徳観が観光の影響を受けるのは「とても大きい」と回答した人が30％を占め、31～40歳の年齢層は47％で、51歳以上の年齢層は61％と最も高いことが分かった。今まで数回にわたって村に訪問した経験がある人は、村民の道徳観の変化について指摘している。現在では①村に到着する観光客の前に、中年の女性が工芸品入れの籠を持って客に販売する、②観光ショーの最後で行われる村民と観光客との共同演舞で、踊りの途中に退場する村民がいる、③自分の工芸品を買わせるために、ガイドに贈賄する村民が出現した、などの道徳観の変化が指摘できる。これらの変化は苗族の伝統道徳にそぐわないはずである。

(4) 言　語

　今回の調査によると、観光事業の発展途上の中で郎徳上村の村民は言語の影響を大きく受けたことも分かった。調査の結果、各年齢層とも観光事業の展開で言語に対する影響について「大きい」との回答を全員が選択したのである。現在、一部の村民は簡単な英語で外国人観光客に挨拶できるようになった。例えばhello、ok、bye、goodなどである。もちろん若者たちが英語を話

せる要因は観光産業にあると同時に、学校教育の面にもあるはずである。

　この言語への影響について、年配の村民は観光産業からの影響が原因だと主張している。その理由は、英語を話せる村人の中には非識字者もおり、さらに学校に通っていた時代には英語の授業は開講されていなかったからである。もう一つ、観光が村民の言語に影響した証拠として、村の中年以下の村民たちはすでに「標準語（漢民族の発音）」[11]を多少話せるようになったことである。

　これは数多くの国内観光客の来訪によってもたらした変化と考えられる。村を訪れた国内各地の観光客はもちろん皆「標準語」で会話したが、中国各地の「標準語」の発音には訛りが付いているものであり、そのために村民の発音も様々な「標準語」で話している。村民の発音が観光客の発音の影響を受けたのは事実と考えられる。村の村民の発音は、来訪客数が最も多い広東省及び香港、マカオ人の発音とそっくりである。もちろん、村民の言語に影響を与えた要因は観光産業だけでなく、テレビや教育及び出稼ぎなどの各方面からの影響を受けたことは否定できない。

(5) 服　装

　村民の各年齢層で観光が服装に影響があるかについて聞いた。全員が「ある」と回答したが、年齢によって、「ある」と答えた人数に差が出ていた。20歳代以下の村民で「ある」と答えた人は90％、21～30歳までの人では30％、31～40歳までの人は20％、41～50歳までの人が16％、51～60歳までの人は10％となっている。

　この結果は、年齢が若ければ若いほど影響を受けやすく、現在では青少年の中にジャージーやジーンズ、スーツを着る村民が多くなっている。そして観光客が村に来ない時にはこうした服装で生活し、若者はみな民族衣装を着ないが、観光客が来ると民族衣装に着替える。若い女性は普段でも民族衣装を着用している。中年男性たちは民族衣装と漢族衣装の着用が半々であるが、年配の男女はほとんど民族衣装を普段から着用している。ここで注意すべき点は郎徳上村村民の衣装に影響を与えた原因が様々であるということで

ある。観光以外に、出稼ぎと学校教育の要因もあるはずであるが、従来はなかった新しいデザインの衣装の出現は観光客の影響だと考えられる。

　次に村民がショーに出演する時に着ている演出専用服装を例に分析する。苗族にとって、衣装は「生活衣装」という普段着と祭日に着用する「節日衣装」という礼服の二種類がある。従来、村民たちはお客さまを迎える時にはずっと礼服を着る習慣があるが、観光客を迎える回数がだんだんと多くなると、礼服の着用回数も多くなったことから礼服はがだんだん色あせてきて、形も崩れてきたことが問題となっている。伝統的な礼服は青染めの手作り布で作ったもので変色及び変形しやすく、また水洗いができないという特徴がある。

　村民が自発的に、町の店にある自家製の布に似ている既製の青い布を買って、観光用衣装を作り始めた。この買った布の色は、ほとんど自家製の青染め布に近く、変色も変形もしにくい材質で、また水洗いが簡単にできるという便利さがある。村民たちが店で買った生地で観光専用の衣装を作り、現在では村民たちの全員が専用演出衣装を所持している。昔は女の子が成人になる時に、この礼服を作るという習慣であったが、今では小学校の女の子たちも学校が休みの時には観光ショーに参加するため、児童礼服を作り始めている。

　観光産業が進展するとともに、郎徳上村の村民たちは外部から服装の影響を受けたのと同時に、自分たちの民族衣装の価値を再発見しだしている。因みに、村を訪れた観光客のすべてが村民の民族衣装に興味を持ち、奇麗な衣装を着た村民と記念写真を写す観光客が多い。さらに、苗族の民族衣装を着て記念写真を撮ったり、民族衣装をその場で購入する観光客もいる。これらの観光客の行動から村民自身が民族衣装に対する誇りを持ち始め、さらに自分たちの民族に対する自尊心を高揚させた。

(6) 舞踊芸術

　郎徳上村の村民達は歌と民族舞踊が得意である。従来、歌と舞踊は自分自身の娯楽と感情伝達の手段であった。観光化の開始とともに、歌と舞踊は観

光客を引き寄せる手段及び金銭を得る商品に変化してしまった。そのために、歌と舞踊は今まで以上に村民の関心を引き始めた。以前は歌と舞踊の得意な村民は村人にたちに尊敬され、彼自身の地位が上がるという特典があったが、今では生活向上の手段として村の若者たちに民族の歌と舞踊を練習するという意欲を促している。

　昔は郎徳上村の村民は自分たちの村特有の歌と舞踊しかできなかったが、現在では数多くの観光客のニーズに応えようとレパートリーを増やすため、他の苗族系が持つ歌と舞踊を習い始めた。郎徳上村で上演している10種類余りの番組のうち、少なくとも3つは他の村から教わったものである。

(7) 手作り工芸品の販売

　紡織、布の青染め、自家製酒、銀製装身具、芦笙造り、切り紙、竹木彫刻などの手作り品は、従来から苗族の人にとってはごく見慣れたものであり、特別なものではなかった。しかし、村を訪問する観光客にとっては今までに見たことないもので、同時に興味深いものだった。現在、村では製作現場の見学が可能となり、観光客が苗族工芸品を製作する作業工程を直接見学することができ、その場で注文できるようになった。

　観光客が苗族村民の手工芸品への購入意欲が高まる一方、村民たちも自分の手作り工芸品への関心を寄せ始めた。現在では、村民たちが以前より民族工芸品の製作にさらに力を入れ始めたことが注目される。特に消失していく恐れがある伝統的工芸品でも、観光産業の発展によって今後は保全、伝承できる可能性が出てきている。

(8) 教　育

　観光客が郎徳上村に来るようになってから、教育程度の高い村民が直接観光客と交流することが容易となり、稼ぐことが気軽にできることが村民の中で広く認識され出した。そして村民たちは教育を受ける重要性を改めて認めた。そのために、近年、子どもを学校に行かせる家庭が増え、学校の正式教育を受ける子どもの人数が増加してきたのが目立つ。学校に行かせるもう1

つの背景に、村の観光産業の発展によって村民の個人収入が増え、子どもの教育費を捻出する余裕が出てきたという事実がある。

調査によると近年、村の子どもでは小学校への進学率が3％増加した。中学校、高等学校の生徒数も年々増え、2004年までには3人の大学生が合格した事も分かった。勿論、村民の教育水準の向上は観光産業だけが原因ではなく、他の様々な要因もある。例えば、教育事業の発展もあるが、ただこれには来訪客による多額の寄付と深い関係がある。観光事業が始まってからの18年間、外国人と国内観光客による小学校への寄付は村の教育発展に大きな影響を与えた。今までに寄付金で学校の教育を受けた生徒の人数は23名で、彼らは全員無事に9年間の義務教育を終えて卒業した。そのうち2名が、寄付金により大学まで卒業している。

観光客の寄付が村民に対する経済援助であると同時に、村民自身が子どもを学校に行かせる際の励みにもなった。調査の中で、村民達が観光産業の発展が教育事業の発展に対してプラスの影響があり、観光が教育に対して「影響が大きい」と回答した村民はなんと85％に達していた。

(9) 恋愛と婚姻

村民の恋愛と結婚意識も観光の影響を受けたことが分かった。今回の調査の中で、各年齢層からそれぞれ回答を得たが、「観光が恋愛と婚姻に与える影響がとても大きい」との項目について比較した結果が以下の表である。

表6-4　観光が恋愛・婚姻に与える影響

	20歳以下	21歳〜31歳	32歳〜40歳	40歳〜50歳	51歳〜60歳
とても大きい	10％	10％	70％	80％	90％

資料：2002年12月現地調査データ

苗族の住居地域では通常31歳以下、さらに25歳以下の人はちょうど適齢期である。この年齢以上の村民の婚姻状況(家庭)は相当な安定した状態であることが分かった。上の表によると、結婚した村民の見方と結婚していない年齢層の村民たちが、観光による影響についての認識に相違があることが明ら

かになった。この大きな相違の原因は、この20年間、観光産業の発展と対外開放の進展の中、郎徳上村の村民たちの恋愛と結婚意識が徐々に変わってきたことを示している。

若者の記憶の中に残る伝統的な結婚と恋愛は、実は彼等が少年時代に見ただけで、苗族式の結婚と恋愛はすでに変わってきているのである。そのために、若者たちが少年時代におけるその時の記憶と比べても、現在の結婚と恋愛の様式はあまり変わらないと感じるはずだ。

その反対に、年長者は、現在の若者の恋愛と結婚の様式が数十年前と比べ相当違うことに気がついた。昔、郎徳上村の村民の恋愛相手は隣村の人に限定されていたが、現在では選択範囲がすでに中国全土、さらには海外にまで拡大している。

郎徳上村の長老の娘が村から300キロ離れた湖南省に嫁いだ。彼女の夫は郎徳上村に訪れた観光客の一人である。国内だけではなく、郎徳上村から100キロ離れたトン族の村「肇興村」には、スウェーデン人の観光客と付き合って、2004年結婚した女性もいる。

もちろん、現在では郎徳上村の村民の恋愛様式に外部の様々な影響が浸透し、大きな変化が生じていることが明らかになっている。

(10) 祭りの変化

祭りは苗族の民族文化の重要な部分と指摘されてきた。郎徳上村の民族祭日は数が多い。調査する前に、私は郎徳上村の民族祭日がすでに観光地化の影響を受けて多少変化したと想像したが、調査の結果、自分の予想が外れたことが分かった。

調査の結果からみると、各年齢層の村民たち全員の回答が一致していた。それは、民族祭日は観光地化と外来文化からの影響を受けなかったという回答である。郎徳上村は、年間通して重要な祭日が17に上る。これらの祭日はすべて毎年決まった期日に行われる。観光産業が村に導入されてから、すでに18年も経ったが、各々の祭の様式と内容はほぼそのまま保たれていた。

調査中、偶然にも郎徳上村で一つの祭りの全過程を見ることができた。こ

の祭は毎年年末に行う大掃除の祭であり、「掃寨節」と呼ばれている。この一日の内容は次の通りである。

　早朝、村民たちはまず自宅の火元を全部消し、その後、一種の呪術師である「鬼師」を責任者として、関係者を連れて各家を見回った。その検査の目的は、火災の元になるものを完全に無くしたかどうか再確認するためである。この作業を終えてから、村でまず二頭の牛を殺し、各戸に均等に配った。その牛肉を貰った村民は全員、村の入り口前にある川の向こう側に行って、牛肉を夕飯として食べ始めた。この際、料理する火種は鬼師がわざわざ隣村からもらった新しい火種であったのである。村民たちは村外での夕飯を終えてから、この夕飯を炊いた新しい火種を自宅に持ち帰り、これでやっとこの一日の祭日に幕を下ろしたのである。

　もちろん祭日は村民にとって神聖な日で、この祭日の行事を行う間は、村と関係のない事は一切断ると決まっている。当然観光客の来訪も引き受けないはずである。実はこの祭の当日に、一つの観光団の来訪を中止させたことが分かった。村長の説明によると、村民の祭事の間に観光客の来訪を迎えるのは無理なため、延期してもらったということである。結局、その観光団は村の要求通りに延期せざるを得なかった。

　観光開発が始まってから、すでに18年間経った今日でも、郎徳上村の苗族村民たちは依然として、苗族の伝統を大事に保ち続け、その民族の祭事の神聖性を守る精神は世間を驚かせた。今でも祭事が行われる期間に予約した観光団体は、すべて断られて延期になっている。たとえ各レベルの政府や首長の指示であっても聞き入れられなかった。

　民族祭事を中止あるいは変更しないという強い意志は、二つの根強い伝統的観念によるものだと考えられる。一つには、複数の神様が存在していることを信じるという宗教の信仰習慣があり、祭日は神様に関係があるもので定めた祭日の日を無断で変更すると、鬼と神から罰を受けることがあり、災害を村に招くと信じられているからである。もう一つは祖先崇拝という慣習に関係している。祭日は祖先から継承したものなので、決まった祭日を勝手に変更しては祖先に対する不忠不孝となると強く認識されているからである。

苗族は昔から複数の神様と先祖を同時に崇拝する慣習を有し、郎徳上村だけではなく、すべての苗族にとって最も基本的なもので、心に根強く理念として存在している。この18年間の観光産業と商品経済の発展によって、村民の基礎精神理念の外延部分に影響を与えたとしても、郎徳上村村民の心の底にある基本理念は少しも揺らいでいないことが判明した。

おわりに

　黔東南苗族・ドン族自治州の少数民族が暮らす地域は政治経済の中心である北京や上海などの大都市から遠い地域にあり、ほとんどの民族は山地を居住地にしている。しかも交通アクセスが悪く、中国全体の経済成長からみると未開発の地域といえる。大都市では工業化に伴って自然環境は汚染され、農地は数多くの工場建設によって失われ、住民の生活慣習や貴重な文化が消滅しつつある。しかし、辺境とも言える少数民族の居住地には大都市に見られるような環境の悪化や伝統的建造物の破壊などの悪影響がほとんどなかったため、新たな観光地あるいは観光産業として振興させる条件が整っていた。一方で、中国国内の観光は従来の「物見遊山」的な旅行目的から広がりを見せ、エスニック・ツーリズム[12]が本格的に始まり、有望な観光形態として注目されるようになった。その契機は1992年から始まった国家旅遊局と中国民航総局が共同で始めた観光プロモーションである。

　これまで中国少数民族地域での観光動向について述べてきたが、少数民族地域での観光客受け入れ態勢の向上とともにエスニック・ツーリズムが広がったことによる弊害も見落とすことができない。それは観光開発による自然環境の破壊および公害さらに犯罪などの社会問題などである。今回調査した少数民族地域でも観光開発に伴う環境破壊はみられ、軽微な犯罪も発生していた。

　自然環境を保全することは、観光産業発展の基礎でもある。地域資源の状況と自然生態を保全することが、今後、観光産業が持続的な発展を遂げられるかどうかの重要なポイントとなる。そのためには観光村で観光産業に従事

する従業員たちに環境に対する保全意識を高めさせ、観光客にも環境問題に対する知識、認識を啓蒙すべきである。また、地元村民にとっては観光収入が生活の向上に貢献することを実感させた。しかしながら、観光発展のためには自分たち自身が地域の自然・歴史・文化資源を保全していかなければならないと、強く感じさせることがさらに必要である。

多種多様な民族文化は、少数民族地域の観光資源として重要な一部分である。しかし現在、この独特な観光資源の変遷と衰退が大きな問題となっている。そのために、早急に民族文化保全村を確立し、価値ある文化遺産と自然遺産をありのままに保全しながら、存続させていくことが理想と考えられる。この保全運動は地元経済を発展させ、自分たち民族に対する誇りを感じさせることにもなる。

一方、行政観光管理部門と学者たちはエコツーリズムの理論及び産業発展政策を研究すべきである。彼らはまず、地元の人々にエコツーリズムの内容を正確に伝え、役人と住民たちにエコツーリズムに対する意識を高めさせ、伝統的な考え方からの転換が必要だと自覚させることが急務であり、観光開発ブームをそのまま模倣するのは禁物であると認識させる必要がある。そのためには、周辺地域のエコツーリズム資源の類型、特徴を分析し、エコツーリズムが地元の環境及び伝統文化に対してどのようなプラスとマイナスがあるのかを調査、研究すべきであることを指摘して本稿を終えたい。

[注]
1) 中国西部地域とは四川省、重慶市、貴州省、雲南省、甘粛省、陝西省、青海省、寧夏回族自治区、新疆ウイグル族自治区、チベット自治区、廣西チワン族自治区、内モンゴル自治区など計12省市区である。
2) 中国少数民族とは中国は多数の民族が共存する多民族国家である。漢民族は約12億人弱、総人口の約92％と圧倒的多数を占めている。少数民族は55民族、総計約1億人弱であり、独自の文化や言語を持っている。漢民族と55の少数民族を合わせて中華民族と総称する。
3) 西部大開発とは中国の東部沿海地域(東部)と西部内陸(西部)の様々な格差を是正し、内陸経済の自律的発展条件を整備することを目指した国家的プロジェクトである。
4) 苗族村―郎徳上村は雷山県都17kmのところにあり、州内でも一番早く一般に開放された最も有名な苗族集落である。

5) 貴州省黔東南苗族・トン族自治州は貴州省の東南部に位置し、人口が427万人、少数民族の人口が80％以上を占め、全国でも少数民族の人口が最も多い自治州である。主要な民族に苗族(190万人以上)とトン族(120万以上)がある。
6) 山の斜面に建てられた民家で半分は地面を基礎にして建てられ、ほかの半分は高い柱によって支えられた桁の上に築かれている。外見から見ると吊るされたように見えるため、この名がついた。
7) 中国の文化財の保護ランクは「国家級重点文物保護単位」(国宝)、「省級文物保護単位」、「市級文物保護単位」という三つの種類がある。
8) 廬笙とは苗族・ドン族が竹を材料にして作った特有の民族楽器の一つである。
9) 黔東南地方は、毎年の重要な祝祭日、また適当な時期に闘牛(現地で牛喧嘩と呼ぶ)を行なう。観客は少ないときで数100、多い時は数万に上る。
10) 芦笙場とは村の公衆集合場所、現在観光客のために上演する芦笙舞の躍る場所としてよく利用されている。
11) 標準語とは北京語の発音を基にして政府が指定した公用の「普通話」である。
12) 観光形態の一つで民族観光のこと。日本国内では厳密なエスニック・ツーリズムは難しいが、例えば北海道のアイヌ村に滞在してその文化、生活を体験するというようなものである。

[引用・参考文献]

1. 黔東南苗族侗族自治州地方志編纂委員会編(1993)『黔東南州志―民族志』、貴州人民出版社。
2. 黔東南苗族侗族自治州地方志編纂委員会編(1992)『黔東南苗族侗族名勝志文物志』、貴州人民出版社。
3. 中国人民大学書報資料中心編(2000)『旅遊経済』、中国人民大学書報資料中心。
4. 趙黎カン(2001)「貴州の観光資源と観光経済」『貴州民族研究』第1期。
5. 余青　蒋依依著2001年「貴州省観光研究の探求及び未来」『貴州民族研究』第1期。
6. 王仕佐(2001)「舞陽河の持続的な発展について」、『貴州民族研究』第1期。
7. 竜宣平(2001)「貴州の民族観光における文化の変容」、『貴州民族研究』第2期。
8. 金穎若(2002)「貴州の民族文化村の観光について」、『貴州民族研究』第1期。
9. 羅永常「民族村における観光発展の問題および対策について」。
10. 付迎春・梁茂林(2004)『貴州』、貴州教育出版社。
11. 楊龍(2003)『生態旅遊在貴州』、貴州科技出版社。
12. 張樹民・劉趙平・魏小安(1999)『中国旅遊業新世紀発展大趨勢』、広東旅遊出版社。
13. 《苗族簡史》編集組編(1985)『苗族簡史』、貴州民族出版社。
14. 楊一星・張天路・熊郁(1988)『中国少数民族人口研究』、民族出版社。
15. 田畑久夫・金丸良子・新免康・松岡正子・索文清・C.ダイエルス(2001)『中国少数民族辞典』、東京堂出版。
16. 村松一弥(1981)『中国の少数民族』、毎日新聞。
17. ＮＨＫ取材班(1985)『少数民族の天地　中国の密境を行く』、日本放送出版協会。

18. 名古屋女子大学生活科学研究所(1995)『中国貴州省の少数民族をたずねて　苗族・布依族の食生活』、名古屋女子大学生活科学研究所。
19. 馬寅主(桜井龍彦訳)(1987)『概説中国の少数民族』、三省堂。
20. ジョージナ・アシュワース(辻野功他訳)(1990)『世界の少数民族を知る辞典』、明石書店。
21. 範玉梅他(1987)『中国少数民族風情録』、四川民族出版社。
22. 山下晋司(1996)『観光人類学』、新躍社。
23. 名古屋女子大学生活科学研究所中国学術調査団(1995)『中国貴州省の少数民族をたずねて・苗族・布依族の食文化』、名古屋女子大学生活科学研究所。
24. 毛利和子(1998)『周縁からの中国―民族問題と国家』。

7. 学生の目でインバウンドを見る

和平　勝明

1. はじめに

　筆者は日ごろから若者達(18歳〜24歳くらいの)と一緒に、観光業について外から見ている状態にいるのだが、近年の観光業界を取り巻く環境は、いまだかつてない厳しいものになっている。その原因である社会的マイナス要因(テロ、SARS、不況など)にプラスして、実は若者の旅行離れも見逃せないマイナス要因と言えるのである。

　一方で、2002年のサッカーワールドカップ日本開催に時期を同じくして、「若者が実は日本好きなのではないか(？)」という仮説が一部の書籍で取り上げられていた。顧みると、原宿・渋谷などでの「筆文字」ブーム、よさこいソーランなどの全国的な「祭り」ブーム、正しい日本語を身に付けようとする「日本語書籍」ブーム、スポーツイベントでの「国歌斉唱」などなど。確かに若者をはじめとし、日本国民がいつのまにか「日本好き」になっているかのようだとする指摘は、あながちはずれてはいないと思われる。

　このような状態を考察してみると、日本が好き(母国が好き)という意識は、観光の概念に近づいているのではないだろうか？　「大好きな日本をもっと知ってもらいたい」「世界中の人々に、我らが誇る日本へ来てもらいたい」とはまさしく観光の基本理念に基づいた意識なのではないだろうか？　まさに中国易経の「観国之光、利用賓干王」である。そして日本政府も、観光が日本の経済を立て直す基盤になると、声をあげるようになってきた。

　とすると、今や旅行からは遠ざかっているらしい若者達が、観光の基本理

念を理解し、観光を通して今後の日本を救う柱になるのではないか。そんなことから、日本人と中国人の若者(学生層)から日本を考えてもらった。学生たちが何気に考える日常生活から、思わぬ観光立国へのヒントが見え隠れする。

2. 観光業界とは

　「観光業界は21世紀のリーディング産業である」とは早くから言われてきたことであり、「ソフト面の大交流時代」と謳われ、扇国土交通大臣(当時)も政府広報誌の中で、「21世紀、観光は第三次産業の基幹産業として、大変重きをなすと考えています」と明言しているし、「日本で観光産業に従事している人が420万人(国民の15人に1人)」とは、2000年1月1日の観光経済新聞の記事である。また、WTO(世界観光機関)の推計では、全世界の外国旅行者数は1980年→2億8700万人、2000年→7億人、2020年→16億人とされ、実際に2001年には6億9258万人が外国旅行をしたとされている。

　声高らかに謳い上げられた、前述の「観光業界は21世紀のリーディング産業である」とは決して誇張ではなく、各種の数字がその前途をハッキリと後押ししていた。「していた。」のである。

　皮肉にも、その21世紀に入って観光業の前途に暗雲が立ち込めた。2001年の極度なアジア経済不振、同じく2001年のアメリカ同時多発テロ、2003年のSARS。その後の鳥インフルエンザ・テロ・地震。そして日本は出口の見えない不況に入り込んでいる……。

　2003年5月単月の海外旅行取扱高が前年同月比7%という旅行会社もあったと聞く。いくら観光産業が21世紀の基幹産業といえども、それは平和が大前提である。住めて、食べられて、その上で余った金をどう使わせるかが観光産業とも言う。働きすぎで癒しを求めたい(＝旅に出たい)のに、来年の収入を心配しなければならないし、企業年金も大幅減額になるらしい。そして今日も残業、という環境である。それでも心のゆとりを求めないのだろうか？

　まだ癒しが必要な状態にまでに到達していないのか？　それともそれらを

通り越して、旅に出る元気すらないのか？　現在の観光産業を取り巻く環境は、このように理想と現実の乖離が激しい。

3. 若者とは

ここでいう「若者とは」はもちろん観光に絡めた現在の若者の状態を述べるのであり、総合的に「若者とはこうだ」と独自の判断を下すものではない。

さて、近年の観光業界誌をはじめとする観光関連の雑誌や書籍を読むと、若者層の旅行離れが顕著との報告を目にすることがある。数字をみてもその一端は推測できる(**表7-1**)。

表7-1　人口推計年報

年令層	補足	年令幅	人数
若者層	年齢幅が狭い	18歳～24歳	10,809,000人
アクティブシニア層	年令幅が広い	50歳～74歳	41,250,000人
セカンドライフ層		65歳～74歳	13,762,000人

出典：平成15年総務省統計局

表7-2　2001年出国伸率

男性	10～19歳	▲17.1%	50～59歳	▲4.2%
	20～29歳	▲12.5%	60～69歳	▲3.1%
女性	10～19歳	▲16.7%	50～59歳	▲10.4%
	20～29歳	▲16.7%	60～69歳	▲8.2%

作成：国際観光振興協会(JNTO)／出典：法務省

2001.9.11以前(2001年1月～8月)で海外旅行者数が前年割れしていたのは、10代と20代の女性と20代の男性のみであった。もっとも出国伸率(**表7-2**)で若年層の旅行離れを語ることは、**表7-1**のように全体の人口減とも重なるため、間接的な表現ということになる。海外旅行の牽引者とも言われた20～24歳の女性で、最も海外旅行者数が多かった年は、1990年以降では1996年の136万人であり、2002年は86万人(27％減、96年比)となっている。

このように、若年層は総数が少ない上に年齢幅も狭い。学生としては18歳～24歳の7年間。それに対して、近年にわかにクローズアップされてきた「ア

クティブシニア層」は、定年間近から定年組までおよそ50歳から74歳の25年間と見ることができる。また若年層とアクティブシニア層では、可処分所得の違いも歴然であろう。

学生たちの時間の使い方は、近場でまったりのんびり。金の使い方は携帯電話、服、CDなど。旅行に行くとすれば気分次第で決めるので、旅行会社は間際予約に苦慮。誰かとつながっていたいので、携帯電話が必需品。緊張感はイヤなので、言葉が通じず文化の違いもはっきりしている欧米には行かず、日本と同じようなアジアでまったりとベトナムブーム。緊張感がイヤなもう一つの証拠に、コンビニは若年層には切り離せない存在、だそうだ。コンビニの商品は売れ筋が置かれるため、どれを買っても皆と一緒で安心できるためだ。

これでは、旅行の目的をハッキリ語らない学生たちよりも、少々うるさいが、旅行の目的や要望はハッキリ告げるアクティブシニアたちのほうがよほど商売相手になる。仕事になる。

「もはや、旅行業界での顧客ターゲットは、あくまで"アクティブシニア層"。学生層は相手にしていない」は、言いすぎであろうか。

4. 最近のインバウンド、アウトバウンド状況

ここでは、旅行者数の実態を数字で追ってみることにする。まず、2003年度の訪日旅行者数であるが、521万人（前年比0.5％減）であり、内訳は、韓国145万人、台湾78万人、米国65万人、中国44万人、香港26万人（アジアが2/3）となっている。以下に2003年2月から4月までの、観光に関する社会での出来事と、旅行者数の推移を表してみた（**表7-3**）。

表7-3以降、7月5日にはWHO（世界保健機関）がSARS感染地域の指定を全面解除したという好材料を筆頭に、下半期には急激な訪日数の回復が見られた。しかしながら出国日本人数は安全への不安や、景気低迷がぬぐいきれずに過去最大の減少数となった。

2004年の訪日旅行者数は613万人（前年比17.8％）であり、内訳は韓国158万

表7-3　2003年2月〜4月の旅行者数

2月	In	2月単月の訪日外客数では過去最高	+0.7%	403,000人
	Out	2002.9より6カ月連続プラス成長	+10.6%	1,320,000人
3/12		WHO [SARS] に関する警報を世界的に発表		
3/20		米大統領イラク開戦を発表		
3月	In	3月単月の訪日外客数では過去最高	+2.3%	440,000人
	Out	7カ月ぶりの前年同月比マイナス成長	▲12.4%	256,000人
4/4		JNTO「SARSが海外旅行・訪日旅行に与える影響について」を発表		
4/5		中国がSARSに関する情報公開が遅れたことを謝罪		
4月	In	大阪万博翌年の反動以降最大の下げ幅	▲25.1%	345,000人
	Out	9.11直後の11月に次ぐ下げ幅	▲42.0%	521,000人
5/1		イラク戦争終結		

出典：国際観光振興協会（JNTO）

人、台湾108万人、米国75万人、中国61万人、香港30万人となっている。

　この613万人は過去最高を記録している。要因としては、①官民連携によるビジット・ジャパン・キャンペーン事業の実施、②主にアジア諸国に対する入国制度の緩和、③アジア諸国から日本へのチャーター便の多数運航、などによる。

　また、近年のインバウンドは中国、韓国がその牽引役となっている。その中国では2000年9月に訪日団体旅行が解禁となり、日本への旅行客の増加が始まった。2002年1月には、観光査証申請から査証取得までにかかる日数が1週間となったのも増加の一助であり、2004年9月には3直轄地5省が団体観光査証発給対象地域となっている。

　韓国においても、査証に関して言えば2002年1月より、滞在期間は90日間で、過去に訪日経験があり、一定水準以上の所得者に有効期間5年間のマルチプルビザを発給している。これらの条件にもよって、インバウンド・ツーリズムは好調なはずであったが、2003年は表7-3で示した戦争、SARS問題により、訪日旅行者数は一時的に「大阪万博翌年の反動以降最大の下げ幅」になってしまった。

　このことは、まったく突然降って沸いたような出来事であって、「SARS」前までとその終息以降は、日本政府や各種機関におけるインバウンド・ツーリズムへの取り組みは、つぎつぎに発表される提案・提言・指針の数々により、いよいよ本腰を入れてきたと理解できる内容のものであった（**別表1**）。

別表1：日本におけるインバウンド・ツーリズムに関する出来事

日付	機関	内容	特記事項
1996.04.25	政府	「ウエルカムプラン21」発表	2005年まで訪日外客数700万人へ
2000.05.	観光産業振興フォーラム	「新ウエルカムプラン21」発表	2007年まで訪日外客数800万人へ
2000.10.17	日本経団連	「21世紀の我が国観光のあり方に関する提言」発表	経済界による観光振興に関する提言
2001.05.	JATA	「インバウンド・ツーリズムの拡大に関する提言」発表	旅行業界からの提言
2001.11.		「(社)日本ツーリズム産業団体連合会(TIJ)」設立	ツーリズム全体で訪日外客のための課題を検討していく
2001.09.30		WTO(世界観光機関)総会大阪で開催	日本発初の開催
2002.02.	政府	小泉首相　施政方針演説	海外からの旅行者の増大と地域の活性化を言及
2002.12.	政府	国土交通大臣「グローバル観光戦略」策定を報告	
2002.12.	TIJ	「ビジット・ジャパン・キャンペーン実施に向けたインフラ整備のための提言」発表	
2003.01.	政府	「観光立国懇談会」発足	観光立国のあり方を検討
2003.03.	政府	国土交通大臣座長の「グローバル観光戦略を推進する会」開催	2010年までに訪日外客数1000万人に
2003	政府	ビジットジャパンキャンペーンの展開	2003年から5年間展開
2003.05.	政府	観光立国関係閣僚会議開催	9月には国土交通大臣が観光立国担当大使に任命
2003.07.05	世界保健機関	SARS感染地域の指定を全面解除	
2003.11.30		羽田・金浦(ソウル)間に定期チャーター便開設	
2004	政府	世界各国でビジット・ジャパン・キャンペーンの強化	特に中国・韓国・台湾・香港
2004.03-09	政府	対香港・韓国・中国・台湾入国制度の緩和	
2004.09	政府	"2010年訪日外客1,000万人達成のロードマップ作成"	ビジット・ジャパン・キャンペーンの実務的取組を加速させる
2005.02.17		中部国際空港開港	
2005.03.25		愛・地球博開幕	

5．日中学生の意識調査より（まとめ）

様々な出来事により、旅行者数の伸び悩みに頭を抱える観光業界。旅行者

JATA　インバウンド・ツーリズムの拡大に関する提言	国土交通省　グローバル観光戦略	
・「ウエルカムプラン21」に対応するアクションプログラムの作成と実行 ・観光基本法などの構築 ・成果を重視したプロモーション活動 ・インバウンド推進のための組織化 ・インバウンド関連各業界への改善要望 ・インバウンド取扱旅行会社　約80社　取扱人員50万人	目標	世界に開かれた観光大国を目指す 観光産業を日本のリーディング産業に
	戦略	ビジットジャパンキャンペーンの実施 日本の新たなイメージの確立 交通アクセスの向上 外国人旅行者向けツアーの企画 戦略推進委員会の設置

ビジット・ジャパン・キャンペーン		地方のインバウンドへの取り組み（新潟県）
中国、香港、台湾、韓国、米国を対象に、国・地方・民間共同による国を挙げてのキャンペーン。		訪日外客数の多い韓国、台湾、中国からの誘致に努めた。
内容	・メディアセールス ・訪日旅行商品の造成支援など	台湾では2001年に、新潟県を周遊する6泊7日のツアーが15万円で発売された。
韓国	温泉、日本食などを主体にFIT向けの商品造成 訪日ハネムーン旅行の広告	2002年に「新潟県国際観光テーマ地区推進協議会」を設立。同時に近県と連携し広域観光ルートを売り込むための国際観光推進協議会を設立。
米国	シニア層をターゲット 日本の芸術・文化・産業などを対象にSITを造成	各国の旅行社との情報交換を実施し、新潟県内を訪問するツアーの造成に報奨金を出した。

　数の増加をにらみ、各種の戦略を本格化してきた日本政府と観光関連団体。あれこれ手を打つも、その効果のほどは突如現れる外的要因に左右されやすい。これが現状の観光業界である。

　ここに、「観光について」の調査とは明言せずに、18歳から24歳の日本人と中国人の学生に意識調査を行った（**別表2**）。単に母国や日本に対するイメージや要望を聞く形をとったのだ。そこから出てきた回答の中から「観光」につながるものを拾って、観光業界が求めなければならない、観光に対する真のマインドを見つけようと考えたのである。

　一方、国際観光振興協会調べで、日本のイメージを探った調査もある（**表7-4**）。外国人にとっては、「顔の見えない日本人」がイメージだという。また、「マスコミの話題と国際市場に出回る日本製品を通じて形成されるハイテクに満ちた経済大国」との評もある。がしかし、実際に日本を訪問してみると、いくつかのイメージは変わっている。

別表２：日本人・中国人学生意識調査

質問内容	日本人学生(80人)			中国人学生(80人)		
母国が好きか？	好き	74	93%	好き	74	93%
	どちらでもない	2	3%			
	きらい	4	5%	きらい	6	8%
母国の誇りは？	安全	14	18%	歴史・文化	48	60%
	伝統・文化	14	18%	国が広い	13	16%
	日本独特のもの	11	14%	発展のスピード	12	15%
	生活水準が高い	9	11%	民族の団結心	9	11%
	自然	7	9%			
	礼儀正しい	6	8%			
	四季	6	8%			
外国に人に母国のどこをみてほしい？	京都	20	25%	万里長城	36	45%
	社寺	19	24%	故宮	18	23%
	文化・歴史	18	23%	桂林	18	23%
	景色・自然	11	14%	戦争記念館	8	10%
	日本家屋	7	9%			
	料理	7	9%			
	広島・長崎・沖縄	4	5%			
母国のイメージ？	侍・忍者・刀	13	16%	人口多・面積広	20	25%
	平和	12	15%	歴史	15	19%
	最先端の技術力	6	8%	経済発展のスピード	14	18%
	静か	5	6%	情けのある国	12	15%
	いそがしい	5	6%			
	規律正しい	4	5%			
母国が世界に比して優れている点？	安全	22	28%	人口多	21	26%
	先端技術	14	18%	歴史・文化	11	14%
	食べ物	8	10%	資源豊富	10	13%
	経済	7	9%			
	清潔	5	6%			
	礼儀・親切	5	6%			
日本と聞いて何を連想するか？				先進国である	17	21%
				戦争	17	21%
				電化製品	13	16%
				地震	7	9%
日本に来て感じたこと				環境良い	26	33%
				親切	14	18%
				礼儀正しい	11	14%
				物価高	8	10%
日本で何みたい？				富士山	27	34%
				ディズニーランド	12	15%
				皇居	7	9%
				生産工場	3	4%
日本で何を知りたい？何を感じたい？				生活様式	18	23%
				先端技術	8	10%
				温泉	6	8%
				食文化	1	1%
				風景	1	1%

(03.07.14〜7.18実施。対象年齢日中とも18歳〜24歳。回答日中とも80)

表7-4 訪日前後の日本のイメージ比較

		訪日前				訪日後	
訪日前	1	近代的で工業化が進んだ国	86%	訪日後	1	人々が親切で好感の持てる国	86%
	2	独特の伝統と文化を持った国	81%		2	安全で清潔な国	86%
	3	効率的で組織化された国	78%		3	近代的で工業化が進んだ国	83%
	4	安全で清潔な国	77%		4	独特の伝統と文化を持った国	78%
	5	人々が勤勉でエネルギッシュな国	76%		5	自然が美しい国	74%
	6	自然が美しい国	68%		6	効率的で組織化された国	72%
	7	生活水準・教育水準の高い国	67%		7	人々が勤勉でエネルギッシュな国	72%
	8	人々が親切で好感の持てる国	63%		8	生活水準・教育水準の高い国	61%

出典：国際観光振興協会（JNTO）

　さて、日本人学生と中国人学生の意識調査の中から、明日の観光業界への提案のために、観光に関連する（しそうな）項目を拾ってみると、日本は、安全＝「安心して旅が出来る国」をアピールできそうである。また、「日本独特のもの」という中には、「生活習慣」（かやぶき屋根、はしを使う文化、靴を脱ぐ生活様式など）があがっており、これらは観光客に日本に来て日本の真髄を知ってほしいというアプローチができる。「礼儀正しさ」、「やさしさ」からは旅人をもてなそうとする一面があるとの見方が出来る。「四季」という回答の中には「四季を楽しむ習慣がある」との答えがあり、このことは、観光で見るべきものが建物などのハード面より、前述の「生活習慣」も含めて、日本人の日常生活（ソフト面）に変化しつつあると意識していることを意味する。同様に単なる「自然を見てほしい」ではなく、自然を色彩と併せて捉えている回答もあったり、「様々な四季の食べものを誇る」や「日本家屋（縁側、たたみ、庭）を見てほしい」との答えも注目すべきものであった。

　回答を総じて、日本の観光を考えるキーワードは、「普段の生活」、「平和」、「先端技術」とみる。これらより、日本人の日常生活が十分に観光の一要因となっていると考えることができるのではないか。日本で見るべきものは「物」から、そこに住む人の心の中へとシフトしていっていいと考える。「本当に見たいもの」「本当に知りたいもの」「本当に誇るもの」が若者の意識の中から浮かび上がってきている。低迷する観光業界の活力のヒントは若者の考えの中にもあった。観光に活路を見出すためには、日本は何を誇って、訪日旅行者は日本の何が見たいのか。このことをはっきり見極めなければならない。観

光立国のためのアクションプランは出来始めたといっても、「日本を好きになり、その良いところを世界の人々にも見せてあげたい。」という、いわば観光の基本理念に基づくことが観光業界の明日へとつながりそうだ。

[引用・参考文献]
1. 香山リカ(2002)『ぷちナショナリズム症候群　若者たちのニッポン主義』、中央公論新社。
2. 吉水由美子/伊藤忠ファッションシステム(株)(2002)『「漂い系」の若者たちインスピレーション消費をつかまえろ！』、ダイヤモンド社。

8. ツーリズムと対外イメージの変容
：日韓青少年の意識調査(2002年)の比較研究

田　昌禾

はじめに

　1980年代から日韓両国のイメージは、韓国の観光政策(とくに、1983年の海外旅行の自由化実施、1989年の海外旅行の完全自由化実施)によって大きく変わり始め、1990年代後半からの韓国における日本の大衆文化の開放、2002年日韓ワールドカップ・サッカーの共同開催、2003年冬から日本中を"韓流ブーム"の渦に巻き込んだ韓国ドラマ「冬のソナタ」、さらに、愛知万博期間中(2005年3月～9月)には韓国人の来日ビザ免除で合意し、それ以来から暫定延長により、日韓両国民の相手国へのツーリズムは相手国のイメージに大きな影響を与える重要なきっかけとなった。

　長い間、社会的伝統として個々人に受容されてきた日韓両国の固定的イメージが、相手国へのツーリズムによって新しい刺激を受け、イメージが形成、修正、あるいは補強される可能性が出てきた。しかし、これまでの日韓イメージ研究は、マスメディアなどを通した間接経験を中心とした研究が多く、ツーリズムという直接経験を通じてのイメージ研究は、これまで皆無であると言ってよい。さらに、情報化、IT化、グローバル化が進んでいる現代では、逆に情報のみで外国を間接経験するよりも自分が実際に外国を直接経験してみないとわからない部分がそれ以上に存在する。

　このような状況をふまえて、本研究では、日韓両国民がもつ相手国民のイメージを、ツーリズムという直接経験による変容に焦点を当てて分析することにした。

本研究の特徴は、これまで見逃されてきたツーリズムと近未来の主役である日韓青少年に焦点を当て、相手国への訪問前、訪問直後、訪問3カ月後の対外イメージを調査研究することを通じて、相互に理解できる日韓関係の可能性を考究したことにある。

1. ツーリズム

　観光が人間行動の様々な側面を含む複合的な社会文化的な現象として認識され、一つの社会科学的な主題として扱われ始めたのはつい最近のことであり、観光研究では社会学はnewcomerと言えるだろう。とくに、社会学領域での従来の観光に対する研究は、ただ見るという静的な観光という現象面の分析に終始する傾向が多かった。しかし、新たなツーリズム研究はグローバル化する世界に見合う動的な観光、ツーリズムという多面的な社会現象の分析が要求される。

　そのため、現在では広義の観光概念に対応する英語のtourismをそのまま「ツーリズム」概念として使用することが適切であると考えられる。本研究でのツーリズムの概念を整理すると、ツーリズムとは、1年未満の期間、日常生活から離れ、国際・民際レベルでの異文化との相互作用がもたらす諸関係と諸現象のことである。

　日韓両国の相手国イメージの世論調査や先行研究として、日本の朝日新聞社と韓国の東亜日報社が84年・88年・90年・95年・96年・99年・2000年・2001年・2002年・2003年と不定期ではあるが共同で行った世論調査の結果や韓国の高麗大学亜細亜問題研究所内の韓日21世紀委員会が行った「21世紀に備えた外国イメージの調査(1989年)」の中での〈韓国人が思う日本(人)のイメージ〉がある。

　これらの研究結果を見ると、戦後から現在に至るまで偏見や無知によって相手国や相手国民のイメージの客観的な見方をするのが難しいことが判明した。そのため、今後日韓両国は相手国に対する正確なイメージを持つための努力と、お互いに話し合いと共通理解を深めていけるイメージの共有、さら

に客観的に相手国や相手国民を認識することがまず必要であろう。そうすることによって、同じレベルで交流できる国としての認識が益々深まってお互いに良いイメージの日韓関係が築ける可能性が出て来るものと思われる。

2. 実証研究

本研究の実証研究の事例をもとに、研究モデルを提示すると、下記の**図8-1**の通りである。研究モデルは、訪問前のイメージから訪問直後のイメージを経て、そして訪問3カ月後までのイメージを、直接経験や間接経験によって揺らぐイメージを表現したものである。

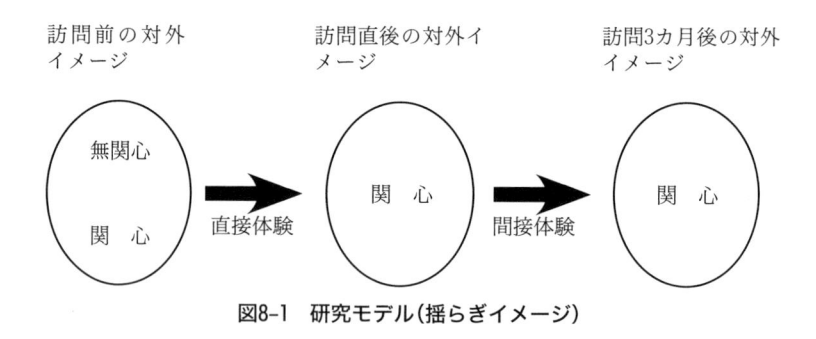

図8-1　研究モデル(揺らぎイメージ)

ここでの揺らぎイメージとは、直接経験や間接経験によって変わる対外イメージであり、相手国での直接経験で得たイメージの揺らぎが大きく、これに対して相手国への間接経験で得たイメージの揺らぎは直接経験より小さいことをあらわしている。このように、イメージ変容の大きさによってイメージの揺らぎが大きい、または小さいという表現ができると考えられる。ただし、ここで得られたモデルは他のところでも検証する必要がある。

(1) 調査の概要

日本の調査対象者は、宮崎県内在住の中高生の20名で、このうち2人を除いて全員が訪韓は初めてであった。訪問期間は2002年8月11日(日)～8月16

日(金)の5泊6日である。第一回目の調査は韓国訪問前である8月10日(木)に実施し、第二回目の調査は訪韓直後の8月25日(日)、第3回目の調査は訪韓から3カ月後の12月8日(日)〜12月18日(水)の10日間に実施した。

一方、韓国の調査対象者は、韓国青少年連盟所属の中学生19名(1名不参加)であり、1人を除いて全員が日本は初めてであった。訪問期間は2002年8月2日(金)〜8月7日(水)の5泊6日である。第一回目の調査は日本訪問の中の8月6日(火)で、訪問前の調査ができなかった為、この日に訪問前と訪問後の調査を同時に行った。第二回目の調査は訪問から3カ月後の11月19日(火)〜11月26日(火)の1週間に実施した。

調査の方法と手続きを見ると、第一回目の調査では、各調査対象者に宮崎県生活環境部女性青少年課から案内資料『宮崎・韓国ジュニアリーダー交流事業』と一緒に調査票を配布して頂き、指導の先生より調査内容及び調査票の記入要領が説明された。この調査票は、相手国や相手国民のイメージを記入するもので、調査方法としては、調査対象者を同時に同じ場所で一斉に調査票に記入してもらう記録法(集合自計式)を採用した。

第二回目の調査では、第一回目の調査と同じように指導の先生より調査内容及び調査票の記入要領が説明され、調査方法としては、集合自計式をとった。

第三回目の調査では、第一回目と第二回目の調査結果を基に、各対象者一人ずつから訪問中のエピソードなどの具体的な内容を聞き取る個別面接法(面接他計式)を採用した。

(2) 調査地の概要

日本の中でも九州地方は韓国と地理的にもっとも近接しており、釜山から飛行機で55分、ソウルから1時間15分の距離である。急速なグローバル化、交通機関の発達の中で両者の様々な交流活動の場が設けられている。九州と韓国とは、地理上の一体感や連帯感がアップし、最近では、日本の九州全体を韓国人がビザなしでいつでも入国できる特区に指定しようという動きが九州で行われている。

九州の中で、とくに宮崎は、百済の王族が移り住んだという伝説で有名な南郷村「百済の里」がある。また、1986年から県内の青年を韓国に派遣し、友好植樹や現地の青年と交流する「宮崎県日韓友好植樹の翼」を行っている。このような長年の交流の積み重ねをベースに2001年4月24日、「宮崎～ソウル間」に直行便（韓国・アシアナ航空）が運航を開始し、宮崎と韓国がこれまで以上に身近になり、観光や産業、文化、生活など様々な面で波及効果が生まれてくると考えられる。

　日本・韓国ジュニアリーダー交流事業で韓国青少年連盟から選ばれた青少年は、韓国盆唐（ブンダン）という新都市に住んでいる。

　韓国は、1960年代からいわゆる「漢江の奇跡」と呼ばれる驚異的な経済成長を成し遂げ、発展を続けてきた。それにともなって生じた急速な都市化の波は、過密という都市問題を引き起こした。

　韓国は現在首都のソウル特別市だけで1,000万人を超える人口を抱え、これは全人口の約4分の1を占める数である。また、ソウルを中心とした首都圏に範囲を拡大すると、韓国全人口のほぼ半分が集中している計算になる。

　この急速な人口の集中は深刻な住宅不足を引き起こし、住民の居住環境の整備が、重要な行政課題の一つとして浮上した。これに対応するため、政府は1988年に住宅建設200万戸計画を発表した。地価と住宅価格の安定の為、それによる投機抑制を最大の課題とするこの計画は、1988年からの5年間で年平均40万戸の住宅を供給し、住宅不足を解消しようとするものだった。

　そして、この計画の中で行われたのが「新都市」の建設である。「新都市」とは、住宅の供給を目的にはほとんど一から人工的につくった、文字通り新しい都市である。京幾道（キョンギド）内につくられた5つの新都市（城南市盆唐（ソンナム市ブンダン）、高陽市一山（コヤン市イルサン）、安養市坪村（アニャン市ピョンチョン）、富川市中洞（プチョン市チュンドン）、軍浦市山本（クンポ市サンボン））は、現在いずれも入居も完了し、おのおの1つの街として歩き始めている。

　とくに、非常に短期間に開発が進められた5つの「新都市」の中で最も大きい盆唐は、ソウルの中心から南に20kmの所に政府が開発したニュータウンであり調査対象の韓国青少年が住んでいる。20年前は何もない山だったのが今

では高層アパート(日本の高層マンション)、ショッピングセンター、道路などが都市計画に基づいて作られた大都市である。

　日本の調査対象者が住んでいる宮崎県の14の市町村で、第3回目の調査時には直接訪問をして面接調査を行った。また、孝子村(ヒョザチョン)は、韓国の盆唐の中でも韓国の調査対象者が住んでいる町で、第2回目の調査時には直接訪問して面接調査を行った。

3. 実証研究の分析と結果

　日韓青少年のツーリズムによる対外イメージ変容に関して実施した実証研究を詳述する。具体的には相手国への訪問前、訪問直後、さらに訪問3カ月後という時点でのイメージを取り上げ日本と韓国の比較を試みた。

　基本的視角は国際社会の中でも独特な日韓関係というマクロな状況の中で、日韓青少年一人ひとりのミクロなレベルに注目する。具体的には日韓青少年が相手国へのツーリズムを通じて得た個人的経験の多様性に注目しながらも、訪問前、訪問直後、そして訪問3カ月後の間接経験や直接経験が、どのようなイメージ変容をもたらすか(あるいはもたらさないか)という点を中心にして記述・分析を試みた。

(1) 相手国の経験

1) 訪問前

　日韓青少年が訪問前に相手国・相手国民に抱くイメージには大きな違いが見られた。2002年の夏、「2002年FIFA　ワールドカップ・サッカー大会」が開かれた年に、日韓青少年は初めて相手国を訪れた。この日韓共同開催をきっかけに日韓両国ではマスコミなどを通じて相手国の情報が盛んに流れるようになっていたが、このような訪問前の相手国への間接的経験は、相手国の訪問前のイメージにはあまり影響がなかったことが、以下の日韓青少年の事例の中で確認できた。

　ここで注目すべき点は、日本青少年の半分以上が韓国や韓国人に対して「興

味がない」、「考えたことがない」と答えた反面、韓国青少年の半分以上は日本や日本人に対して「悪い」イメージを持っていることである。

- 今まで韓国・韓国人に対して正直に言って興味がなかったですね。とくにこれと言ったイメージはないし……。あえて韓国のイメージを話そうとしたらキムチでしょう。〈日本事例1〉
- 良いイメージか、悪いイメージか、どっちかわからないですね。あまり考えたことがありません。〈日本事例6〉
- 未知の国、こんな言い方でいいでしょうか、わからない国でした。〈日本事例3〉
- 正直に言っていいですか。私はあまり韓国や韓国人に対して良いイメージはありません。悪いイメージですね。これが率直な気持ちです。〈日本事例7〉
- 訪問前は興味がなかったですね。(中略)。訪問前はテレビを見ても興味がなかったけど……。〈日本事例14〉
- 日本の国のイメージは悪いです。とくに日本人はもっと嫌いで、本当に(僕は)反日主義者みたいですね。〈韓国事例17〉
- 訪問前の日本のイメージはすごく悪いです。歴史のこととか……いろいろ……。〈韓国事例1〉
- 国も人も嫌いですから、悪いイメージですね。〈韓国事例2〉
- 何か、わからないけど、優しそうなふりをしたり、礼儀正しそうなふりをするようなイメージがあって嫌ですね。〈韓国事例11〉

2) 訪問中の経験

　日韓両国の青少年が相手国への訪問中の経験を聞くと、一番大変だったのは言葉の問題である。次に、食事や施設に関する問題が多かった。

　さらに、日韓両国の青少年の経験は若干違う傾向が見られた。日本青少年の方は大変だった経験を中心に話す方が多い反面、韓国青少年は良い、楽しい経験を中心に話す傾向が強かった。

①**言　葉**　日韓青少年が相手国で一番問題としたのは、言葉、コミュニケーションの問題である。実際、一泊二日間のホームステイをしている間、どうしても相手国とのコミュニケーションが必要で、日韓青少年は身振り手振りで相手国の人々とコミュニケーションをとらなければならなかった。その中のいくつかの経験を紹介しよう。

- 言葉の問題が一番大変でした。言いたいことが言えなくて本当につらかった。〈日本事例13〉
- 徐々に英語や身振り手振りでしか、つながらなかったけど、でも、楽しくできました。その家族で経験を分かち合えたみたいなことが楽しかった。〈日本事例14〉
- 私も韓国語をそんなにしゃべれないし、英語もそんなに話せる方じゃなかった。あまり通じなくても一緒に過ごして楽しい思いをつくれるのがすごいことだなぁ〜と思いました。〈日本事例18〉
- やっぱり、言葉が通じなかったことですね。でも、楽しかったです。また行きたいです。〈日本事例15〉
- ホストファミリーとの交流、会話ですね。全然通じないんですけど、通じないのも楽しいし、通じたときももっと楽しい。また、何回も行きたいですね。行きたいです。やっぱそれで終わるんじゃなくて仕事でも、プライベートでも何でも機会を作ろうと思いましたね。〈日本事例5〉
- 会話ができなかったので、辞書で探しながら話しました。〈韓国事例7〉
- 言葉が通じなかったので、それが不便でしたね。〈韓国事例6〉
- もっとお父さんとかお母さんとかと話したかったけど、言葉が通じなくてちょっと残念だった。〈日本事例4〉

②**食べ物**
- 食事が口に合わなくてちょっと大変でした。〈韓国事例16〉
- 食べ物がちょっと辛すぎたかなぁ〜……。あと、行った先で肉が多くて毎日のように肉だったのでちょっと帰ってから肉がしばらくは食べられ

なかった。〈日本事例18〉
- 辛いものが苦手な私にとって毎回出るキムチは大変でした。〈日本事例19〉
- 夕食、朝食、ご飯ですね。青唐辛子を生で食べて何とも言えない刺激的。おいしいというよりも刺激的、もう……初めて経験する味、汗ばっかりかいていました。〈日本事例4〉

　食べ物について、韓国青少年の場合は一人を除いてみんながおいしかったと答えた。

　しかし、日本青少年の半分程度が韓国本場での食べ物の辛さに驚いたり、戸惑ったりしたことが青少年の話しでわかった。でも、食べ物の辛さで少し大変な経験をしたけど、みんなは良い経験をしたと言っていた。

③施設
- 道路の設備が悪かったですね。バスがよくゆれる。けっこう道路がぼこぼこで……。〈日本事例4〉
- 施設がよくなかった。行った施設で、シャワーを出したら水が出てきてお湯が出なかった。〈日本事例6〉
- シャワーが冷たかった。公衆トイレもちょっときれいではなかった。〈日本事例7〉

　日本青少年の何人かが韓国で訪れたところの施設の不備や新都市である韓国盆唐の工事中の道に少し驚いたことを語った。

④その他
- 日本では早く寝られたのに韓国の人は12時が過ぎてもみんな元気だったので驚きました。みんな元気ですね。〈日本事例16〉
- やっぱりお客さんの扱いじゃなくて、ちゃんと一人の家族として受け入れてくれたことですね。いろんなおいしいものも食べさせてもらったり、いろんなところも連れて行ってもらったけど、やっぱり家族と同じような扱いをしてくれたことです。〈日本事例1〉

- 楽しかったっていうか、驚いたんですけど、夜からソウル市内に連れ出されて1時過ぎに帰って来たんで、すごい行動力だなぁ〜と思って……。(宮崎では)こんな夜時間(8時ごろ)でもあまり出歩いたりしないので……。〈日本事例18〉
- 夜とかによく遊ぶじゃないですか、帰ってくるのが遅くて……眠たかったです。〈日本事例8〉
- チマ・チョゴリを着せてもらって、写真をとってもらったのですごく嬉しかった。〈日本事例17〉
- 私たちが来るということで親戚たちを呼んで、みんながお祖母さんのところへ行ってパーティをしてくれましたので、すごく嬉しかったです。〈日本事例9〉
- ホームステイ先で私はあまり野球が好きじゃなかったのに、ずっと野球の試合ばかりをみたのでちょっと退屈だった。〈韓国事例17〉
- 山へ一緒に登ったけど、足が痛くて大変だった。〈韓国事例8〉
- 初めて日本の着物を着てみました。着物を着て一緒に花火を見に行ったり、すごく楽しかったんです。慣れてない服でしたので少し苦しかったんですけど、すごくよかったです。〈韓国事例3〉
- 私が来るということで、家族、親戚が全部集まってくれてパーティをしてくれました。すごく感動しました。でも、言葉が通じないから、そういうのが不便でしたね。〈韓国事例9〉
- 訪問している間にすごく親切にいろいろしてくれたけど……、日本人が怒る姿を見たことが一度もなかったですね。怒っている姿を見たことがないので、本音はどうか知りたいです。本当に本当のことか知りたいです。〈韓国事例11〉

　日韓青少年は相手国の訪問で様々な経験を通じて、嬉しかったり戸惑ったりしながら、相手国の人との交流ができた。自国では考えられないことや、できなかったことを経験したりするなどたくさんの思い出を作った。
　日本青少年が韓国で驚いたことの中で比較的に多く現れたのは、韓国人み

んなが夜遅くまで元気でいられることであった。ホームステイ中に、夜遅く出かけて夜中まで遊ぶすごいパワーはみんなどこから出てくるのかがわからないと話し、みんなビックリしたようだ（実際に韓国青少年は夜中1時まで塾に通う青少年が多かった。面接調査をする為の連絡をしたときにほとんどの韓国青少年の帰宅時間は夜12時過ぎが多かったので、最初青少年の自宅に夜中に電話することで戸惑ったけど、親の許可を得て夜中に電話をし、面接の約束時間を決めたりしたのでけっこう苦労をした）。

3）訪問から得た自国意識の芽生え

ここで日韓青少年は、相手国の訪問を通じて得た個人的な経験の中で、新たな自国意識が芽生えたことに気づいた。彼らはこうした経験を、自国と比較したり、または自国を再認識する経験について、次のように述べている。

- 11時に外の公園、湖があるところに行ったんですけど、いろんなことを話したんですけど、とくにお父さんの方が、英語が話せて、それでずっと僕と英語で話したんですけど、韓国についてどう思いますかというのを聞かれて、初めはまじめだとか、あの最初に何か、え〜と、青少年連盟の団体からじゃないですか、あそこに見せてもらって団結力がある国だなぁ〜というふうに思ったんですけど、そういうことをそのお父さんに話したら、え〜と、日本もそうだと思いますよと言われて、自分も日本についてもっと知らないといけないなぁ〜と感じました。〈日本事例3〉
- 韓国に行ったときに、その女の子は中学生だったんですよ。中学3年生だったんだけど、でもちょうど私たちがその韓国に行った日が、ホームステイした日が終戦記念日で、旗がいっぱい飾ってあって、何で旗が飾ってあるのかを中学生の女の子が説明してくれて、何か、たぶん日本ではそういうことは絶対知らないっていうか、何か、すごいと思いました。〈日本事例6〉
- ウドに行ったんですね。宮崎から車に乗って2時間ほど行ったと思うんですけど、そこに韓国語で説明があってすごく嬉しかったです。また、ホームステイ先の家の方がハングルを一生懸命に勉強していてビックリ

しました。それで、私も日本語を一生懸命に勉強したいなぁ〜と思いました。〈韓国事例11〉
・日本に行って日本人を見てから、韓国人の悪いことがわかるようになりました。秩序などとかですね。そういうのを習いたいですね。〈韓国事例5〉

　以上のような相手国の訪問を通じて、日韓両国の青少年は自国のことを考えたり、相手国のことを考えたり、またその関係を考えたりすることなどで自国や相手国を見つめなおしたりすることができた。また、相手国民と交流する事により、自国の文化をもっと理解しなければならないと思い、相手国の文化もまた理解でき、より相互理解を深めていくことができたと考えられる。

4）訪問直後—各自の国へ
①**日本青少年**　日本青少年は5泊6日間の韓国を訪問した直後に、韓国に対するイメージに関して次のように述べた。

・国も人もですね。悪いイメージだったんですね。正直な話し。中には変な冷たい目でみた、見られた人も正直にいたわけなんですが、だけど思ったほどそんなにないなぁ〜……。やっぱり一部にいただけであって、日本人であっても受け入れてくれたんじゃないかなぁ〜。まずは、やっぱり自分の目で見なければわからないということと、そして今回、ほら、行ったわけですよね。自分で今言った、こういったような経験ができたので、すごく好きになりました。〈日本事例1〉
・（訪問してから）良いイメージに変わりましたね。やっぱりホームステイでよくしてもらったというのはおかしいと思いますけど、あの交流をふまえて相手の気持ちがよくわかったというのと同じ同世代で話していくにつれて仲間意識というのが芽生えたっていうか……。〈日本事例3〉
・けっこう親切というイメージは、この前行って感じました。今までのイメージでは日本人とは違うので全然拒否的な感じがあったけど、実際に行って、今は自分の目で見とかないとそういうの（イメージ）は……。何とも言えない感じになりました。今、現在、実際に行ってみて、イメー

ジが変わったので、何とも言えない。本当に韓国人は好きで、良いイメージに変わりました。〈日本事例4〉
・最初は興味がなかったですけど、緊張して、あぁ〜韓国だなぁ〜みたいな〜。でも良いイメージに変わりましたね。実際に行ってみてイイ国だということがわかりました。〈日本事例14〉

　以上のように、日本青少年は訪問直後の韓国や韓国人イメージに対してほとんどが良いイメージに変わったと答えてくれた。しかし、一人の青少年だけが韓国人に対して良いイメージから悪いイメージに変わったと答えた。その青少年に韓国人の悪いイメージを持たせた経験は、次のようである。

・韓国に行ったとき、町で不良っぽい人がいたような気がして、韓国人に対して悪いイメージに変わりました。でも、日本の不良よりは良かったけど……。何か今思い出しました。〈日本事例15〉

　この青少年は韓国のイメージに対しては、訪問前と同じような良いイメージであるけど、韓国人に対するイメージは、良いイメージから悪いイメージへと変わったと訪問直後の韓国や韓国人のイメージに対して述べた。
②韓国青少年　韓国青少年も日本訪問を通じて日本や日本人に対するイメージがほとんど肯定的なイメージに変わったが、若干、国と人に対するイメージの変容が異なる傾向が現れた。

・日本へ行く前には、日本人はあまり好きじゃなかったんですね。そして、日本の国に対しては、いろんな物(電気製品、雑品など)の質が良いので好きでした。しかし、訪問してから、日本人がすごく親切にしてくれたのですごく好きになりました。国は訪問前の良いイメージに変わりませんでしたので、今は日本、日本人、両方好きで、良いイメージですね。〈韓国事例5〉
・以前は両方嫌だったんですけど、実際行って見たらすごくいい人でした

よ。昔はどうだったかわからないけど、今の人達は違うみたいでした。実際行ってみたら全然違ってて、今は全部好きです。〈韓国事例16〉
- 日本の国自体は以前よりは(イメージが)少し良くなりましたが、しかし、まだそんなに好きという気持ちにはなりませんね。でも日本人は好きになりました。すごく優しかったです。ちょっと感動しました。〈韓国事例7〉
- 行く前は両方嫌いでした。でも、行ってきて、日本の国が嫌という程ではないけど、日本人がもっと好きになりました。〈韓国事例19〉
- 日本へ行く前はすごく嫌いだったんですけど、行ってきてからすごく良いイメージに変わりました。恥ずかしいですけど……ふ・ふ・・訪問しているときに韓国へ帰りたくなかったです。それぐらい日本が、日本人が好きになりました。〈韓国事例11〉
- 行く前から日本は好きでした。訪問前とあまり変わりはないけど、もっと好きになったと言えるんですね。〈韓国事例18〉

　以上のように、韓国青少年は日本訪問してからの国や人に対するイメージが少し異なっていることがわかった。ほとんどの青少年が悪いイメージから良いイメージへと変わったと答えたが、若干、国と人に対するイメージが異なる変容を示した。
　例えば、国に対して「普通になった」とか「少し良いイメージになった」へと変わったのに対して、人に対しては「良いイメージに変わった」という青少年がいた。
　また、国に対して「良いイメージに変わった」が、人に対しては「普通」、または「少しだけ良いイメージになった」という青少年がいた。
　しかし、韓国青少年たちが訪問前よりも国や人に対して肯定的なイメージに変容したことには間違いないことが確認できた。

5) 訪問から3カ月後
　日韓両国青少年が相手国の訪問から帰ってきて3カ月が過ぎて日韓青少年の相手国のイメージにどのような変容が現れているのかを考察していく。訪問3カ月後とのイメージが訪問直後のイメージとはどんなつながりを維持し

てきたのか、また訪問直後からその3カ月間にイメージの変容があるのかに焦点をあて、特徴的な変容について見ていくことにする。

①日本青少年

- 3カ月後の現在も（良いイメージには）変わりません。今も（訪問してから）けっこうよくニュースとか、この前も女の子が二人、軍人（「女子中学生事件」は米軍装甲車によって犠牲になった女子中学生のことである。2002年6月13日に京畿道陽州郡〈キョンギドヤンジュグン〉で起きたこの事故は軍用道路ではなく、一般道路を利用して訓練移動していた米軍工兵隊の装甲車が、前方から来た別の装甲車との接触を避けるため側歩道に大きく方向を変え、歩いていた14歳の女子中学生2人〈友人の誕生日パーティーに行く途中だった〉を、うしろからそのままをひき殺したというものである。）にひかれたとか、そういうときにみんなが集まって、団結力は本当に、そうふうにするのは日本よりもすごいんじゃないのかなぁ〜。個人を大切にするんだなぁ〜……。イメージがよくなりました。けっこう日々が経ったけど今（3カ月後）がいい、また行きたいし……。〈日本事例4〉

- 3カ月過ぎた今より、やっぱ直後の方がもっと良いイメージですね。最近は行ってないから忘れがち。〈日本事例16〉

- 現在（3カ月後）の方がもっと良いイメージです。直後の時は、何か、あまり考える時間みたいなのがなくて、後はいろんなことを考えてて……ああいうときにあんなことをしてくれたとか……。〈日本事例10〉

- 今は実際に行ってみて、それを経験して韓国に興味をもって、そのいろいろニュースにも韓国の話しがあると興味をもってみたりとか……。〈日本事例9〉

- 直後の方が、やっぱり良いイメージはありましたけど、変わってないと思います。直後の方が（今より）わりと良いイメージです。個人的に言わせてもらえれば、最近は新聞に目を通すこともなく、忙しい日々を送っているので、もう……忘れがちかなぁ。またメールをはじめればそうなると思うんですけど、今ずっとそういう思い続けるっていうのが自分の中にある。〈日本事例3〉

- 3カ月後の方がもっと良いイメージです。韓国から帰ってきてから学校とかでも友達によく韓国のことを教えてあげたりとかするし、何か、今までも本とか新聞とか見ても韓国のことがすごく気になって、すごく何か、韓国に今までよりも興味を持ちました。〈日本事例18〉
- 今の方が好きです。もう一度行ってみたいのもあるし、もっといろいろ……、直後よりも。まだ知らないことが多いからもっと知ってみたい。〈日本事例2〉

　日本青少年の場合は訪問3カ月後のイメージは直後の良いイメージとの変わりはほとんど見られなかった。しかし、若干異なることがわかった。例えば、直後の方が3カ月後よりもっと良いイメージだったとか、3カ月後のほうが直後より良いイメージだという答えもあった。

　それらのイメージ変容に対してそれぞれ異なる理由を現しているが、直接経験を通じて得られた相手国や相手国民のイメージにはあまり変わりがないことがわかった。

　さらに、訪問前の韓国人のイメージは良かったけど、訪問を通じて韓国人のイメージが悪くなったと答えた青少年も、3カ月が経つにつれて、日本も不良の学生がいるから韓国にいるのも当然だと思うようになり、韓国人に対するイメージが悪いイメージから普通イメージに変わったと語った。

②韓国の青少年
- 行った直後より今(3カ月後)がもっと良いイメージです。〈韓国事例4〉
- 帰って来てから友達に"あなたたちも行ってみて。""本当にやさしいよ。"と言ったけど、でも、友達は(行ってないので)みんな知らないからフンともウンとも答えないですね。"あっ、そう"って感じでしょうか。正直に、他の友達は、日本はチョッパリ[1]と思う学生が多く、まだ行ったことがないのでイメージが良くないのは当然かも知れませんね。私も行く前は同じイメージを持っていましたから。〈韓国事例3〉
- 直後の方が良かったですね。今(3カ月後)は全然忘れがちで……。〈韓国事例5〉

- 今の方がいいですね。帰って来てからよく友達に話したりします。でもみんなあんまり反応はないけど……みんな"え～"みたいな。〈韓国事例9〉
- 最近、日本を否定的に画いたドラマがあって、直後の良くなったイメージと少し混同するようになりました。訪問前は日本も日本人のイメージもすごく悪かったです。でも、訪問して、訪問直後は両方好きになったんですけど、そのドラマの影響で、人に対するイメージは直後とは変わりはないけど、国に対するイメージは良いイメージから少し悪いイメージになりました。まぁ、普通になったとも言えるんでしょうか。テレビでニュースみたいなものを見ると、やはり行く前より気になって夢中になってみたりしますね。〈韓国事例17〉

　韓国青少年は訪日から3カ月後の日本や日本人のイメージに対して、ほとんどの青少年が良いイメージになったと言っている。日本青少年と同じように訪問直後の方がいいという青少年がいたり、3カ月後の現在がもっといいという青少年もいた。
　さらに、韓国青少年の中ではテレビである日本に関するドラマをみて、日本の国に対する良いイメージが少し悪くなったとイメージに揺らぎを見せたが、その青少年は訪問直後よりはドラマの影響で少し悪くはなったけど、訪問前のような悪いイメージにはならないと答えた。

(2) イメージ変容
1) 3つの変容パターン
　日韓青少年のイメージ変容のパターンを、訪問前の異なるイメージを中心に大きく3つに分けてみると、以下のようである。
① Aパターン：「悪い」イメージから「良い」イメージへ
- （訪問前は）国も人もですね。悪いイメージでしたね。正直な話し、中には変な目で見てる、見られた人も正直にいたわけなんですが、だけど、思ったほどではなかった。やっぱり一部にすぎなかった。日本人であっ

ても受け入れてくれたと思う。3カ月後の現在の方がイメージいいですね。やっぱり、自分の目で見なければわからない。本当に、最初は別に興味がなかったけど、実際に、研修会に参加して、思ってもみなかったほど、韓国が好きになりました。ウン……、食べ物もだし、人もだし、自分が思ったイメージとは全然違っていて、本当に、機会があればまた行きたい。友達もできたし。〈日本事例1〉

・訪問する前はすごく嫌でしたね。国も人も。でも、訪問直後、国が良いイメージに変わり、人も良いイメージに変わりました。3カ月後は訪問直後と同じで、良いイメージに変わりはありません。〈韓国事例11〉

② Bパターン:「良い」イメージから「もっと良いイメージ」へ

・訪問前も良いイメージですね。訪問後はもっと良いイメージに変わりました。3カ月後も直後と変わりません。私は南郷村に住んでいるので、周りの人はみんな韓国語もバリバリしゃべるし……。みんな韓国が大好きですよ。〈日本事例16〉

・行く前と行った後の日本、日本人のイメージは同じ(良いイメージ)ですね。訪問前と訪問直後の変わりはほとんどありませんが、もっとよくなったとも言えますね。直後と3カ月後との差もあまりないです。〈韓国事例8〉

③ Cパターン:「考えた事がない」または「興味がない」イメージから「良い」イメージへ

・(韓国や韓国人に対して)全然興味はなかったけど、(訪問しているときに)緊張していました。直後は良いイメージに変わり、3カ月後も(直後イメージと)変わりはない。実際に行ってみていい国だということがわかりました。〈日本事例14〉

・訪問前に日本、日本人について考えたことはなかったですね。日本の国に対しても、日本人に対しても全然興味がなかったですね。だけど、訪問直後に日本の国が好きになりましたね。人は普通でしたけど。そして、3カ月後は、日本の国に対してもっと好きになりました。人は普通ですね。訪問直後とあまり変わりはないです。〈韓国事例13〉

日本青少年の場合はCパターンである訪問前に韓国に興味がなかったり考えたことがなかったというケースがもっとも多かったことに対して、韓国青少年の場合は日本訪問前に歴史教科書や祖父母の話を聞いたり、マスコミなどの間接経験を通じて悪いイメージであるAパターンがもっとも多かった。

2) 関心と無関心を軸として

　日韓青少年の国イメージと国民イメージは、無関心と関心という2つのパターンにより分けられる。

　一つは、「悪い」という否定的なイメージと「良い」という肯定的なイメージの関心というパターンであり、もう一つは、「考えたことがない」または「興味がない」という無関心というパターンである。

　日本青少年は訪韓以前の韓国や韓国人に対するイメージが、無関心パターンが約半分以上であった反面、韓国青少年は訪日以前の日本や日本人に対するイメージが、関心パターンが約半分以上であった。

　日本青少年と異なって韓国青少年は、訪問前に学校教育や祖父母の話による影響で抱いていた「悪い」イメージが、良いイメージに変容する例が多く見られた。しかし、その中には訪問後の間接経験でイメージに多少揺らぎがみられたが、全員の青少年が訪問前のような「悪い」イメージには戻らないと答えた。また、日韓青少年は共通的に訪問前には全然気にしていなかった相手国の情報が、訪問後には相手国に自ら興味を持ち始め、相手国の情報をインターネットで調べたり、本などで調べたり、気になってテレビを夢中になってみたりすると答えた。

(3) その他の調査結果

　その他に、日韓青少年が相手国に抱く訪問前・訪問直後・訪問3カ月後の具体的なイメージの内容、相手国に関する話や情報、相手国の訪問経験、日韓両国の解決すべき問題やその解決時期と解決方法、自国民が思う相手国や相手国民のイメージと相手国民が思う自国や自国民のイメージを点数で測定、日韓関係(5年前、現在、5年後)などを調べた結果、日韓青少年がツーリズムによって相手国のイメージが良い方向に変容したことが確認できた。

しかし、訪問前の韓国の青少年が持つ「日本に対する嫌悪感」と日本の青少年が持つ「韓国に対する無関心」のイメージを改善するために、日韓両国はイメージの共有化といった問題を具体的に考えなければならない。日韓両国は共有できる共通のイメージを引き出し、互いに少しずつ誤差を含みつつ、今までとは異なる日韓イメージの共有化を図れば、日韓両国はこれまでより良い関係になると思われる。

おわりに

今日の社会はグローバル時代とも言える。このようなグローバル社会で"ツーリズム"は従来の単純な娯楽の意味ではない、世界の文化や社会を見る一つの場の役割とともに個人の人間形成に役立つ機能としての重要な活動としても認められつつある。とくに、身体的・精神的にもっとも活発である青少年世代にとって、ツーリズムに内包されている教育の意味は大きいといえよう。

本研究の実証調査を基に今後の課題である青少年のツーリズム・リテラシー教育に関していくつかの提言をすると、以下のようである。

第一に、青少年のツーリズムに対する積極的な参加意識を高揚する。

第二に、青少年のツーリズム・リテラシー教育のために、学校や政府団体など実際青少年と接している教師や関係者の輪を拡げる。

第三に、ツーリズムの教育的効果を増進させるために、政府による青少年のツーリズムの制度化が求められる。

これらの提言に基づいて、今後、国際社会への直接経験を重要視する教育課程への転換とともに、体系的で効果的なツーリズム・リテラシー教育に関する研究が深まることを期待する。しかし、未だに世界各国では青少年をツーリズムの主体に認識し、これを通じてツーリズムの教育的効果を増進しようとするツーリズム・リテラシー研究はほとんどみられない実情である。

近年ようやく、ツーリズム教育の普及に関して先進諸国が注目を持ち始め、北米では現在、学校教育におけるツーリズムの基礎教育カリキュラムの導入

が検討されている。

　こうした現状から、青少年の積極的なツーリズム参加を活性化させるために、ツーリズムの教育的効果を増進できるツーリズム・リテラシー教育は重要であろう。

　ツーリズム・リテラシー教育を高めるためには、ツーリズムによる対外イメージの中でも、とくにプラス効果がどのようなものであるのかをしっかりと理解し、さらにマイナス効果を知っておけば、少なくともそれらに対して防げることも可能であると考えられる。とくに、プラス効果については積極的にその効果を享受することこそが、マイナス効果の抑制と同じぐらいに重要であることは言うまでもない。

　したがって、本研究で提案したツーリズム・リテラシー教育が、今後、グローバル社会でツーリズムを重要視する教育過程への転換とともに、体系的で効果的なツーリズム・リテラシー教育に関する研究が、重要な社会的研究課題として、その成果がより発展し、深まることを期待する。

　以上、ツーリズムと対外イメージ変容を日韓青少年の事例研究をもとに検討を試みてきたが、さらに大規模調査を実施し、この事例研究で判明したことを一般化する必要がある。この点については今後の課題としたい。

[注]
1) チョッパリという言葉を白基玩は、「もっぱらわれわれ韓国人が日本人をさしていう時に使われる代名詞である。つまりチョッパリとは『オリバル』（水掻動物の指）という言葉であり、結局、才能のない存在という主旨だ。日本人はゾウリであるとかゲタを好んではくようであるが、これらが、オリバルを連想させるわけだ。オリ（あひる）は、水中で植物をさがしまわるけれども、夜眠る時には、陸地に上がって寝るという便利な生物である。換言すれば、家鴨、つまり家で飼うところのあひるは、大体においてその動作が鈍く、間抜けで、どことなく落ち着かない動物である。そこで、われわれ韓国人は、ゾウリやゲタをはいた日本人を見れば、ちょうど家で飼育しているあひるのようなザマであったと言うわけだ。／それほど高いとは言えぬ背丈に、短い足、その上にけっこう高いゲタをはいている日本人の姿、それは、まことに見苦しく、同時に不格好であると言うわけだ。」と述べている。

[引用・参考文献]
1. 白基玩(1975)『抗日民族論』、拓殖書房。
2. 石坂浩一編(2002)『日韓「異文化交流」ウォッチング』、社会評論社。
3. 川竹和夫・杉山明子編(1996)『メディアの伝える外国イメージ』、圭文社。
4. 川竹和夫・杉山明子・原由美子・櫻井武編(2000)『外国メディアの日本イメージ』、学文社
5. 金梨化編(1995)『新世代の韓日関係』、高麗院。
6. Ko, D. & Park, S. 2000 : "A Critical Review of Tourism Image", *The 6th APTA Annual Conference Proceedings*.
7. 呉澤燮(1989)「韓国人の対日本観」、『韓日21世紀委員会の研究課題』。
8. 朴順愛・土屋礼子編(2002)『日本大衆文化と日韓関係』、三元社。
9. 塩田正志・長谷政弘編([1994]1999)『観光学』、同文舘。
10. 寺沢正晴(2002)『日本人の精神構造－伝統と現在－』、晃洋書房。
11. 辻村明他編(1987)『世界は日本をどう見ているか－対日イメージの研究』、日本評論社。

第3部　ツーリズムを演出する

9. 地方空港の役割と今後の展望
：地方の時代を航空需要から考察する

和平　勝明

はじめに

　空港整備は、特に地方と分類される地域にとっては、地域振興の「シンボル」である。社会資本の整備は、そこに住む人々にとって、またその地域を訪れる人にとっても、はっきりと目に映る未来への期待を担う開発の先陣なのである。特に空港の整備・拡張は「国際化」が叫ばれる現代にあって、大型のジェット機が飛び立つ姿に地域の明るい未来を重ね合わせ、まるでそれが約束されるかのような印象を受けるのである。

　しかし、果たして地方の本当の発展を考えたときに、イメージとしての「シンボル」の整備だけでいいのだろうか。ここでは独自の地域の姿を描くためにもがき続ける地方の現状と未来を、航空需要の面を通して考察する。

1. 国の航空政策

　国の航空政策として、「航空需要に対応して、計画的な空港及び航空保安施設の整備を推進するため」という『空港整備五箇年計画』を昭和42年以来策定している（表9-1）。第7次空港整備計画からは平成9年12月12日の閣議決定で財政構造計画の方針を受けて、『空港整備七箇年計画』とされた。さらに現在では平成15年10月10日の閣議決定を受けて、5カ年間の計画期間による『社会資本整備重点計画』が実施されている。

　これらの計画では、空港の整備・空港周辺環境対策事業などについての目

表9-1　空港整備五箇年　1—11次計画の推移

	第1次	第2次	第3次	第4次	第5次	第6次	第7次	社会資本整備重点計画
策定年月(和暦)	44.3	47.3	51.10	56.12	61.11	3.11	8.12	15.10
計画年間(和暦)(年度)	42〜46	46〜50	51〜55	56〜60	61〜2	3〜7	8〜14	15〜19

出所：2005エアポートハンドブック

表9-2　地域拠点空港とその状況

空港名	1973年当時の国際空港	滑走路距離(m)	国内線乗降客数(万人)	国際線乗降客数(万人)
新千歳		3,000	1,802.4	43.4
仙台	◎	3,000	291.6	27.5
新潟		2,500	109.6	16.8
広島		3,000	318.2	18.0
福岡	◎	2,800	1,709.8	174.0
沖縄		3,000	1,234.0	20.5

出所：数字でみる航空2005(乗降客数の数字は平成15年)

表9-3　45・47体制の航空会社路線開設役割分担

日本航空	国際線、国内幹線
全日空	国内幹線、国内ローカル線、近距離国際チャーター便
東亜国内航空(当時)	国内ローカル線

標が記されているのだが、第7次空港整備計画(以下、第〇次計画)では「大都市圏における拠点空港の整備を最優先課題として推進する」とあり、現在の『社会資本整備重点計画』では、空港整備事業として「我が国の国際競争力を強化していくためのライフラインとして、大都市圏拠点空港(成田・羽田・関空・中部)の整備を重点的に実施する」とし、その他の一般空港の整備としては、「継続事業を中心とし、ターミナル諸施設の利便性の向上、航空機の就航率改善等既存空港の質的向上のための整備を推進する」とある。

さて、第7次計画ではキーワードとして「地域拠点空港」という言葉が初めて使用された(表9-2)。他の地方空港との別格化を意味する言葉である。

過去の「空港整備計画」の役割をひもといてみると、昭和40年代後半から50年代前半(第2次、3次計画)にかけて、地方空港のジェット化が整備されてきた。このことは交通手段のひとつとして航空という選択肢が普及し始め、地方と

していつの時代にも念願であった地方⇔首都圏の流通が本格化してきたということであり、日本の経済成長に航空が果たした役割は大きいとされる。その後、運輸大臣(当時)の諮問を受けた運輸政策審議会の45・47体制(航空会社の役割分担(表9-3))見直しで、更に地方と首都圏の「足」が補強され、日本全体が高水準の経済状況にあったことからも、地方の目が首都圏に向く傾向が強まった(第5次計画)。

　第6次計画では、地方空港の整備が促進された。これまでの航空機能の首都圏集中化の影響により、首都圏空港の飽和状態が問題化してきたことから、首都圏空港の役割を地方空港に分担する動きが出てきたのである。平成3年(第6次計画初年度)に、運輸政策審議会が『今後の国際航空政策の在り方について』を述べ、この中で「名古屋・福岡・広島・仙台は、アジア・ハワイ・オセアニアの中距離国際路線の形成が期待される」とある。これらの空港は前述した「地域拠点空港」に挙げられている。「地域拠点空港」のひとつである新潟空港では、昭和48年の新潟・ハバロフスク(ロシア)線の開設で国際航空路線をもつ空港の仲間入りをしており、平成6年の函館・ユジノサハリンスク(ロシア)線の開設まで20年間ロシア極東路線の独占をしてきた。特に平成3年のソ連崩壊後数年間は、新潟発ロシア極東路線の航空券入手が困難な状態にあった。このようなこともあり、新潟は独自の国際航空路線展開をしているということで、全国からは「ユニークな外交展開をする新潟」と認知されていた。

　国からも世論からも「地方の時代」と言われていたこともあり、各地方空港は盛んに体力アップに励んだ。地方空港がある意味では存在感を示していた時代である。「ハブ空港」という言葉がクローズアップされていたのもこのころであり、いくつかの地方空港は拠点空港として「我が空港こそハブ空港に」とアピールしたが、本来のハブ空港の意味を正しく捉えていたのかは疑問である。

　1978年アメリカでは航空規制緩和法により、航空業界が激しい競争に入っていた。そのころに200余社ほどの航空会社が誕生し、200弱社ほどが消えていったと言われている。この自由化の中で航空会社の生き残り政策のひとつ

が「ハブアンドスポーク」という路線展開であり、各空港はハブ空港に位置づけられた。自転車の車輪の軸がハブ、軸から伸びた支柱がスポークである。

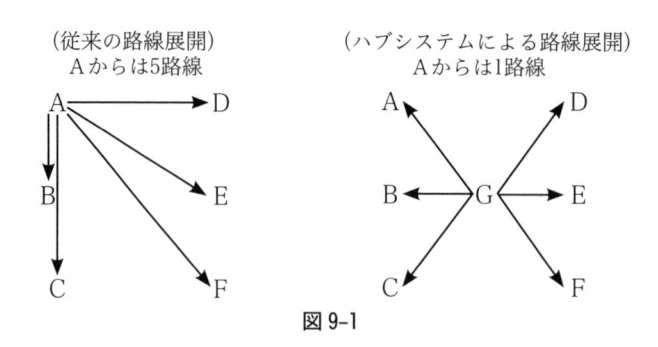

```
     （従来の路線展開）           （ハブシステムによる路線展開）
      Aからは5路線                    Aからは1路線
     A ──────→ D                  A           D
     │↘↘↘                          ↖         ↗
     ↓  ↘ ↘→ E                     B ← G → E
     B    ↘                        ↙         ↘
     │     ↘                      C           F
     ↓      ↘
     C       F
```
図9-1

　ハブは目的地まで遠回りになる感があるものの、航空会社にとって路線運用効率が良い。では空港にとってメリットがあるのかといえば、ハブシステム本来の目的からすれば、空港での乗り換え時間をいかに短縮するかということなので、空港滞在時間が少なくならなければならない。

　第6次計画から第7次計画において、一般空港（地方空港）の整備は配置的側面を中心にほぼ整ったことになる。しかし、第7次計画後半から、公共事業のあり方に対する問題提起や、旅行マーケットの変化（景気動向や突発的な外的要因による）、また航空会社の諸般の事情などにより空港整備計画の内容は再度大都市圏に注力されることとなったため、地方空港の整備がほぼ完了したことが先であったのか、それとも社会の様々な変化が半強制的に地方空港の開発に終わりを告げることになったのかは考えさせられるところである。

2．航空会社の戦略

　2000年2月の航空法改正による本格的な航空自由化以来、各航空会社ではシビアな経営ビジョンを宣言し、航空利用客獲得のため「地方のエゴ」にとらわれない運営を行っている。

　そのひとつに、第6次計画初年度の運輸政策審議会では、高まる航空需要

の中で、「チャーター専門会社の設立」を推進していたが、現在において観光需要に付随する航空需要ではチャーター便本来のメリットが薄れてきている(表9-4)。すぐに国際航空定期路線が開設できない地方空港にとって、チャーター便の運航が空港の活性化に有効だということは、今も昔も変わりないのだが、この地方空港が行うチャーター便頼りは、旅行者の要求に合わなくなってきた。

表9-4 チャーター便のメリットと旅行者の要求

メリット	要求(現状)
観光地へダイレクトに行ける	旅行目的の多様化(ワンディスティネーションでは物足りない)
団体旅客(まとまった顧客)に便利	個人旅行、旅行の間際予約の顕著化
割安な旅行代金	格安旅行の標準化

航空会社でも運輸政策審議会の推進により、また時代背景からチャーター便専門会社を設立した経緯があるが、現在では、JALグループのJALウェイズ(設立当初はジャパンエアチャーター)、ANAグループのエアージャパン(設立当初はワールドエアネットワーク)とも、今では各グループの路線展開上の戦略会社のひとつとして役割を担っている。このように日本の航空会社ではチャーター色が薄れてきている。2001年2月16日に解禁になった羽田空港からの国際チャーター便だが、ここでのチャーター便とは、多需要の東京でしかも便利な羽田空港を利用したフライトなので受け入れられたということだ。これは制度上チャーター便形式で運航したにすぎない。

一方、外国籍の航空会社は日本政府のビジットジャパンキャンペーンもあり、積極的に日本へ向けてチャーター便を運航している。日本の航空会社は運航効率を高めるため、地方発の国際航空路線を軒並みカットしているが、必ずしも地方発の海外旅行需要がなくなってきたわけではないので、外国籍航空会社のチャーター便運航により、この需要に対応している形になっている。

また、全日空ではリージョナルプロップ事業として座席が100席未満のプロペラ機を導入し、各路線の需要に合わせた供給を実践している。日本航空

でも、グループ会社にリージョナルジェット機を導入し、「地方中核都市間の新規マーケットの開発を目指す」としている。

したがって、各航空会社では、

①長距離国際線・国内幹線・高需要ローカル線
②近距離国際線
③ローカル線
④中核都市間線
⑤離島路線

と、大きく見るとこのように分社(分担)化される。さらに細分化すると、発着空港別に運航会社が分けられる例もある。

3. 地方空港の活性化の現状

このように国の政策や航空会社の戦略を見ると、地方が地域の活性化のために大規模空港を目指し、国際路線の開設や、運航機材は大型ジェット機でなければならないとするのはもはや不可能に近いことである。例えば、地方空港の中でも「当空港はシャトル便専用空港である」くらいの個性を発揮するところが出てくるようになれば、地方が等身大での存在感を大きく示すことができるようになるのではないだろうか。

前述したように、日本の航空会社においては運航効率を高め、収益性を上げることが急務となっており、路線網においても東京・大阪を中心とした傾向が強い。平成15年度航空利用客ではその78.3％が東京・大阪の空港を利用したことになっており、航空旅客の大都市集中が顕著になっている。

これは、第6次計画での地方空港整備の積極化に伴い、大都市圏空港との航空路線が積極展開されたことで反対に大都市圏空港の許容量超過を招くことになり、以降大都市圏空港の整備に注力せざるを得なかったことがある。もうひとつに、新規航空会社の事業参入に対し、既存の航空会社も収益性の高い大都市圏空港発着の便を増やしたこともある。結果、各航空会社の路線展開も一層大都市集中となり、地方相互路線の開設や増便は当面望めなく

なっているのが現状である。

このような中で、交通政策審議会航空分科会の答申でも「一般空港の整備は概成したと考えられる」とされた地方空港の整備計画が現在ではどのようになっているか、地域拠点空港を例に整理してみると**表9-7**のようになる。

表9-7 地域拠点空港の整備計画

空港名	整備計画
新千歳	①滑走路延長
	②第2ターミナルビル建設
	③空港を核とした国際ビジネスゾーンの建設
仙台	①空港アクセス鉄道の建設
	②空港を重点にした広域国際交流拠点の構想
新潟	①滑走路延長
	②新幹線空港乗り入れ
広島	①高度計器着陸装置の導入
	②空港アクセス交通の整備

出所:全国の拠点空港

こうしてみると、地方空港開発の三大プロジェクトは、

①滑走路延長

②アクセス網の整備

③空港周辺地域開発

であると考えられる(もっとも国の整備計画では空港設備の質アップに重点をおくとしているが)。地方空港は地域発展の核であることは間違いない。上記空港の中の新潟を例に取ると、滑走路延長と空港へのアクセスがプロジェクトとされている。

地方空港整備に注力していた第6次計画中、新潟空港では「環日本海の拠点空港づくりを地域づくりの戦略としている。このことは1991年新潟県発表の「にいがた21戦略プロジェクト」に明記された。そのなかでも「新幹線の空港乗り入れ」計画は1984年に発案されたのだが、いまだ工事着工の見通しは立っていない。国家挙げての地方整備に相乗りをした形をとったことはよいが、プロジェクトの具体策までは出てこなかった。国からは地域拠点空港のお墨付きをもらい、欧州航空会社の日本支社長クラスからは「飽和状態にある成

田空港の代替機能を果たす役割を十分担える」(1996.10.18 新潟日報)などの空港発展を後押しする要因を背景に地域拠点空港であるがためのプロジェクトの宣言だけが優先された。

　利用客確保の政策のひとつとして、「新潟空港の勢力圏は県内にとどまり、それも新潟市近郊という限られた地域に利用が集中している」(運輸省(当時)調査 1996.3.26 新潟日報)という指摘や、「新潟発ニュージーランド行きチャーター便の乗客の半数が県外客」(1995.4.8 新潟日報)という事実からも、新潟空港の県外客取り込みには積極的のようだ。この取り組みには空港アクセス問題が関係してくるわけであるが、単に空港まで鉄道をつなげば、空港利用拡大につながると安易に考えるのではなく、例えば北陸新幹線開通に伴う、上越新幹線の支線化懸念という鉄道会社としての戦略問題や、隣県の国土軸としての交通網計画と連動させるなど、空港の問題だけにとどまらない総合的なプロジェクトとして、見ていかなければならない。

まとめ

　空港開発を地域発展のための救世主のように捉えるので、地方の自治体は空港規模の拡大を国に認めてもらおうと必死になり、空港利用客試算や騒音問題などオーバーなデータを示し、空港開発計画を訴え続ける。このハード整備は今や、税金のムダ使いや環境破壊と言われ必ずしもよい印象を与えているのではない状況になっている。単体のハード整備にとどまらない周辺あるいは国土軸という観点から開発を進めれば、開発＝悪者にならなくて済むであろう。

　巨大プロジェクトか如何にかかわらず、必ず賛成派・反対派に分かれるものであるが、社会資本開発の場合、反対派は必ずしも我が地域の発展を望んでいないわけではない。開発側は開発に伴う地域住民のマイナス要因を理解し、それを少しでも取り除く努力を惜しまなければ彼らとの共生は望める。決して開発が何にもまして優先されるのではなく、そのために地域住民との共生を考慮しないまま予算を勝ち取ることがあってはならない。地域拠点空

港という言葉の重みをしっかり認識し、一時の流行や安易な需要予測にとらわれず、広域としての空港を考慮したマーケティングや将来ビジョンを確実に立案した上で、オンリーワンの空港を作り上げていかなくてはならない。

[引用・参考文献]
1. 関西空港調査会(2005)『2005エアポートハンドブック』、月刊同友社。
2. 山本雄一郎(1999)『大都市拠点空港―全国の空港プロジェクト』、都市計画通信社港湾空港タイムス編集部。
3. 国土交通省航空局(2005)『数字で見る航空2005』、航空振興財団。
4. 川口満(2000)『現代航空政策論』、成山堂。
5. 戸崎肇(2000)『情報化時代の航空産業』、学文社。

10. 北東アジアの観光の可能性
：その下部構造、基本構造、上部構造

佐々木 宏茂

序　論

　本論は北東アジアの一部の視察から、マクロな視点に立ち、北東アジアの観光の全体像を概観し、北東アジア観光の現状、課題と将来展望を概観する試みである。分析方法の手段として当該観光地域の下部構造、基本構造、上部構造およびバトラーの提唱する観光発展段階を踏まえることにより、当該地域の観光の可能性について考察することにする。ここでは観光地域の構造を、①下部構造としては自然的地理的条件と観光客を誘致する立地条件、アクセス（航空、鉄道、道路）と歴史的文化的ストック、②基本構造を宿泊施設、飲食施設、観覧施設、その他、観光に供する人工的施設群、③上部構造を観光情報やサービスもてなしを枠組み、とする。

1. 北東アジアの観光の発展段階

　バトラーの提唱する観光の発展段階とは、観光地は観光の探求段階から施設導入段階、観光の成長初期発展段階、成熟段階、飽和段階、衰退段階へと移行し、再構築の段階によって再生するか、衰退するか、現状を維持するかに方向が分かれるという見方である。結論として、北東アジアの観光の発展段階は、発展の潜在性を大きく含めてはいるが、観光発展の探求段階から初期段階にいたる道程にあるといえよう。

　観光の探求段階は観光が突出して少数の観光探求者が観光地を訪れること

である。北東アジア観光を促進させて経済的利益や雇用ないし観光地整備にむすびつけることは相当数の観光客の誘致による観光の成長段階を達成させなければならないことは論をまたない。

そのためには基本的なインフラの整備と社会経済システムの促進が必要である。北東アジアのインフラについての評価は、元アジア開発銀行のスタンリー・カッツの次の表現に適切に表現されている。

「北東アジア地域のインフラ(運輸、電力、コミュニケーション、エネルギーなど)は公共投資および民間企業からの要求にどの程度見合っていると評価されるであろうか。現時点で北東アジア地域のインフラストラクチュアーは"不十分"である。北東アジア地域のインフラストラクチュアーは、経済成長と発展の重要な要素である公的および民間部門の経済活動(商工業と金融サービス)を支えるのに必要な水準に及んでいない。この地域のインフラストラクチュアーは第2次大戦や冷戦期に建設されたものであり、適切に維持管理がなされていなかった。これらのインフラストラクチュアーの維持管理費用を拡充するには相当額の資本を投下しなければならない。したがって資本の相当額の割合を国際資本市場で調達し北東アジア地域に移転しなければならい」と論評している。

中国の東北3省(遼寧省、黒竜江省、吉林省)では約195万人の外来客を受け入れ93,547万ドルの国際観光収入がある。また、世界観光機構(WTO)によれば延辺州、北朝鮮の羅津、先峰、沿海地方、モンゴルまで含めると国際旅行客は2000年で総計592,624人となっている。

これに中国国内観光客を考慮にいれるならば、経済の成長度合いから見て観光の発展段階は探求段階を超えて成長の初期段階に位置づけて良いであろう。経済発展によるインフラ整備と観光誘致策は世界的な傾向として、平行して計画するようにWTOも配慮がなされることが望ましいとされている。経済開発段階における物的交流とあわせて観光の人的交流を平行させることは、相互の認識と理解を高める有効な手段である。特に観光の初期段階の兆候とあわせてその対策が要請される。北東アジアの観光促進はこうした見地からさらに促進されることが望まれる。

2. 北東アジアの観光の基本構造

(1) 北東アジアの気候風土

　北東アジアの気候風土と観光客受け入れ可能な地域について概観すれば、亜寒帯性気候、冷帯湿潤大陸性気候、温帯温暖湿潤気候、の諸地域が観光成立条件の重点地域としてあげることができよう。なぜならば、観光事業の成立条件としては水、太陽、緑を基盤として人間の生活を支える条件の上に成り立つからである。

　中でも温帯湿潤地帯地域では観光成立条件は有利であるといえるが、亜寒帯性地域でも湿潤地帯であれば観光は成立する。ただし、冬季の期間の観光をどのように政策として工夫するかに関わってくることになる。

　たとえば日本の北海道は亜寒帯湿潤気候帯である。雪まつりやウィンタースポーツ、船による北海道の流氷を見るツアーなどかなり工夫を要する。北東アジアの気候帯はこうした地域が多いことを考慮に入れるとなると冬季の間にはそう多くの観光客誘致を望めない条件のなかで、初夏、夏、秋を観光シーズンと考えてそうした制約のもとに資本の投下と市場性を考えなければならない。

　亜寒帯性気候地域としては東北3省、北朝鮮、ウラジオストックからハバロスク地方、温帯温暖湿潤地方として日本、韓国をあげることができる。自然資源は別として、観光は人間が歴史的に長期にわたり比較的生活条件を満たす地域において社会的条件、文化的条件、また生産様式を有してきている地域に潜在している。こうした地域が観光資源を豊富に有して観光地形成にふさわしい条件をあたえる。経済活動についていえば必ずしもこうした条件のみではなく、ツンドラ地方でもステップ気候でもサバク気候でも資源如何によって可能性は存在するが、多くの観光客を引き付けるためには、観光訪問客の生活用件をみたす条件が必要である。上記の北東アジア諸地域を基盤として、観光の気候風土的な下部構造条件を配慮すべきであろう。

(2) 観光に関する下部構造アクセス概要

観光客の流れる方向として経済力の強い地域から経済的に弱い方向に流れることは論を待たない。したがって、観光基本構造のアクセスの問題はこうした強い経済圏からの交通条件が常に問われる。交通は往路があって条件が整うので、経済的な強弱の格差が縮小することによって相互の交通の効用が増すことになる。地域経済の活性化に交通条件が問われる所以であり、先にあげたインフラの整備と経済的向上と観光の相互往来が観光による理想的な最終的目標であるが、観光の初期成長段階地域ではこうしたインフラは資本的に対外的な援助が求められる。

　しかしながら北東アジアの諸都市間を結ぶ交通は十分とはいえないが、空路、陸路、海路からのアクセスは存在している。現実に北東アジアの旅行企画商品が旅行業者(主として中国専門旅行会社)によって発売されている。それは大連、ハルビン、北京などを結ぶ都市観光企画商品である。

　例えば、日中国交回復30周年記念として売り出した大手旅行会社企画商品は5泊6日で、大連市内観光(青海公園、海浜路ドライブ、北大橋、老虎灘公園、昼食は麻豆腐、四川料理)。次に旅順へ出て外国人未開放地区の旅順を特別許可を得て203高地、水師営跡地見学、東鶏冠山見学。次に空路で遼寧省の省都、清王朝の発祥の地瀋陽(旧奉天)へ行き、夕食は「老辺餃子館」で餃子食べ放題。瀋陽市内見学後、列車にて東北の田園風景を見ながら大連に戻る。翌日、大連名物「切子グラス」専門店を見学して、大連から成田に帰るというルートを取っている。

　日中30周年記念の観光ルートして普段は見学できない箇所を、特別許可を取って企画している。こうした観光企画商品は都市観光のジャンルであり、この範囲内での交通アクセス構造の可能性をすでに有している。したがって中国の沿海地方の経済発展と併せて地方への観光による経済波及効果を政策的に講じるならば北東アジア周遊観光ルートは意義があるであろう。観光は観光資源が魅力的であれば、交通条件や生活要件の多少の不便をしのいでも観光行動をとる傾向がある。そして一般的には観光が拠点観光でなく、周遊観光で観光客を満足させるものであるなら尚一層観光企画商品が構成される傾向がある。

(3) 北東アジア周遊観光について

　北東アジアの観光においては長期滞在型観光としての形成は、将来の可能性はともかく現段階では無理である。

　こうした観点から北東アジアの周遊観光の可能性を勘案するならば、多様性に満ちた国境越境観光を想定できる。もっともこれにはビザ取得と、特に北朝鮮の政治問題が解決され、観光に門戸を開けば北東アジア観光周遊圏はさらに充実したものになろう。たとえば強い経済圏である日本、韓国、東南中国沿海部の人口はおよそ5億人であり、そのうちの1パーセントの誘客に成功すれば500万人である。現状の旅行客の10倍になるが、近年経済成長の著しいソ連が市場マーケットを形成していくであろう。

　観光ルートは、日本からみればそれぞれ南回り、北回りの観光周遊ルートを想定できる。例えば、日本からは新潟空港よりウラジオストックを発してフンツン―、延吉―吉林―長春―大連―日本、また南回りはこの逆となる。その他、東京―大連(週7便)、大阪―瀋陽(週7便)北京経由だと航空便には事欠かない。周遊観光は北東アジア諸国において経済的に可処分所得が増え、それぞれの拠点出発地から周遊観光が可能となれば観光による相互の互恵は、経済的のみならず社会的、文化的交流の効果をあげるであろう。こうした周遊観光にも観光下部構造のうち歴史的ストックとしては大連、瀋陽、ハルビン、吉林、さらにウラジオストックは都市観光としての町並み、ショッピング、歴史的建造物、などの観光資源ストックを有している。

　日本からの航空便については、体制について十分とはいえないがほぼ整っているといえる。要は、東北3省の周遊観光ルートの整備とルート形成がよく認知されるための今後の観光政策が求められる。東北3省の経済力もいずれ経済資源の豊富なことや開発余地のあることを考慮にいれれば、将来の日本へのインバウンド客誘致についても可能性が開けるであろう。この件に関しては観光の初期段階に位置づけて物的人的交流のための政策を経済政策とあわせて準備することは無駄ではあるまい。

(4) 渤海国遺跡観光資源

先にあげた観光ルートをさらに延長させて東北観光ルートを魅力あるものにするためには、渤海国遺跡の復元とその認知がある。これは北東アジアのアトラクション（観光誘引要素）の観光資源の目玉と成り得るものである。中国西南部の西安の都や北京の紫禁城や、日本の京都は世界の観光訪問先として人口に膾炙している。しかし渤海国遺跡はいまだよく知られているとはいえない。ヨーロッパにおける18世紀の観光を盛り上げたのは、ロマンティシズムの旅であった。それはヨーロッパの文明の源泉であるギリシャ旅行であったり、古代のローマ遺跡の旅である。

　渤海国遺跡についていえば、こうしたロマンティシズムの観光を促進させるインパクトを与えるであろう。8世紀から9世紀にかけて栄えた王朝であり、日本との外交交渉があり来訪して時の平安朝と親交を結んだことや、渤海国そのものの勃興の歴史は壮大なロマンをかき立てるに十分な条件を有している。中国当局でも、これについては十分意識している。安寧市にある上京渤海国遺跡復元計画があり、ようやく城壁整備に着手している。観光とは日常世界から非日常世界に往還することである。行動学的心理面からいえば、「よく知られたものを情報として認知して、それを確認する行為である」ことである。

　この復元がなされた場合、何らかのイベントと合わせた宣伝効果を挙げれば、中国北東アジアの観光の拠点地域として周辺への観光は、比較的近接しているリゾート地域的要素を有している鏡泊湖周辺観光とあわせて、大きな波及効果があるであろう。現在この渤海国遺跡には城壁と遺跡展示会場があり、観光訪問客があるが、いまだそう多くなく、観光の初期段階と位置づけざるをえない。渤海国遺跡については、しかしながらその復元構想が実現されるならば、そのあり方にもよるが渤海国の文化の純粋性と独特性は世界遺産として認められる可能性を有している。

　渤海国遺跡については、ほかに中京顕徳府、東京龍原府、西京鴨緑府といった中心遺跡などあるが、ほとんどわずかな遺跡をのこしているのみである。そのひとつ、フンツン市から5キロほど東にある温特赫部城についていえば、石碑のみ残して周辺は農地となっているのみであるが、上京遺跡が復元され

るならば他の遺跡もこれとの関連で見直されることになろう。わが国との関連では平安時代の能登や若狭に渤海国史を接待宿泊せしめた客館の跡があるが、日本の地域観光振興の立場からこれらの復元がなされるならば渤海国史歴史街道に結び付けてみる可能性がある。

　当時の日本への使節は高瀬重雄著『日本海文化の形勢』(1983)によれば、「一行は東京竜泉府(現在の省中国吉林フンソン市)を出発して、南海府吐号浦から日本海に船出した船は日本海の冬の北西季節風及び、リマン海流の潮流を利用しながら朝鮮半島の東海岸沿いに南下のコースを取った。ただし、そのころ渤海国と朝鮮半島の新羅国との間はきびしい敵対関係にあったから、半島の沿岸近くを航行するのは危険と考えられたのであろう。したがって、半島の沿岸からある程度の距離を保ちながら南下したものとおもわれる。(中略)一行は冬の嵐にあって187名のうち141名が日本海の荒波にのまれて帰らぬひととなったが生き残った46名がようやく越前加賀郡(石川県加賀市)に落ち着くにいたった。ことの次第は宝亀7年12月22日の条に記されている。(中略)翌年の2月20日、史都豪ら30名は日本の朝廷から召され、都に入る。入京のコースは琵琶湖経由のコースであったろうと察せられる」。

　平安時代のことであるゆえに、そうしたコースまでは明確ではないが、いずれにせよ、当時の朝廷のところまで到達していることが史実であるならば、能登や若狭の観光の跡とあわせて歴史街道を想定することは可能である。想定との但し書きを添えて歴史街道をストーリーとして作り上げることも可とするべきである。観光資源は本物であるということは重要であるが、模擬(フェイク)であることも観光のストーリー性を高めるうえで肯定される。

(5) 豆満江地域開発と観光の下部構造

　北東アジア地域の経済開発拠点として、「豆満江地域開発計画」が1990年代から課題となっている。豆満江は、朝鮮半島東北部と中国吉林省との国境を東に流れて日本海に入る河川である。その河口から15キロの最下流でロシアと北朝鮮の国境を形成している。紀元727年から始まる渤海使節の出航拠点と言われるところである。この地域に沿岸諸国と日本、韓国、さらに国連の

UNDPの協力による開発構想がある。もし実現すれば国境観光とあわせて観光資源の豊富なところであり、北東アジア観光の活性化を大きく進展させるであろう。

　ただし、北朝鮮の政治問題が解決されることが前提となる。北朝鮮の経済特区として羅津港、先方向がありビザなしで建前上は入国できることになっているが、入国は厳しい条件が付くとのことである。観光の発展段階からいえば探求段階といえる。

　豆満江流域の道路について言えば、中国側は道路が整備されている。北朝鮮側は未整備である。大きな河川の流域は、古代より人が定着して集落を形成し文化遺跡があるのが一般的である。その代表的なものが朝鮮族の文化である。延辺朝鮮自治州はこの流域に位置している。そして近くには朝鮮族の霊山である長白山があり、多くの韓国からの観光客が訪れている。「観光のまなざし」（日本人にとっての富士山は日本の霊山とみるまなざし、他の外国人からみれば単にきれいな山）という観点からみれば、韓半島から観光客を誘致する場合に重要な観光資源である。

　ここの観光ルートについて言えば、かなり整備はなされているものの自然保護のアセスメントをもとに、もう少し整備される必要があろう。たとえば頂上付近から天池へ至る途中までの、自動車での案内まではよいとして、そこから天池に至る急傾斜をロープを伝いながら登頂することは老齢者にはかなり困難であるし危険である。しかるべき階段を作って登頂を容易にして観光客への便を図れるはずである。

　この地域の観光の問題点は、冬季のシーズンオフ対策であろう。冷帯湿潤地帯であるゆえ積雪があるので冬季スキー、スケートが可能であり、それに温泉が湧出するので、基盤的には冬季のリゾート形成の可能性を秘めている。少し先の未来であるが、特に国内でさらに経済的発展がなされ、この地域がよく認知されレジャー活動に関心がもたれる時代がいずれ来るであろう。東南地方の都市部に居住する高額可処分所得者の中国国内リゾート観光客をマーケットとして発展する可能性はあるであろう。

3. 北東アジア観光の基本構造促進

　観光の基本構造については経済開発について投資の導入がなされ、インフラ基盤整備であれ、経済特区であれ、着手がなされれば観光の基本構造の可能性は実現性を帯びてくる。UNDPが地域開発、たとえば、ERINA booklet vol.2、李燦雨著より引用すると、「豆満江地域の開発と合わせ観光分野の育成」を意図し2002年8月31日にワーキンググループを作りフンツンとハサン地区、羅津と先峰の3代表である市長が集まり、3地区を周遊する観光について話し合いを行い共同で観光協議会を設立したとのことである。

　その育成とは観光資源の選定と連帯観光計画開発、観光分野への投資プロモーション、連携観光市場開発、観光商品開発促進、旅行促進技術訓練などの目標があげられた。同ワーキンググループは1999年観光資源目録を整備し、各国に提示した。また、国際観光機関が豆満江地域観光育成のために2000～01の間に6分野(市場役割、調査研究、市場分析、分類方法、計画、対話)に関する教育訓練を行った。豆満江地域の開発対象は、①長白山自然観光、朝鮮民族村、防川地区(中国、北朝鮮、ロシアの接境地区)、②羅津、先峰、海水浴場、七宝山観光、カジノ娯楽、③沿海地方ハサン地区自然観光、ウラジオストック歴史観光④モンゴル東部地区、草原観光、が政策としてあげられている。

　こうした地域は必ずしも十分なインフラがなされているわけでもなく、北朝鮮、韓国、日本については政治的な問題が現今大きな障壁となっているが、経済開発とあわせてまず政治問題ときりはなして観光計画の重要性を認識し可能な範囲で着手すべきところからする姿勢が大切である。観光計画にはまず目標がたてられなければならない。その手段方法により現実に合わせることになるが目標は仮説であり、国際観光機関(WTO)はこの先見性を持ってこうした活動を尚、一層促進させる責務がある。豆満江開発とあわせて環日本海に面する地域開発には道路、交通とあわせてインフラ整備、それから生活インフラが形成されなければならず、特に生活インフラは開発に関与する人々が利用する宿泊施設に当初の段階で集中される。

　町の開発は地域住民の協力もさることながら特に外部資本の導入による場

合、外部の関係者が宿泊する施設は欠かせない。この段階で観光の初期探求段階を満たす観光客の生活要件の基礎手段は得られるのであるが、観光の成長段段階では宿泊施設やそれに従事するサービスそのものが観光資源となる。観光による更なる経済収入を意図するならば、観光のアトラクション(観光誘引となる観光資源)を地域特性に応じて発見、発掘ないし開発することになる。

こうした視点から北東アジア観光をみるならば、経済開発とあわせた観光促進条件を計画的に進めることの重要性をさらに認識しなければならない。付則的になるが、北東アジアの経済開発と観光開発、及び今後、極めて重要視される環境保護との政策の一体化がなされるならば、北東アジア観光の質を高めた観光地形成を促すことになろう。このことについては都市化とあわせて後に述べることにする。

4. 北東アジア観光の上部構造

観光促進は、観光の上部構造が下部構造に影響を与える側面も看過できない点である。観光情報や観光のサービス、ホスピタリティは観光の上部構造として位置づけられる。

北東アジアの特に国際的観光について言えば、成長の初期段階にあり、積極的な将来計画が望まれる。まず観光情報であるが、先に述べたごとく観光はよく知られた観光デスティネーションの確認行為であるという前提に立つことも必要である。北東アジア観光ルート形成とあわせて、国際的イベントや地域の観光資源を知らせるための工夫とアイデアがさらにもとめられる。観光のまなざしは、日常体験から区別されるような風景や町並みの様相へ向けられるものである。つまり非日常性である。風景や町並みの視覚的要素に対して通常日常的生活でみているより過敏になる。ジョン・アーリは『観光のまなざし』(イギリスの経済学者・社会学者1985年)について、「観光のまなざしは写真や絵葉書や映画や模型などを通して通常、視覚的に対象化され把握されていく。まなざしは記号をとおして構築される。そして観光は記号の集積

である」と社会心理学的に分析している。

　将来の北東アジアの観光促進を図ろうとするならば、こうした北東アジアに関するまなざしを先にあげた可処分所得の高い経済圏にどのように植えつけるかが問われるべきである。資本導入による経済特区や豆満江開発計画の論議は、観光の下部構造を形成させるうえでもちろん重要課題である。一方、例えば日本人にとって北東アジアへのまなざしはどのようなものであろうか。老齢の人たちの観光のまなざしは、旧満州国時代のことを想定したまなざしを持っているが故に懐旧の念にかられて北東アジアを旅したいと思うであろう。

　若い人にとっての北東アジアへの観光のまなざしとは、どのようなことが想定されるであろうか。

　多分、先にあげた日中国交30週記念の旅行パンフレットなどを見てようやく想像してみる観光のまなざしであろう。それ以前のまなざしは、過去の日本の侵略戦争とそれに伴う中国の反日教育キャンペーンによって、陰惨な過去とあわせてあまり行きたくないところであるとする観光のまなざしであるかもしれない。

　しかし中国の産業の発達した東南沿海州の人たちは、別のまなざしをもつであろう。北東アジアの辺鄙なところであるが経済発展を予期するまなざしであるかもしれないし、白頭山を想像して自然の豊かなところと想像するまなざしかもしれない。観光の上部構造とは、こうした「まなざし」をプラス方向に向けて一般的にそこへいけば楽しい観光ができるというまなざしが向けられたとき当該地域の観光は成長段階に入ったといえるであろう。一口に言えば、イメージキャンペーンである。

　北東アジアの一角を占める北朝鮮について言えば、韓国は融和政策として金剛山観光を促進させている。もちろん観光による経済的収益を北朝鮮にもたらす政策ではあるが、いわば北朝鮮に関する観光のまなざし、また観光客を通じた北朝鮮の韓国への良好なまなざし形成を意図したものであろう。北東アジアの観光をこうしたまなざしの観点からみれば、経済開発とあわせた相互のプラス指向となるイベントは効果的であろう。北東アジア観光の振興

はインフラ整備とともにソフト面を着実に実施していくことが成功につながる。

　そのためには経済開発とあわせて文化的交流がもとめられる。こうした視点にたてば、ひとつのやり方として渤海国遺跡復元とあわせたイベントを将来十分検討しておく必要がある。同時に現時点でも渤海国遺跡展示会など日本で開催されれば、北東アジアに向けた観光のまなざしを育成させることができる。特にわが国と平安時代に交渉があったのは交易による交渉が一方にあったが、使節親善交流にも重点が置かれており、展示会を開くことによる「まなざし」効果は大きなものがあろう。もっとも中国側にとっては重要文化財であるが故にそう簡単には実施できないと思われるが、働きかけてみれば可能かもしれない。

　容易なやり方で基本となるのは、観光の初期段階とはいえ北東アジア都市観光を促進させる観光の企画商品(主催旅行)の販売をさらに促進させることであろう。このためには国境観光(特にロシア、北朝鮮)など、ビザ取得の簡素化や旅行業者が手数料収入で経営しているために積極的になれない側面もあるが、北東アジアのアトラクション開発とあわせた行政当局と旅行業各社の協力があれば、観光の促進が世界的に成長している傾向のなかで前進が図られるであろう。

　サービスのあり方については観光の関連産業をも含めて訓練と教育が必要である。観光の発展段階に応じて、そのための観光地における啓蒙とあわせて観光業に従事するための実務教育学校の開設が北東アジア諸都市において充実されるべきであろう。

　ロシアを除いて北東アジア地域は儒教文化圏に所属する。従って相対的に言えば礼儀を心得た国民が多いといえる。こうした文化的共通性はサービスやホスピタリティを醸成させる重要な資源であり、観光の上部構造については笑顔、親切、もてなしについて観光の発展に応じてさらに発揮されるであろう。

5. 北東アジアの都市化と観光

　マクロな視点からみれば、北東アジアは経済開発を最優先にして市場経済の活性化を図ろうとしている。そのためのインフラ整備であり、道路や交通整備であったり、数多くの経済特区を設けて外資導入を図る手段としている。こうした状況の下でも観光計画の必要性については先に述べた。こうしたことから高収入と高い生活レベルを求めて都市化現象が起こり、国内人口が都市へと流れていく。これは日本が経済成長をしたときにもみられた現象である。

　物事には正負の両面がある。こうした現象のなかで負の部分をできる限り減少させることがもとめられる。経済の成長と都市人口の増加、それに伴う地方町村の過疎化も負の部分である。こうした中では観光といえば都市観光ないし都市近郊の観光が、インフラ整備とともに発展してくる傾向が強いことになる。観光の望ましいあり方はその地域が観光業だけで成り立つこともあるが、観光客受け入れ条件は永続的な市場を有していなければならない。こうした視点に立つならば、北東アジアの特に国内観光は都市観光ないし都市近郊の観光の観光資源開発が優先されざるを得ないであろう。中国の経済発展が目覚しく、余暇とそれに伴う余暇産業市場がやがて将来やってくるであろうが、それまでは雇用吸収の場としても機能する都市観光産業が先にも述べたごとく成長の初期段階を迎えている。北東アジアの観光は、この成長初期段階から発展段階に向けた方策が計画経済とともに課題となっていくであろう。

　都市化と経済開発優先ないし産業開発優先のなかで、環境問題が必然的に伴ってくる。一例をあげるなら、同じくELINA booklet vol.2の報告によれば、「豆満江の水質は国際基準に準じていない汚染河川となっている。主な原因は北朝鮮茂山鉄山の排気物、阿伍地化学工場の排水、中国延辺州の貝山頓パルプ工場、石硯製紙工場の排水、生活廃水によるものである」。また「大気汚染については延辺州の延吉などで工業、商業、生活の中心地で深刻である」。

　こうした懸念に対してUNDPが「Global Enviroment Facility＝地球環境ファ

シリィティー」として500万ドルの基金で「豆満江流域生物多様性及び国際水域保存のための戦略プログラム」を開始している。2001年〜02年にわたって、環境保護戦略の実践計画(統括：韓国環境省)、国境間環境汚染診断分析(主管：ロシア科学アカデミー極東支部)、水系汚染実態調査(主管：北朝鮮)、環境情報システム構築(主管：吉林省環境保護研究所)、環境認識構築(主管：モンゴル環境団体)などが置かれた。

　環境の負の部分が増大すれば、観光にも大きなダメージを与える。観光事業そのものも環境の負の部分を解消する方策がとられなければならない。観光の行き着くところは、都市の住民が非日常性の観光地に教養観光や安らぎ観光を求めることである。北東アジアにおいても観光地(観光資源 対象地域)、地域の社会、観光訪問客の相互の関係が調和の取れた循環型のシステムを特に意識して構築する時代がくるものと思われる。都市化とその負の部分、観光とその負の部分を減少させることが未来の望ましい観光のあり方につながる認識も今後要請されるであろう。

[引用・参考文献]
1. 山本正三・犬井正他(2001)『自然環境と文化』、大明堂。
2. スタンリー・カッツ(2004)「北東アジアにおける経済会議」レジメ1頁。
3. 李燦雨(2002)「ELINA booklet vol.2」、ELINA出版。
4. Urry, John (1990): The Tourist Gaze, Sage Publication (=『観光のまなざし』加太宏邦訳、法政大学出版局、1995)。
5. 橋重雄(1984)『日本文化の形成』、名著出版。
6. 磯崎敦仁(1999)「北朝鮮の観光政策」、『日本観光研究学会第14回大会論文集』。

11.「焦作現象」
：中国の新しい観光開発

今 防人

はじめに

　中国の近年における観光の発展は目覚しいものがある。もはや中国は、世界の観光大国といって差し支えない。このことはインバウンドのみならずアウトバウンドについても妥当しよう。欧米諸国は中国人観光客の来訪を促す様々な方策を講じている。また経費の安い東南アジアとりわけタイへのパックツアーは中国からチャーター便が出るなど人気を集めている。日本も小泉内閣の観光立国論に則して中国人観光客の増大に努めているが、「行方不明」になるのを恐れて添乗員のいわば監視下に置くなどの制約も多く、思い切った促進策に踏み切れないでいる。

　中国の国内観光もここ数年空前の盛況を見せている。さて現在、国内観光で最も注目されているのが観光地は河南省焦作市であろう。公にも「焦作現象」という新語さえ生まれている。一口に言うならば焦作現象はごく短期間に旧い産業都市から観光都市への脱皮という一つのモデルケースを実現したといえるであろう。これは中国共産党や各レベルの行政主導という中国の体制下で初めて実現したと言えよう。

　しかし、ある要人が指摘したように指導があっても現地の行政が本気で乗り出す、あるいは実現にまで漕ぎつく地域が、残念ながら少数例に止まるという言葉からするとやはり注目に値すると思われる。中国の観光はもちろん中国自体が急激に変化しつつある現在、焦作市の将来も安易な結論を下すことは出来まい。中国の観光全般に言えることと思われるが、単純な観光資源

の活用、例えば、sightseeingから各種イベントや人的交流などのソフト面の開発がどのように進展するかに注目しなければなるまい。核心はリピーターをどのように確保するかが問題であろう。

本稿では以上の点を念頭に置きながら焦作市の観光開発の概要と今後の課題を指摘したい。

1. 焦作市とは

焦作市といっても普通の日本人は聞いたこともないというだろう。中国人も数年前だったら同じ答えをするだろう。しかし、現在は異なる。今や同市は押しも押されぬ観光都市なのである。

河南省西北部に位置する焦作市は4県、2市、4区と1特別開発区から構成される。面積は4071平方キロ、総人口は330万人でこのうち都市人口80万人である。かつて焦作市は炭鉱の町として知られた。同市のイメージはまず煤煙であり煤けた灰色か黒色であった。改革開放後、同市は産業の中心を炭鉱から脱却しようと模索し、2000年から観光へと転換する大胆な経済構造の変革を試み、目覚しい発展を成し遂げた。現在ではこの変革は「焦作現象」として中国全土で知れ渡るようになった。

2. 焦作現象とは

2001年以降、焦作市は10月1日からの5日間のゴールデンウィークにおいて河南省の他の古い有数の観光地、洛陽、開封、鄭州などを凌駕し最大の観光客を集めている。2002年焦作市はsars禍という中国観光を襲った災厄にもかかわらず内外の観光客569万6800人を受け入れた。また入場券収入では1億1260元、観光総収入で31億4000元を実現した。これは市総生産の9.4％を占めている。観光客は省内からだけではない。同年には北京、天津、広州、済南、太源、青島、徐州などの河南省以外の市から次々と、21便の専用列車とチャーター機が乗り入れ、専用列車、焦作ブームを巻き起こした。

2004年に入っても焦作ブームは続き、既に前半において全国各地から20便以上の専用列車を迎え入れている。2004年後半期になってもブームは止まず来客を受け入れるホテルが足りず市当局の課長以上の役職者が自宅を開放する事態にまでなっている。

焦作現象が焦作市に、環境改善、社会雇用の促進、対外開放など様々な効果をもたらした。中でも経済効果は上記のように著しいものがある。観光開発が本格化して以来、焦作市の市総生産は年平均11.85％の成長を遂げ、年間の市民一人あたり10.7％の成長、地方財政収入も年間市民一人あたり21.5％の成長となっている。地方税収促進の方面において、2002年の例によると、全市地方税収累計は7.85億元となっており、前年度比11.95％の成長となっている。その中でも成長の大部分は第三次産業の成長によるものである。

河南省の地方税関連部門は、担当者の会議を焦作市で開いて成果の共有に努めたくらいである。インフラ整備も著しく、その成果も大きい。道路運輸促進では、まず焦鄭高速道路が例にあげられる。この高速道路が建設された当初、通行料の収入は1日数万元にしか過ぎなかったが、観光業の発展以来、旅行客の蝟集により、高速道路の料金収入は1日60万元以上に上っている。

焦作現象がもたらす効果と利益は周辺地域にも及んでいる。同じ河南省内にあり焦作市から約50キロの地点にある済源市も焦作現象の恩恵を受けている。さらに周辺効果は省外にも及んでいる。焦作市から60キロ離れた山西省の皇城相府も恩恵を被っている。同地域は焦作市を中心とするツアーのコースに入り、ホテルの稼働率も上昇し、観光収入も倍増している。

このように焦作現象は周辺都市の観光市場に大きなメリットを与えている。毎年3月下旬に始まる焦作観光シーズンは、焦作市の大小のホテルは超満員となり、焦作観光の少なからぬ旅行客が、鄭州、新郷、済源、山西晋城などの周辺都市に宿泊することを余儀なくされている。さらに、観光関連産業にも大きなメリットを与えている。外食宿泊業、ビジネス・サービス産業などの第三次産業の繁栄をもたらしている。

2003年末には、焦作市全市の経済の30％を第三次産業が占め、小売り総額は100億元を突破し、10.2％の成長を遂げた。ホテルの平均稼働率が1999年

には50％に満たなかったが、2001年には95％へと飛躍した。焦作現象のもたらす効果は、観光業に止まらない。省外の企業や資本を引き寄せている。例えば、豪牛グループ、上海駿利グループ、カナダ愛徳グループなど、内外の有名な大企業、グループが相次いで焦作市に投資し工場を建設している。

3. 観光地化の担い手

焦作市の観光開発に力があったのはまず各レベルの共産党幹部である。国家レベルでは国家旅遊局、河南省旅遊局そして焦作市自身である。焦作市では市長、旅遊局長などが自ら汗を流して開発の先頭に立った。2000年からスタートした観光開発は各方面での開発を含み市自体が生まれ変わったと言っても過言ではない。中国観光関係の要人は「焦作現象」が市場経済ではなく各レベルの党そして行政機関が主導したことを強調していた。もっとも市場経済的な要素が皆無だったわけではない。旅行社が連れてくる観光客の人数に応じて報奨金を出しているなど経済的刺激策も取られている。復旦大学観光学部教授夏林根氏はこれからの観光開発は政府主導よりも市場型であって欲しいと強調していた。しかし、現段階では党や行政の指導が欠かせないのも事実であろう。

4. 焦作市の観光資源

　焦作市の最大の観光資源は自然景観である。
　焦作市は太行山脈の南の麓そして黄河の北岸に位置する。中原を北から南に蛇行する太行山脈は焦作市で突然、歩みをやめる。その結果、一連の大きな峰々と断崖が生み出された。さらに静寂さを保つ無数の深い峡谷が育ったのである。東南アジアに見られる、ほぼ平行する二断層間の地盤が陥落して生じた細長い谷であるユニークな地溝と同様に太行山脈の南面は地質学の貴重な宝庫であり清澄な河川や緑なす山々は繰り返し何度でも見たくなる観光資源である。

お互いに引き立てあう河川と山々からなる峡谷に沿って100以上の谷、五大峡谷地帯の景観美—雲台山、神農山、青天河、青龍峡、峰林峡である。雲台山は三つの山峡に連なる湖を擁している。その主峰、茱萸峰は山々と山峡を従えて雲中に高くそびえて、まるで開花している蓮の花のようである。泉瀑山峡は岩肌に切り込み叩きつける無数の小滝や湧水で有名である。雲台山には落差314メートル以上の滝・雲台天瀑を擁している。
　焦作市の自然観光資源は春夏秋冬を通じて春は花々、夏は川と山、秋は紅葉、冬は氷と雪を楽しむオールシーズン型の観光地と言って差し支えあるまい。
　焦作市の自然観光資源は空前絶後と言われるほどの絶品というわけではない。しかし、この素晴らしい自然資源のブランド化に成功したことは間違いない。ブランド化は世界地質公園に認定されることにより達成された。
　ユネスコ（国連教育科学文化機関）は1996年に「世界地質公園」を設立する計画書を提出した。この計画によれば毎年20箇所の公園を設置して、全世界で合計500箇所を設立する予定となっている。各国は、自国における国家級の地質公園を選出して、この中から世界地質公園として推薦することになる。中国はユネスコのこの計画に賛同して2001年3月16日国土資源部が、中国初の国家地質公園すなわち地質学上非常に貴重な自然形態を留めている土地として11公園を指定した。雲南省石林、湖南省張家界、河南省嵩山、江西省廬山、雲南省澄江動物化石群、黒龍江省五大蓮池、四川省自貢恐竜、福建省漳州濱海火山、陝西省翠華山崩、四川省龍門山、江西省龍虎山の11箇所である。翌年には河南省雲台山も指定された。2003年10月中国は安徽省黄山、江西省廬山、河南省雲台山、雲南省石林、広東省丹霞山、湖南省張家界、黒龍江省五大蓮池、河南省嵩山の8公園を世界地質公園としての登録申請を行った。
　2004年2月13日、パリのユネスコ本部で開かれた「世界地質公園選抜大会」でこれらの8公園は全て世界地質公園として選ばれた。これにより焦作市は「観光ブランド品」として世界に認定されたことになった。中国ではお墨付きが大事である。
　焦作市は河南省にあり同省は言うまでもなく中原である。過去の歴史上に

名を馳せた著名な人々の遺跡に恵まれている。例えば、唐の詩人韓愈もそうである。これらの人文資源も焦作市が観光客を惹きつける要素となっている。この自然美は歴史的に多くの著名人を惹きつけてきた。古代の「竹林の七賢人」はこの地で交友を深めたり逍遥したり美酒を愛で、高揚した精神で吟唱し剣の修行に励んだ。三国志の曹操は茱萸峰の険しさに喘いだ漢詩「苦寒行」を詠んでいる。まさにこの地は中原なのである。青天河大仏も有名である。なお焦作市温県で2年に1回、8月22日から26日まで開催される「中国焦作国際太極拳アニュアルミーティング」は太極拳の実演と試合、太極拳シンポジウムなどを行い多くの観光客を集めている。明代の張丰方が創始した太極拳とは異なり、この太極拳は同じく明代に河南省温県陳家溝に始まり最初から速い動作を特徴としている。

5. インフラ整備

　上述のように、高速道路はもちろん景勝地の整備にも国家、省の協力を得て大規模な投資がなされた。まずインフラ整備は10箇所の景勝地を重点として開発された。2002年以後、景勝地の基盤建設に3100万元を投資している。景勝地内の道路と携帯電波が届かない場所には資金を入れ、GB—10001国家標準で携帯電話が使用可能とする設備を建設した。各種の宿泊設備、レストラン、ショッピングモールなど観光に不可欠な施設が充実されたのは言うまでもない。焦作現象で注目すべきは、良好な環境の保全に充分注意を払ったことである。例えば、ゴミは全て分別ゴミとして収集するとともに108箇所の公衆トイレを一新して全てに服務員を配置した。これによりホテル並みの公衆トイレが誕生した。極めて評判が悪かった中国の公衆トイレのイメージを一掃したといってよい[1]。また観光バスや乗用車が多数乗り入れてくる事態を考慮して排気ガスを大量に出す車が入るのを禁止した。

6. ソフト面での整備―ホスピタリティ

　焦作現象を生み出した条件はインフラ整備に止まらない。中国での接客サービスについては従来あまり良い評判が聞かれなかった。焦作市では接客ホスピタリティに多大の努力を払った。焦作市で旅行客を感動させる要素は二つあると言われている。一つは焦作市の観光資源、自然観光資源である景勝地、景観である。二つには人的資源である観光及び観光関連産業に従事する人々が提供する独創的かつ魅力溢れるサービスであると言われている。

　焦作市の観光業界にあまねく知られている二つのモットーがある。"もし、あなたが焦作で賓館のお客様となられれば、私どもはその賓館の従業員となり神様をお迎えするかのごとき待遇をさせていだきます。もし、あなたが焦作で家族となられれば、私どもはお手伝いとなって、ご主人として仕えさせて頂きます。"焦作市ではこのモットーが熟知されると同時に実践されている。ここ数年来、同市では、終始"具体的に掘り下げることを求め、小さな所を手がかりとし突破口をとらえ、質を求めつつ量を保ち、質と量を並行して進める"とのスローガンを立てている。"観光サービスの規範化の実現、ヒューマニティサービスの強調、観光サービスの個性化の追求"を目標としている。"人を以って根本と為す"との理念を堅持し"焦作観光に来たお客様には一人でも不満を抱かせない"という目標を真摯に実践している。

　観光サービスのほんの僅かな仕事も着実にこなし、焦作市を訪れた全てのお客様に故郷に帰ってきた主人のように敬意を払い奉仕し実際に感じていただくことが追求されている。力をこめて誠実なサービスを行うことから、思い切ってまがい物と不正を正し、観光市場の秩序を樹立することが重視されている。観光における"緑色の街道"の建設を早めることから、食事、宿泊、旅行、レジャー、買い物といった観光を楽しんでもらうための機能と施設を完備することが急務とされている。

　従業員教育にも力を注いでいる。年間を通じて観光サービスの訓練と業務技能コンテストが行われ、審査、試験を受けて合格して業務を続けられる。観光バス、観光指定店も毎年、数回試験を実施し結果は公表される。2回続

けて不合格となったものの最下位は馘首され、ライセンスは剥奪されるという厳しい制度である。

全市内の各レベルのホテルには観光宣伝資料棚と「旅遊サービス意見募集簿」を設置するなどお客様の声が直接反映される工夫がなされている。

配慮と独自の抜きん出ている点で、これまで中国の観光地でヒューマニズム化された観光サービスが、これほど明確に示されたことはなかったといえる。

一言で言うならば"焦作市は風景が美しく、人は親切である"。内外の無数の旅行客は焦作市の山水を遊覧して大きな感銘をうけ、さらに彼らは焦作市の観光サービスに心を打たれると賞賛されている。

7. 強力な宣伝活動

焦作市の第8期7回観光委員会おいて"一山一拳"とするための会議が開かれ、焦作市の観光業をさらに大きく、強く、精緻なものとするための心得が指示された。厳格に"精を尽くした景観区づくり、ブランド的サービスづくり、大規模宣伝の促進"などが改めて確認された。ここでも強調されている宣伝はかつて例を見ないほど大規模のものである。例えば、同じ河南省の観光地の10倍は宣伝費をかけていると言われている。しかし、中国国家旅遊局の人々の話では宣伝費はかけただけの効果がある。数年前から中国ではテレビなどを通じた宣伝があらゆる商品を対象としてきている。sightseeingを中心とする観光の宣伝が視覚に訴えるだけに、この種の宣伝がますます盛んになることは言うまでもなかろう。

終わりに

焦作現象は現在進行中である。この現象が中国の各地で生じてくるものか、あるいは特殊な現象なのかは簡単に結論を出しにくい。しかし、現在の中国では国家レベル・省レベル・市レベルの三者が緊密な連係プレーを取っ

て初めてこうした現象が可能となることは言うまでもない。観光が比較的少ない投資により収入を得られるといってもインフラ整備―道路・通信設備・景勝地・アメニティ等、さらには宿泊施設、飲食店、土産物屋や各種の建造物をとっても普通の市にとっては膨大な投資を要する事業である。

今回参加した「焦作現象国際研究会」で聞かれたのが「投資・宣伝・地元のやる気が決定的要素である」という声である。2004年に入り焦作現象は止まるところを知らないようである。しかし、外国からの観光客がどの程度まで伸びるのかが一つの今後を占う数字であろう。これまでシンガポールからのチャーター便でお客さんが来ているが本格的な外客の誘致はこれからである。さらに前述のようにリピーターがどこまで育つのかが注目される。中国の観光地の中には一時的なブームの後にあえなく衰退していった観光地も既に見られるからである。東京ディズニーランドのように絶えず新しい、少なくとも「新しく見える」工夫が不断に要求されるのが観光の世界だからである。

【注】
　北京の公衆トイレは北京市観光局長が豪語するだけあり確かにきれいになった。ホテル並かは分からないが格段に向上したのは間違いない。しかし、電力不足からか薄暗いのが気になった。また、故宮の外壁にあるトイレには、入り口にキヨスクのような売店があったのが興味深かった。

[引用・参考文献]
　2004年9月12日中国・北京人民大会堂「河南庁」で開催された「焦作現象国際研究会」で配布された以下の資料を中心としている。なお当日の関係者の発表が大変参考になったことを記しておきたい。
1.「十大精品景区点扮亮焦作旅遊」
2. 毛超峰・焦作市市長「在"焦作現象"国際研究会上的致辞」
3.「"焦作現象"国際研究会在京隆重挙行」
4.「服務工作台階　焦作旅遊真享受」

12. ホテル不動産価格の決定要因

石崎 文吾

はじめに

　ホテル物件の購入をご検討の場合、あるいは好奇心としてホテルのハードの価値設定にご興味のある方に何かのご参考にと考え、以下を記すこととする。

　バブル経済崩壊後の日本経済の惨状は、改めて言及するまでもない。特に、金融業界の頽廃は、目を覆うばかり！　政府系の長期信用銀行や中小の銀行が倒産して、外資系のファンドに二束三文で買われ再生のプロセスを経て再上場され、濡れ手に粟の利益をファンド側にもたらした。理不尽なことと腹が立つのは筆者だけか。

　感情論は別として、バブル期の日本の銀行と西欧のそれを比較すると財務内容においても先端金融技術やノウハウにおいても日本の金融機関は大きく水を開けられていたのは論議の余地すらない。実は、現在もその格差は縮まっていないという説もある。

　設備投資が先行する観光業界にあっては金融業界の浮き沈みの影響を強く受けるのは当然のこと。金融機関の貸し渋りにデフレが追い打ちを受けたツーリズム業界は1990年代初頭から深刻な不況に見舞われた。ホテル部門は不動産の世界とツーリズム業界の狭間にある事もあって事態は深刻だ。

　因みに熱海、有馬、別府のような伝統的温泉リゾート地の温泉旅館や温泉ホテルは週刊誌的に言うと「壊滅的な状況」にあるといっても過言ではない。

また、所謂「３セク」が開発したホテルや療養所は、ヒドイを通り越して漫画的状況としか言いようがない……。旧郵政省関係の３セクが日本各地に開発したグリーンピアはこれ以上赤字の垂れ流しをカバー出来なくなり、損斬り売却を余儀なくされ、総開発コストの、何と、百分の一程度の価格で「叩き売り」されているのが実情だ。

　グリーンピアに負けない愚行の例としては、関西空港の対岸にある《ANAゲートタワーホテル》の失態が記憶に新しい。報道によると、土地建物に650億円を費やした56階建ての高層ホテルはオープンして8年目（2005年4月）にして会社更生法を申請し、事実上倒産した。地裁と更生管財人の決断で、何と40億円弱で米国系のケネディックスなるファンドに売却した事がマスコミによって伝えられた。650億円のホテルが何故40億円なのか！？

　理由は単純明快……。650億円かけて開発したホテルも市場経済的に「正当に」評価すると40億円の価値しかないから。

　そこでホテル、リゾート、ゴルフコース等売り物が出る経済環境にあって、これら物件の評価の側面から売買価格の決定プロセスを検証する。

1. 従来の鑑定評価方法

　本邦において、ホテルを含む不動産物件の売買価格を決める場合、伝統的に周辺の土地建物の過去の売買価格を参考に、取引事例比較法をもっぱら適用して来た。場合によっては、公示時価や路線価を参考に物件の価格を決定することもあった。その他、投じられた資金を積算し価格を算出する原価法（"ブックバリュー"）も用いられた。

　しかし、バブル経済の崩壊と金融機関の融資基準の変化に伴い、取引事例比較法は市場性を反映するものではなく実情に沿わなったし、また原価法も殆どの場合無意味だということに売り手も買い手も気がついたようだ。

　もし、前述のANAゲートタワーホテルに原価法が適用されたならば、建物価値に対して8年間の償却をマイナスしても売買価格は優に500億円位にな

るし、取引事例比較法を用いた場合は300億円前後となったと思われる。しかし、これらの数字が如何にナンセンスかは、実際の売買価格40億円に照らし合わせ考えると明白であろう。

2. なぜ評価方法が変わりつつあるのか

　不動産の鑑定評価のメソッドが近年、急激に変わりつつある。その第一の理由は、金融機関にある。二番目にあげられるのが、現象的なもの。「土地本位制」時代には不動産を特別視したものだ。土地の価値は上がる事はあっても下がる事はない。何故なら埋め立てはともかく、土地をこれ以上増やせないことが右肩あがりの根拠とされたものだ。

　しかし、現実に不動産価値は暴落した。土地は金を生む商品であると捉える価値観の変化だろう。具体的には、不動産の証券化という流れだ。

　不動産価値が大幅に見直された結果、その融資を金融機関が安易に出来なくなった事の背景には、バブル崩壊後の日本の金融界において『土地本位制』が崩壊した事があることは言うまでもない。不動産を担保に取っておけば銀行側は融資をいとも簡単に承認した時代が、戦後間もなくから50年近く続いた訳だ。

　しかし、安易な融資が災いして、これらの金融機関は膨大な不良債権の重圧に押しつぶされそうになった。なぜ、《元利返済能力》を第一義的に審査した上で融資を行わなかったのか。不動産関連の不良債権のA級戦犯は銀行内部にあることは明白だが、銀行の依頼を受け物件を評価した不動産鑑定士も準A級戦犯だ。

　今更いうまでもないが、不動産融資は取引事例比較法による価値決定から収益還元法に変わった。その背景には、日本の銀行の融資が《コーポレート・オーバードラフト》方式から徐々に《プロジェクト・ファイナンス》方式に変わりつつあるという事実がある。

　まだ日本では不動産に関する《ノン・リコース・ファイナンス》が完全に定着するに至っていない。しかし、融資をする金融機関側は、土地建物の価値

を云々する前に、借主の元利返済能力を先ず審査するようになった。過去の『坪ン百万円の土地を担保におさえ、その何掛けの融資をする』時代は永遠に戻らないと考えてよい。その物件の収益額が元利返済の金額を上回っている事こそが大切なのだ。

　西欧諸国はもとより、最近のわが国においても、不動産投資家と金融機関の考え方の傾向として『私は、還元利回りが X．X％ならこの物件を買う』、それに対して銀行は『還元利回りが最低 X．X％あれば、元利の返済に無理がないから融資を考慮する』という風に変わって来た。要するに、価格で価値を表現する事よりも実質（ネット）利回りをベースに売買が行われる場合が多くなった。

　次に、不動産の鑑定に変化を及ぼした第二の理由にあげた不動産の証券化について概略を述べる。

　預金の利息が実質的にゼロの今日、不動産を証券化した投資商品として不動産投資信託（俗に『リート』REIT - Real Estate Investment Trust）や不動産担保ローンやモーゲージ証書を対象とした投資信託などが人気を集めている。

　リートの場合、SPC（特別目的会社）を設立し、不動産を資産とする。要するに、SPCは優良不動産物件を買い込みその不動産を運営する訳だ。SPCは証券を発行し、その不動産が生み出すキャシュフローを配当にあてる仕組みになっている。当然の事ながら、リートが仕込む不動産はその収益性が最優先される。幾ら一等地の物件だから……とか、希少価値のある物件といっても、収益性がなければリートの証券を買った投資家に配当をする事が出来ない。そこで、リート側が不動産を購入する際の物差しは徹底して収益から割り出した価格に基づくものだ。

　要は、不動産は他の多くの設備や機器や商品と同様、土地建物が生み出すであろう収益が全てなのだ。土地神話は今や完全に崩壊した。

3. 概算的にホテル価格を見積もる

　前置きが長くなったが、ホテルを不動産物件として見ることとする。その場合、幾らの価値があるのか、その評価方法はいろいろあるだろうが、最も手軽に使われて来た手法を紹介する。但し、実際の商談はケースバイケースであることはいうまでもない。

(1) 1/1000法

　非常にラフな方法であり、実際にビジネス取引に使われることはないが、物差しとして便利なので知っておいても損はない。

　ホテル業界では『客室価格の1/1000が一泊の経済的宿泊料』といわれている。現実には、市場環境、立地、環境、のれんなど諸々の条件によって宿泊料金は千差万別だ。しかし、《即座に》参考価格というか、ザクっと価格を求める必要があったとしよう。例えば、『言い値』が20億円、客室100のホテルがあったとしよう。客室当たり20,000,000円となるが、言い値は妥当か。そこで2,000万円の1/1000、即ち20,000円が素泊まり料金の目安となるが、このホテルの実勢室料が精々1万円なら、価格設定は高過ぎでその妥当性を検討する必要あり、となる。

　また、この方程式を逆に適用して、宿泊20,000円の客室が100あるホテルの適正売買価格を荒っぽく求めると、20,000円×1,000×100室、即ち20億円とする事が出来る。繰り返しお断りするが、これは大変ラフな指数で、現実的には、飲食や宴会収益は勿論、別途収入もさることながら『のれん』等無形資産の計算の必要があるので、実際の売買に使われる事はない。

(2) EBDITマルチプライヤー

　EBDITとはEarnings Before Depreciation, Interest & Taxの略で、通常『エブディット』と発音する。要するに《償却・利払い・税前の利益》のこと。マルチプライヤーは"Multiplier"即ち《乗数》である。考え方は、売買価格と税前

利益を基準に掛け算で不動産価格を測定する方法だ。純収益乗数分析法ともいう。

　NOI(『エヌ・オー・アイ』=Net Operating Income)、純収益という単語の方がより一般的だが、エブディットは《償却前、利払い前、税前》と用語を定義するので分かりやすいから好んで使う人もいるだけの事。

　話しを元に戻し、ホテル物件の売買価格を大まかに掴みたい……。そこで、『エブディット・マルチプライヤー』を応用してみよう。EBDIT即ち純収益が3.6億円のホテルがあったとする。この物件の適正乗数は14と判断した投資家は(3.6億×14)50.4億円が適正買取価格となる。

　当然、この乗数を14に決める根拠が知りたくなる……。それは、投資家がそれぞれの事情によって決める事なので『方程式』がある訳はない。しかし、株式市場でIPO等の価格を暫定的に計算するのに、従来『類似業種批准価格方式』が適用されていた。また、市場原理が働き同業企業のP/Eレーシオが自然に横並びになる現象を体験的に知っている。それ等と同様に、ホテル業の諸条件をマトリックスにすると、《標準値的乗数》を算出することはそう難しい事ではない(但し、詳細についてここでは割愛する)。

4. ホテル鑑定評価の考え方

　さて、価格を大雑把に掌握する『テクニック』を説明したが、より的確にホテル物件の売買価格の算出方程式を正確に述べるのは紙面と時間的要素に鑑み困難である。故に、要約のみとする。

　不動産鑑定評価は、どの様な方式を採用しても少なくとも二つのアプローチというか、考え方が存在する。

(1) 理論評価鑑定価格(Financial, Economic or Theoritical Valuation)

　売主、買主双方が同意する条件を整理して、理路整然と計算を積み重ねた結果得られる数値が理論価格である。当然、論理の組み立てが違うと価格も大きく違って来るのはこの方式の宿命といえる。英語圏では、この方式をファ

イナンシャル・バリュエーションと呼んでいるが、上記のように他にも同意語が使われている。

(2) 実勢評価鑑定価格(Market Valuation)

論理的な価格の他に外部要因がプラスマイナスされて到達する価格を指す。100億円の理論的価値があるにも関わらず、現実には、90億円でしか評価が出ない理由は、事例を並べるまでもなく、幾らでも思い浮かぶ。

例えば、ホテルの売買交渉が成立したとする。このホテルの理論価格は100億円と認定されたが、10％が既に区分所有で長期利用者に別途売却されていたとする。この場合、理論的には売買対象は100億円の90％だから総額90億円の筈だが、マーケット的には90億円を遙に下回る価格でしか評価されない。

逆に、理論価格は100億円だが、この物件の『のれん』や希少の立地条件その他のプラスαを考慮して、例えば120億円に評価される事もある。

このように、理論的な評価と実勢的な評価が常に一つの物件に同居している事を承知しておきたい。しかし、簡素化のため、ファイナンシャルとマーケット・バリュエーションの違いはないものとして話しを進めたい。

5. 収益還元法

先ず、認識しておきたいのは日本で急激に広まっている収益還元法(比率法)は往々にして《欠陥収益還元法》だという事。日本のお手本となった欧米の収益還元法、即ちDiscount Cash Flow("DCF")をベースにしたものとは根本的に《時間軸》に関する発想に違いがあるからだ。

日本の収益還元法の思想をあるホテル物件に当てはめると、次の様な計算になる。純収益を分母に取得価格を分子に割り算をする。例えば、売買価格が『込み』で50億円のホテルの年間純収益が3.6億円とした場合、このホテルを買った投資家の還元利回りは7.2％となる。しかし、この考え方には重大な欠陥があることに気が付く。

日本で最近採用されている収益還元法は、実は比率法であり、不動産物件の価値が未来永劫一定であることをベースにしている。理論的に無理があると言わざるを得ない。10年後の不動産の価格が現在と同じであるとするのは非現実的なので、欧米のネット・プレゼント・バリュー("NPV")という《時間軸》を前提とした収益還元法を見よう。

事例として、次のようなホテルの売り物があるとする。

- 売買価格5,000,000,000円（確定額と見なす）
- 平均年間純収益200,000,000円（過去の実績に基づき推定する作業は割愛）
- 10年後売却価格6,000,000,000円（見込みとして計算する）

この場合、比率法的な収益還元法を適用すると利回りは4.0％となる。

- 200,000,000 ÷ 5,000,000,000＝0.04＝4％

しかし、前述の通り売却益（又は損）が折り込まれていない。本来の収益還元法（DCF）や投資収益率（IRR）の考え方で10年後売却時の価格は当然取得価格と同額とは考えない。そこで、この事例は、控えめに10年間で市価が20％アップに設定して計算する。

10年間を通しての投資収益率（IRR）は、5.5％となる。何故5.5％になるか、計算の根拠を示すと大変複雑な試行錯誤の繰り返しなので、コンピュータで求める事にする。

市販のソフトを使うと難なくIRRを掌握することが出来る。だが、ヒューレット・パッカード社の安価な『電卓』HP-12Cだとさらに簡単に答えを求められるのでこの方法で検証する。因みに、HP-12Cで想定条件をインプットをステップ・バイ・ステップで10年間の投資収益率、即ちIRRを求めると以下のようになる。

12. ホテル不動産価格の決定要因　183

HP-12Cインプット	ディスプレイ	注釈
[f] [CLx]	0.00	f CLx = Clear
5,000,000,000 [CHS] [PV]	-5,000,000,000.	CHS = Change +/- signs 購入価格
200,000,000 [PMT]	200,000,000.0	PV = Present Value 現価
6,000,000,000 [FV]	6,000,000,000.	FV = Future Value 将来価値
10 [n]	10.00	n = Period 投資期間(年)
[i]	5.55	i = Interest or Discount Rate

$$\therefore \text{IRR} = 5.55\%$$

次に、10年の IRR(投資収益率)が 5.55％ と出たが、この利率を『検算』する。

[f] [CLx]	0.00	クリアー
200,000,000 [PMT]	200,000,000.0	PMT = Payment この場合は純収益
6,000,000,000 [FV]	6,000,000,000.	FV = 売却時の価格
5.55 [i]	5.55	i = Interest 割引率
10 [n]	10.00	n = Period 投資期間(10年)
[PV]	4,999,895,705.	PV = Present Value 割り戻し現価 = 4,999,895,705 ≒ 50億

電算機を使わずに『検算』することも出来る。但し、市販の《複利原価率》の数値表に5.55％はないこともある。そこで、実質的にほとんど変わらない5.5％の数値を使う。

	収益金 *	5.5％の複利現価率**	現在価値
1年(購入)	¥200,000,000	0.947867	¥189,573,400
2年	200,000,000	0.898452	179,690,400
3年	200,000,000	0.851614	170,322,800
4年	200,000,000	0.807217	161,443,400
5年	200,000,000	0.765134	153,026,800
6年	200,000,000	0.725246	145,049,200
7年	200,000,000	0.687437	137,487,400
8年	200,000,000	0.651599	130,319,800
9年	200,000,000	0.617629	123,525,800
10年	200,000,000	0.585431	117,086,200
10年(売却)	6,000,000,000	0.585431	3,512,586,000
			¥5,020,111,200 ≒ 50億円

* 現実的には収益金は変動するが、ここでは一定とした
** 数値表『複利原価率』より抜粋

還元法の本来の思想は、不動産物件から将来得られるであろう収益金と、見込み売却金の《現在価値》を求めたものである。上記の通り、50億円の不動産の年間平均純収益が2億円で、売却見込みの金額を60億円に仮定すると、収益還元法的にいうと4％ではなく5.55％の利回りになる事がご理解頂けたと思う。

　但し、実際の不動産ビジネスでIRR（投資還元率）を求める場合の計算は上記の表とは逆の順序になる。何度もいうが、昨今は小型の電卓で容易にIRRの数値を求める事が出来る。真の投資効率を一定の年月にわたって知る方法はIRRが卓越しているので、ビジネスマンは積極的にIRRを視野に入れた評価を行ってもらいたい。

　しかし、賢明な読者はIRRの優れた面と同時に弱点も見出したことと思う。投資家は、収益不動産物件がもたらす純収益は、過去のデーターを基にかなり信頼度の高い金額を推定出来る。しかし、何年か後の売却価格は外部要因に影響されるので高精度の数字を予測するのは困難である。また、年度毎の純収益は一定の割引率（この事例では5.55％）が適用されるが、将来日本の金融政策が大幅に変更され、市場の金利が非常に高いものになった場合、はたしてこの割引率で求めたIRRが現実的かどうかは疑問だ。

　更に厄介なのは、年間の純収益が常にプラスの数字である事を想定した計算になっている。しかし、現実的に収益はマイナスになる事だってある。例えば、ホテルの場合保険でカバー出来ない事故があり、大きな出費を余儀なくされた年はマイナス収益となる。その場合、IRRは二通りの答えが出る。数学的に二つの答えは間違いではないが、投資家にとっては無意味な錯乱でしかない。

　その意味において、IRRは試行錯誤の繰返しだが、公式を参考までに記す。

12. ホテル不動産価格の決定要因　185

$$\sum_{t-1}^{n} \frac{会計年度の純収益}{(1+i)^t} = 適正売買金額$$

i ＝ IRR（投資還元率）
t ＝ 個々の会計年度
n ＝ 購入から売却時までの期間

＊現実的には収益金は変動するが、ここでは一定とした。
＊＊数値表『複利原価率』より抜粋

6. ホテルマネージメント契約 "HMA" の概要

　『ハイアット』『ウェスティン』『フォーシーズンズ』など米国系ホテル委託運営管理会社が豊富なノウハウと完成度の高い管理技術にものをいわせ、短期間のうちに委託された東京のホテルを『新御三家』に押し上げた。今まで東京ホテル界の御三家といわれた『帝国』『オークラ』『ニューオータニ』の牙城を揺るがしたのは周知の通り。

　しかし、ホテル物件の売買に当たり、例え優秀な成績を誇る委託運営理会社でも『冠』がついているのはマイナス面が多い。例えば、外資系買主にとって『冠』ホテルのプラス要素の一つに財務内容が国際スタンダード的に掌握出来る事があげられる。その反面、新規投資家は、過去に締結されたホテル運営委託契約を承継する事を決して歓迎しない。それなら買主は従来の契約を破棄すればよいではないか、と考えるが契約解消に伴うペナルティがベラボウに高額な場合が往々にして見られる。運営管理会社の『冠』が商談を邪魔する事も十分ある事を認識しておきたい。

　このように、ホテルの委託運営管理契約は諸刃の剣だが、この契約の内容を一覧してみよう。

　歴史的には、ホテル委託管理会社（hotel management company）はコンラッド・ヒルトン氏が創設した事になっている。実際にはヒルトン以前にも類似の企業はあったが、Hil-ton Hotelsが近代的ホテルマネージメント会社の基礎を築いたといえよう。マネージメントという『ソフト』を売る企業の出現で、ホテル経営の知識がなくても、ホテル不動産物件という『ハード』を購入する資金さえあれば、一流ホテルのオーナーになる事が可能になった訳だ。家主（オー

ナー)とマネージメント会社の間は、試行錯誤の時代を経て何となく『業界スタンダード』的なパターンが出来上がっている。その概要をまとめた(いうまでもなく、個々の取り決めはこの限りでない)。

(1) 契約の標準形態	マネージメント契約 (Management Agreement)	ヒルトンがその典型。管理会社がトップ以下幹部数人を派遣して委託契約に基づきホテルの運営管理の一切を任される。
	フランチャイズ契約 (Franchise Agreement)	ホリデイ・イン等に見られる形態で、ホテル会社が『のれん』とホテル管理運営のノウハウをオーナーに貸与するが、原則として人材の派遣はない。
	リースバック契約 (Leaseback Agreement)	運営管理会社がオーナーから不動産を最低保証付きの賃貸契約に基づき借受、賃貸料を払ってホテルを運営する。
(2) 契約期間	25(±α)年	傾向として契約期間は長く、契約破棄のペナルティは家主側に不利な条項が多々見られる。近年は、50年契約も見られる……。
(3) オプション	契約が満期になった時点で自動延長条項が入っている事が多い。	
(4) マネージメント料	売上の3(±α)%	1980年代までは5%以上の契約もあったが、現在は競争激化で下降気味である。この委託料はホテルの損益に関わらず発生する事に注意。
(5) インセンチブ	GOPの5(±α)%	この『報奨金』はGOPの比率である。なおGOPは、公租公課・償却・保険・維持積立金等を引く前の経常利益を指す場合が多い。
(6) 契約破棄条項	オーナーは、マネージメント契約を一方的に解消出来ないが、それを強行する際はペナルティ項目が取り決められている。	

　蛇足ながら、ホテルという不動産物件のオーナーとホテルの運営管理を委託される企業の間で取り交わされる委託運営契約書は、シニカルにいうと、アンフェアな面がある。因みに、不動産オーナーはホテルに関して素人だが、受託会社はホテルのプロ中のプロ。この両者がホテルの委託運営に関して契約を交わす場合、何方が有利な立場にあるか……、言わずもが

なである。筆者がホテル精査の段階で見た契約書の中には余りにも一方的に運営会社側に有利、オーナーに不利な条項が並んでいて、『騙し！』と感じたものもあった。

むすび

　不動産としてのホテルを鑑定評価するのは、他の物件に比較して難しい。不確定要素が多いからだ。『のれん』もさることながら、買主の趣味趣向と言うかホテルオーナーのステータスを第一義的に考える『エェ恰好したい！』がマトリックスの重要項目になることもあり、ファジーな投資である事は否めない。

　しかし、特殊な例を除き、このご時世に高価なホテルが売買される時の物差しは《収益還元法》的なものである。ホテルの適正価格を求めるのは、年々の純収益及び将来不動産を売却した時に得られると思われる損益をベースに模索する以外に方法はない。

　比較法や路線価を根拠に高額な不動産投資を行い、ひたすら右肩上がりの不動産神話を信ずる投資家はもはや存在しない。第一、そのような不動産投資に融資をする金融機関もない。

　結局、ホテルの売買も他の収益物件同様、現実的で経済的根拠がしっかりした方法で算出した金額になる宿命にある。

[引用・参考文献]
1. 岡内幸策(1998)『担保不動産流動化ビジネス』、東洋経済新報社。
2. 片岡隆(2000)『不動産ファイナンス入門』、中央経済社。
3. 塚本勲(1996)『これからの不動産価格はこう決まる』、東洋経済新報社。
4. (財)日本不動産研究所(1993)『不動産鑑定評価基準』、日本不動産研究所。
5. 片岡信子(1998)「米国の証券化市場を支えるサービス」、『金融ビジネス』、第6号。
6. ゴールドマン・サックス証券会社(1998)「不動産市場回復への処方箋」、ゴールドマン・サックス証券会社。
7. 田作朋雄(1998)「英米の不良債権処理①・⑩」、『日経金融新聞』、4月3日、6月13日。

8. 田作朋雄・岡内幸策(1998)『不良債権処理ビジネス』、東洋経済新報社。
9. 田村茂(1970)『企業金融の経済学』、有斐閣。
10. 前川俊一(1998)「特集：不良債権処理で日本経済大手術」、『週刊エコノミスト』、7月21日号、毎日新聞社。

13. 観光産業におけるホスピタリティ教育
：韓国の宿泊産業を中心に

秋 貞子

はじめに

　韓国は、日本および他の諸国に比べて、観光産業が非常に遅れているのが現状である。しかし、21世紀は観光と情報化の時代だといわれる。特に、観光は相対的に少ない資本で利益を創出できる産業である。〈持続可能な観光〉の観点からも環境のみならず観光資源そのものの保護・修復・発展を考慮する開発政策が採用されなければならない。それと共に〈人間中心の観光〉が問われる現在、人間が、観光によって、いかに豊かになれるかが大きなテーマとなっている。

　観光産業を主たる産業として、他の地域の人間を受け入れて、生計をたてていこうとするならば、そこに観光地の様々な人々と観光者との良好な関係を維持、発展、永続させることは必要不可欠である。その良好な関係をたもつ重要な方法としてホスピタリティが必要ではなかろうか。

　観光の起源の一つは巡礼にある。橋本和也によれば「一時性」は観光者の特徴であり、彼らは一定期間だけ観光者になる。そしてこの「一時的な楽しみ」は本来の文脈から切り離され、新たな「観光文化」を形成する。そして「観光文化」とは、観光者と地元民の文化が出会い触れ合うところで新たに形成される。ホスト側とゲスト側が、自分の文化的文脈の中でだけで考えていたのでは、コミュニケーションは成立しない。両者が交流可能なように創り出された新たな文化、それこそが「観光文化」である[1]。

　日本では旅の巡礼者や修行僧には一般庶民が宿を提供した。通常は無料で

一夜限りだが、年末から年始にかけては年宿といって数日から1カ月にわたることもあった。旅をする宗教者への宿の提供は、托鉢に対する喜捨と同じく、この世で善根を積む行為と考えられたので善根宿（ぜんこんやど）ともよばれる。それも単に来世への願いだけでなく、家族の年忌供養とか病気平癒の願いとか、ときには千人宿などの願をたててするなどさまざまな意味合いが込められていたため、かつてこの風習は非常に盛んであった。ことに四国霊場を巡拝する遍路などは、托鉢と接待宿だけで四国を一巡できるほどだったという。

宿を恵まれた場合は必ずその家の仏壇に供養し、出立のときは納札を1枚置いていくのが慣わしであった。また江戸時代の接待宿には個人で行うもののほか、村内の家々が順番に旅人のための宿を提供する風習もあり、こうした無料の宿が旅行に果たした役割はきわめて大きい。

巡礼は聖地や霊場を順に参拝して信仰を深め、心身の蘇りと新生の体験また利益を得るための宗教行為である。参拝場所は、宗派の発祥地、本山の所在地、聖者や聖人の居住地や墓、奇跡や霊験を伝える場所などであり、それらを巡拝することを通して祈願の成就と贖罪や滅罪の効果を期待する。巡礼の旅に出るときは、精進潔斎して禁欲を保ち、巡礼姿と呼ばれる特定の服装をする。しかし一般には、巡礼の往路は修行と受難のコースを象徴するのに対して、帰路は慰安と観光の旅に移行する場合が多かった。

我々は巡礼にホスピタリティの一つの原点を見ることができる。ホスピタリティとは、互いの存在意義や価値を認めあうことである。その相互主義は一時も忘れるべきではない大切なことである。

私は「観光産業におけるホスピタリティ教育―韓国の宿泊業を中心に―」というテーマにおいて、韓国の事例を中心に研究し、21世紀の観光のあり方を探っていきたい。

1. ホスピタリティ教育へのニーズの高まり

特に、最近韓国では"地球村協力時代の到来"という時代的な雰囲気とと

もに、宿泊産業におけるホスピタリティ教育に対し関心が高まっている。

しかしホスピタリティにおいて最も重要なのは、ホストとゲストの互いに対する思いやりである。そこで21世紀において、宿泊産業におけるホスピタリティが効果的に発展するためには、教育が非常に重要な要素である。この件について具体的に研究をしたいと思う。

本来、宿泊業とは巡礼者を「もてなす」ことから始まった。そこには、ゲストとホストの心温まるやり取りがあり、お互いに互恵の念をもって接した姿があった。しかし、やがて宿泊が産業となると、ホスト側のサービスの提供とゲスト側のそれに対する対価の支払いおよび一方的満足へと変化する。観光においても、つい最近まではマスツーリズムが主流であり、宿泊産業もエージェントと手を組み、大量の顧客を集め、いわば機械的に速やかに対処できる体制を整えるといった、効率重視の経営を行うことが王道とされてきた。しかし近年、可処分所得の増大、情報化社会の進展、マイカーの普及、リピーターの増大などに伴い、マスツーリズムの時代は終焉をむかえ、観光は個人旅行が主流になっている。宿泊産業においても、個々人に目を向け、それら一人ひとりに満足を味わってもらうことが重要な時代になったのである。

現在、さらにそれは進化して個人を感動させる時代へと変化している。宿泊産業でも個人を満足させる時代、さらに個人を感動させる時代へと変化している。そこで、従来のように安価でたくさんのサービスを提供し顧客に満足してもらうだけではなく、サービス提供を自らの喜びとし、それをお客に受信してもらいお客にも感動してもらうこと、すなわち「ホスピタリティ」が重要になってきた。要は、サービスの提供の対価としての金銭授受の概念から、顧客を感動させ、その気持を金銭で頂くという概念への変化である。

しかし、それは、サービスの内容や技術の追求を追い求めるだけでは達成できない、なぜならば、サービスとはあくまでも無形の財の提供であり、顧客側に対する一方的な満足の追求だからである。顧客はサービス相応の金銭を支払っており、ホスト側はそれに見合ったサービスを提供しているだけである。顧客は満足してはじめて納得する姿がそこにある。サービスの概念だけでは顧客の感動は得られないのである。やはり、そこにはホスピタリティ

というお互いに感動しあおうという精神、姿勢が必要であろう。お客の喜びは自分の喜びにつながる。だから、よろこび勇んで仕事に励むようになる、おのずと顧客本位のサービスを行うようになる。これからの宿泊産業においては、こういった姿勢が必要不可欠ではないかと考える。ではどうやって、そこで働く従業員からその気持を引き出すのか、従業員のホスピタリティ教育が不可欠である。

　ただ、ホスピタリティ教育といっても、その概念は突然浮かび上がったものではないということである。つまり、巡礼者をもてなす時代から存在した相互互恵の概念なのである。しかし、問題なのは、もてなすこと自体が産業となったこと、すなわち、宿泊させて、その対価を頂くことのみが重視された時、本来の「心からもてなす」という精神がなくなったということである。そして、産業として「もてなし」自体が高度に分業化されていったため、その産業に従事する個人個人が産業を支える歯車のように、自分の役割を遂行することしか考えず、本来の相互理解、相互満足という概念が置き去りにされている。必要なのは「ホスピタリティ」という概念を宿泊産業の中にどのように呼び覚ましていくか、すなわち、これからは個人の心構えとして、そういった考えをどのように育むかが今後の課題となろう。

　ホスピタリティ精神の遂行にあたって、経営目標やマニュアルは必要不可欠なものである。しかし、その根底に従業員一人ひとりのホスピタリティマインドが存在しないと、それは絵に描いた餅になってしまう。例えば、韓国のヒルトンホテルのドアマンは、VIPの顧客の車のナンバーを400か500ほど覚えており、お出迎えの際に固有名詞で呼んでさし上げ、顧客を喜ばせようと努力しているが、そういった、従業員一人ひとりのホスピタリティ精神の総和がホテル全体のホスピタリティへと昇華するのである。最近になって顧客のニーズが変わってきている。すなわち、モノの時代からココロの時代へ変化し、顧客の要求や期待の基準が変化してきたということである。

2.「ホスピタリティ」の概念

「ホスピタリティ」とは、『服部2002』によれば、「人と人、個人と共同体(Community)、共同体と共同体を媒介とする基本的社会関係を根底に、個々の共同体もしくは国家の枠を超えたより広い社会における、①相互容認、②相互理解、③相互信頼、④相互扶助、⑤相互依存、⑥相互発展の6つの相互関係を基盤とした共生関係(Symbiotic Relation)」と定義している。つまり、「ホスピタリティ」は簡単にいえばお互いの心が通じ会うことと理解できる。服部勝人がこの定義づけに至った論拠として、「ホスピタリティ」の文化形成過程に求めているが、彼は以下のように述べている。

① 「ホスピタリティ」の異人歓待の風習は時代と場所のいかんを問わずあらゆる社会において広く行われていたという事実。
② 近代社会における国家体制の確立以前は、共同体存続に重要な意義を持つものであったわけで、そのような社会体制での来訪する異人のもてなしは、個人の裁量によるものではなく、一般に家族や親族集団において社会的義務としてなされる風習があった。
③ 互いの先祖において、もてなしによって結ばれた関係のシンボルが子孫に継承され、共生関係(symbiotic relation)を保っていた。
④ 共生関係の成立と保持に本質的な意義を持つものとして、同一物質を体内に摂取するという共飲共食の行為を通じて、初めて主人と客との間に断ちがたい連帯が生じるという思想があった。
⑤ 共飲共食と同時に宿舎の提供や衣類等の贈与を通じて、一層相手との人間関係を深めることも目的に行われた。

伝統的制度では、人あるいは集団が相互に有形・無形なものに対する期待感、義務感をもって与え、返礼し合うことによって成立する。このことが日頃の感謝の気持や絆を形成するために行われる、お中元、お歳暮、内祝い、お返し等の贈与や、富者、宗教団体、慈善団体、ボランティア組織による施し、寄付行為や慈善活動へ受け継がれてきている。

このように、ホスピタリティは国家による生活を保護される枠組みがな

かった時代に、平和に暮らす為に培ってきた知恵と考えることができる。要は、お互いを理解しあい、共に満足しあうことが、土地の人にとっても、来訪者にとっても、共に最高のセキュリティーであったのであろう。

観光と称した異文化交流が盛んに行われるようになった現在、この「ホスピタリティ」の概念がお互いを理解しあう上で非常に重要な位置を占めてきたといえる。

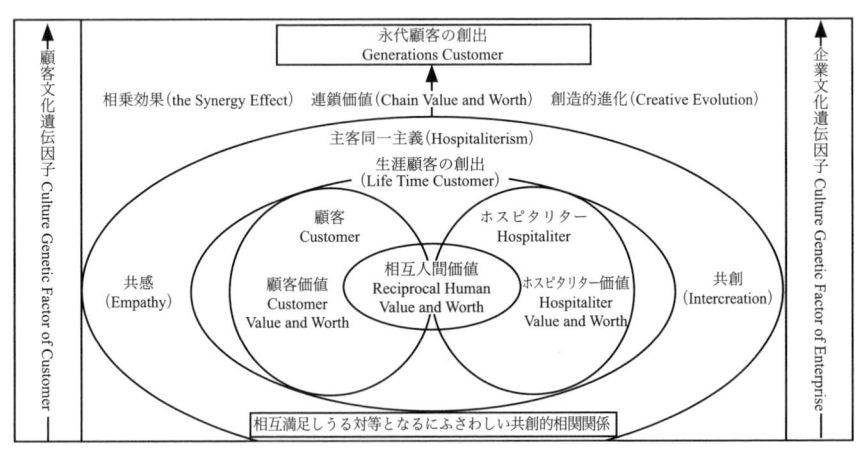

図13-1：共創的相関関係における主客同一主義の領域
Sphere of Hospiptaliterism on the Intercreative Relationship

出典：服部勝人(2001)「顧客サービスから相互満足へのマネジメント」、『HOSPITALITY』第8号、日本ホスピタリティ・マネジメント学会、129頁、図3を一部修正し、再作成。

3.「サービス」の概念

サービスにおけるcustomerとserverの関係では、お客の欲求(needs)をムダなく解消するように努める合理主義が基礎となる。そこには機能をつくした技術が要求され、極論をいうと機能奴隷と呼んでも過言ではない。欲求が充足を超えてもそれは単に「得をした」という感覚でしかない。つまり、一時的効果(Temporary effect)ということになる。「サービス」はサービス・チャージ(service charge)または奉仕料という形で金銭的に換算されることが多い。こ

れは等価価値交換といえる。

表13-1　ホスピタリティとサービスの違い

ホスピタリティ	サービス
非経済的要因が働く	経済的対価を予定する
価値的	機能的
感動的	満足的
人格的	非人格的
全体的	部分的
超マニュアル的	マニュアル
非契約的	契約的

参考：佐々木宏茂(1997)「社会構造におけるホスピタリティ考察」、
『HOSPITALITY』第4号、日本ホスピタリティ学会。

ホスピタリティと「サービス」の違いは下記のとおりといえよう。
・「サービス」は「ホスピタリティ」の精神を表す一部分である。
・「サービス」は「ホスピタリティ」の道具・手段である。
・「ホスピタリティ」の高い質を求めるお客様にとって満足してもらう質の高い無形の財を提供することにつながる。
・「ホスピタリティ」の気持を表す一部が「サービス」である。
・質の高いホスピタリティは質の高い「サービス」を生じさせる。
・質の悪い「ホスピタリティ」は質の悪い「サービス」を生じさせる。

ここで分かるようにこれからの時代は「ホスピタリティ」が期待される。

4.「サービス」の上位概念としての「ホスピタリティ」

以上、「ホスピタリティ」と「サービス」の概念について述べたが、つまり「ホスピタリティ」とは端的にいえばサービスの上位概念であり、サービスは商取引としての無形の財的要素に重点をおいた概念である。したがって「物事を心で受け止め心を込めて行動すること」がホスピタリティであるとするならば、そこには、サービスの原点の上にたったプラスアルファが求められることになる。

つまり「ホスピタリティ」とは、ある部分は、単に取引を超えたところに対

人関係の価値を置くことでもあるといえる。人を中心とするサービス産業において、「ホスピタリティ」は最も根底に備わっているべきものである。中でもホテル、レストラン業では、「ホスピタリティ」の質の高さが大きく影響する。「ホスピタリティ」の質が高く、最上の満足を味わっていただき、感動して帰っていただこうという気持が常に備わっていれば、その建物や施設はすばらしく、お料理や飲み物は上質でおいしいものになるであろう。ホスピタリティの質が高ければ、おのずと顧客ニーズを常に捉えた、高品質のサービスがそこに提供されるであろう。

「ホスピタリティ」において非常に重要なのは、ホストのゲストに対する思いやりである。宿泊産業においても様々なホテルや旅館が「ホスピタリティ」あふれる経営理念を掲げ、設備やサービスに工夫をこらし、顧客に感動して帰って頂こうと努力している。しかし、分業の集大成において宿泊産業が成り立っている現在、分業に従事する個々の従業員が、自分たちの仕事が「ゲストを気持よく迎え入れ、満足していただき、感動して帰っていただく」という宿泊産業の一翼を担っているという心構えを常にもち、それをはたして実行できているかどうかである。実際にサービスや施設を運用する従業員次第でホスピタリティが生きてもくるし、逆に死んでしまう場合もあるのである。

「経営理念」、「それに即した設備やサービス」、そして、それを運用する従業員全てに質の高い「ホスピタリティ」が備わるとき、それは三位一体となって顧客に感動を与えるのである。まさにそれこそが21世紀においてこの業界で生き残る鍵となる。そう考えた時、従業員にいかにホスピタリティ精神を発揮してもらうか、つまり、従業員に対する「ホスピタリティ」教育が非常に重要な要素になる。

13. 観光産業におけるホスピタリティ教育

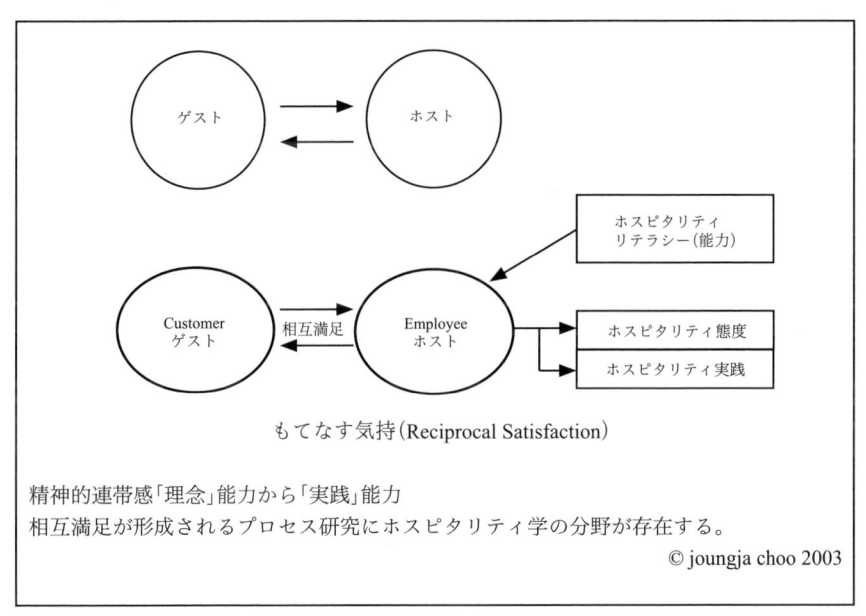

図13-2 ゲストとホスト

(参考)日本ホスピタリティ学会研究報告『Hospitality』4号　服部勝人1997(21頁)

しかし、「サービス」という場合、売手側の立場を犠牲にした、やや一方的な顧客優先・優位という意味が含まれている。そのような「サービス」には、必然的に対価が伴うことになるが、「ホスピタリティ」という場合、客と接客要員とは、感情的なつながり、信頼溢れる関係によって一味同心になるというかなり精紳的なコンセプトが含まれている。つまり、企業間競争に勝ち抜くためには、顧客との接点において顧客に感動を与える極めて質的にも高い満足度として、心配りという「ホスピタリティ」がマーケティング戦略上、非常に重要になる。

5. HospitalityとServiceの概念比較

日本語における外来語に対応したカタカナ表記や和製英語は、その言葉の原意を歪曲している場合が多い。「サービス(service)」という言葉も例外ではなく、日本人が抱くサービスの概念は、英語の原意とは異なり、日本特有の

解釈により現代用語として使われている。至るところで頻繁に使われている「サービス」を問いただしてみると、明確な答えを得ることは少ないと思われる。それは、多くの場で使われている「サービス」という言葉のイメージがその都度変わってしまい、「サービス」の概念が曖昧なものと映るからなのである。

　このように、我々が普段何気なく使っている日常用語の中で、サービスは多種多様な意味や概念を持っていることが分かる。それ故「サービスの概念の曖昧さ」が一般的に明確なサービスの解釈につながらない要因となっているのである。

　したがって、サービスという無形の価値の提供形態には、次のような3種類のパターンが存在する。

　①基本的提供物を有形財として、付加的提供物を無形財のサービスとする場合
　②付加的提供物を伴わず基本的提供物がサービスのみである場合
　③基本的提供物も付加的提供物もサービスである場合

　このように考察してみると、サービス提供ということは、いわゆるサービス産業のみにとどまらず、第1次、第2次、第3次産業といわれる全産業分野にまたがる重要な要素として位置づけられている。それ故、経済のサービス化、またはサービスそのものが商品価値のあるものとして認知され、サービスの経済化が行われるに至ったという学説や一般的な考えに至っているのである。サービス産業という漠然とした定義に対する疑問は、このような流れをみると、一層容易に認識できる。

　ホスピタリティとサービスの語源から言語的解釈や一般的な用例などについて論じてきたが、歴史的背景の把握のもとに、マネジメント的な視点から考察を加えて、ホスピタリティとサービスの概念比較を試みたのが200頁の**図13-3**である。

　GuestとHostの間には、ホスピタリティによって相互に喜びや感動をもたらす動機が、自然に発生する相乗効果が起こるのである。そこにHostであるもてなす側の心づくしの技術、つまり心技一体となることが要求されるの

である。そこには、GuestとHostの間に心温まるおもてなしが両者に存在し、その背景には互いに認めあう、①相互容認、互いに理解しあう②相互理解、互いに信頼しあえる、③相互信頼、互いに助けあう、④相互扶助、互いに依存しあう、⑤相互依存、互いに共存共栄していく、⑥相互発展、の6つの相互関係を基盤とした共生関係という考えが存在する。

　「ホスピタリティ」では、Guest自らの願望(desire)、期待感(expectation)、並びに意外性(unanticipated experience)を求める通り、またはそれ以上の結果が提供されれば、その結果に大いに満足し、喜び、その喜びが得難いため再び繰り返しそれを求める反復効果(Repeat Effect)が生まれるのである。これはあらゆる産業分野においてRepeaterといわれる客の存在を裏付けるものである。

　「サービス」の概念では、等価価値交換という考えに基づいている。その特徴として以下のことがあげられる。まずは迅速性がある。客は時間的により速い処理能力のあるサービスを求める。次に仕事の出来高と労力との比率を求める効率性がある。第3に無駄を省き能率的に目標が達成されるようにする合理性がある。第4にサービスそのもの自体の仕事としての働きを求める機能性がある。第5に確実性がある。第6にサービスの内容と料金が明らかにされる明確性がある。第7にサービスがあくまで客の特性に向けられている個人性がある。第8に客にとって便利で都合のよい利便性がある。第9に状況に応じて素早く行動できる機動性がある。最後にサービスの機能的価値を判断しそれに見合った等しい価値(等価価値)として金額に表わす価格性がある。そして顧客はそれらを求める。しかし基本的にサービスの概念はサービス・マインド(Service Mind)、すなわち顧客の欲求を充足させることを優先するという受動的な意味しか含まないのである。

　「ホスピタリティ」を追求することは、客人(guest)の願望・期待感・意外性に答える付加価値を追求することになる。つまり、相互性、有効性、精神性、可能性、創造性、社会性、文化性、娯楽性、芸術性、人間性の追求となり、そこで無尽蔵にあげられるホスピタリティの範疇を実現していくには、その目安となる基準化を図る必要がある。

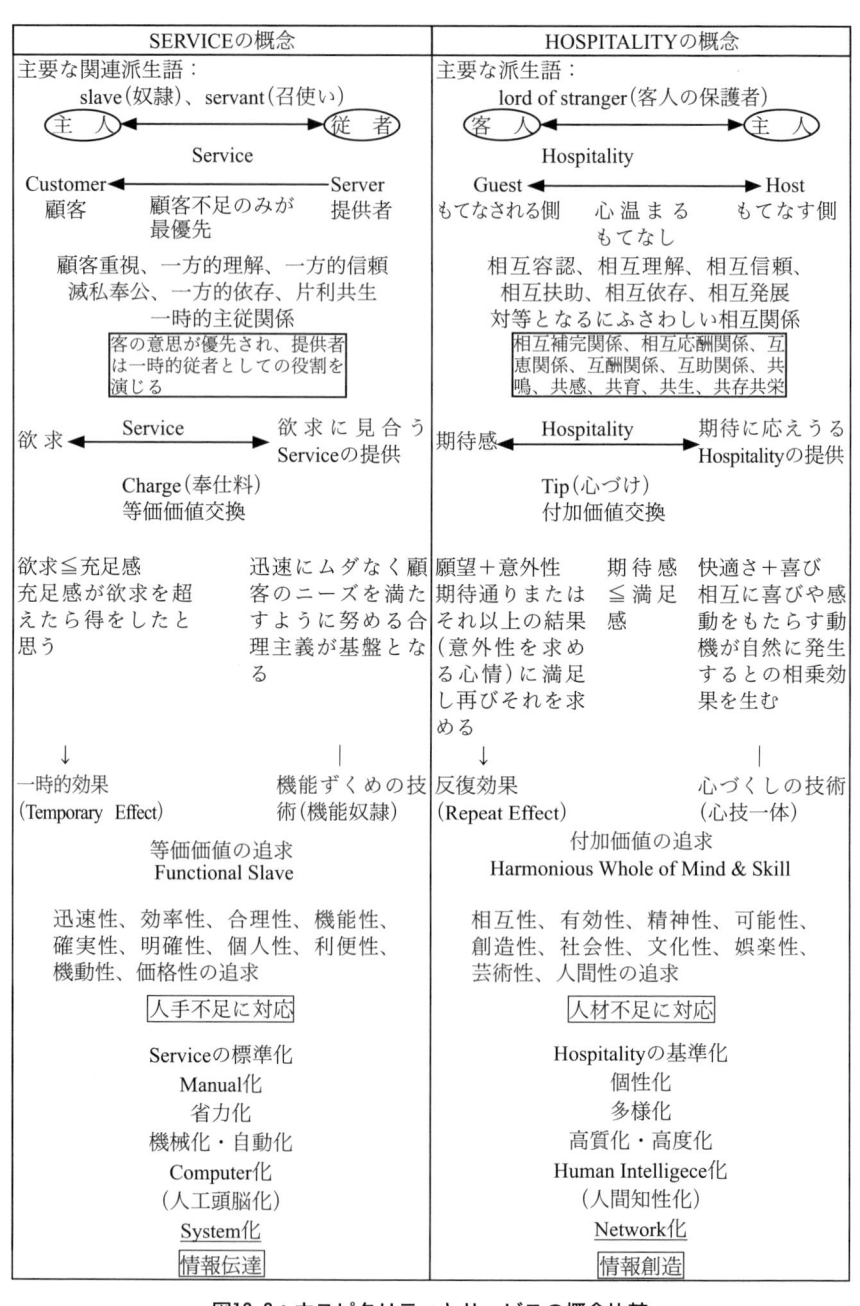

SERVICEの概念		HOSPITALITYの概念	
主要な関連派生語： 　slave（奴隷）、servant（召使い） 　主人 ←→ 従者		主要な派生語： 　lord of stranger（客人の保護者） 　客人 ←→ 主人	
Service		Hospitality	
Customer 顧客	Server 提供者	Guest もてなされる側	Host もてなす側
	顧客不足のみが 最優先	心温まる もてなし	
顧客重視、一方的理解、一方的信頼、 滅私奉公、一方的依存、片利共生 一時的主従関係		相互容認、相互理解、相互信頼、 相互扶助、相互依存、相互発展 対等となるにふさわしい相互関係	
客の意思が優先され、提供者 は一時的従者としての役割を 演じる		相互補完関係、相互応報関係、互 恵関係、互酬関係、互助関係、共 鳴、共感、共育、共生、共存共栄	
欲求 ←Service→ 欲求に見合う 　　　　　　　　Serviceの提供		期待感 ←Hospitality→ 期待に応えうる 　　　　　　　　　　　Hospitalityの提供	
Charge（奉仕料） 等価値交換		Tip（心づけ） 付加価値交換	
欲求≦充足感 充足感が欲求を超 えたら得をしたと 思う	迅速にムダなく顧 客のニーズを満た すように努める合 理主義が基盤とな る	願望＋意外性 期待通りまたは それ以上の結果 （意外性を求め る心情）に満足 し再びそれを求 める	期待感 ≦満足 感 快適さ＋喜び 相互に喜びや感 動をもたらす動 機が自然に発生 するとの相乗効 果を生む
↓ 一時的効果 (Temporary Effect)	↓ 機能ずくめの技 術（機能奴隷）	↓ 反復効果 (Repeat Effect)	↓ 心づくしの技術 （心技一体）
等価値の追求 Functional Slave		付加価値の追求 Harmonious Whole of Mind & Skill	
迅速性、効率性、合理性、機能性、 確実性、明確性、個人性、利便性、 機動性、価格性の追求		相互性、有効性、精神性、可能性、 創造性、社会性、文化性、娯楽性、 芸術性、人間性の追求	
人手不足に対応		人材不足に対応	
Serviceの標準化 Manual化 省力化 機械化・自動化 Computer化 （人工頭脳化） System化 情報伝達		Hospitalityの基準化 個性化 多様化 高質化・高度化 Human Intelligece化 （人間知性化） Network化 情報創造	

図13-3：ホスピタリティとサービスの概念比較

出典：服部勝人(1994)『新概念としてのホスピタリティ・マネジメント』

こうして分析すると、「サービス」の概念においては、受動的かつ一方的な関係のsystem化による「情報伝達」が行われ、「ホスピタリティ」の概念においては、能動的・双方向的関係のNetwork化による「情報創造」が行われるといえる。

6. 顧客満足と従業員満足

　顧客は商品とサービスが一体となってつくられる満足という「付加価値」を求めているが、基本的にそれを担うのはサービスマンである。特に、飲食・外食産業は労働集約型の産業であり、この人的サービスに依存する割合が非常に高いことはこれまでに記した通りである。まず、お客様が満足するためには、サービスを提供するサービスマンの満足が不可欠である。

　田中掃六(1998)によれば、従業員満足経営とは、基本的なマニュアル的サービスを正確に提供するためには、徹底した教育・訓練を要する。さらにお客様に満足していただくような質の高いサービスを提供していくためには、その仕事に対して従業員が満足していることが重要である。

- 仕事への満足は、仕事の面白さを自分で発見することからはじまる。仕事の面白さを知った従業員は、個別的で個性的なサービスを提供するようになるであろう。
- 仕事の面白さはその重要性や意義、自分の役割などの徹底理解から生まれる。意義や必要性を納得したとき、従業員はさらに充実したサービスを提供する。
- 自分が満足している従業員は心が豊かになり、マニュアルを超えた真のホスピタリティあふれるサービスを提供することができる。

(田中1998.211頁)

　従業員満足とマネジメントとの信頼関係は不可分で緊密な関係にある。マネジメントの一人ひとりへの細かな配慮と誠実さによって、ますます相互の信頼関係が育まれる。

7. 従業員教育が目指すもの

「ホスピタリティ」において非常に重要なのは、ホストのゲストに対する思いやりである。しかし宿泊産業において、従業員は個々に様々な部署に配置され自分の担当を持つことになり、それを着実にスムーズに行うことを強要される。中には直接お客様と関係ない部署も存在する。そういった様々な部署の従業員が歯車となり、その総和で宿泊施設が運営される。問題なのは、そのような機動的な作業が要求される中で、特にお客と直接に接しない部門の人たちに「どうやってホスピタリティ精神をもってもらえるか」である。

例えば、ホテルのベッドメイキングの仕事は直接にお客様とやり取りするわけではない。ただ、部屋をきれいにして、次のお客を迎える準備をする。だからといって、ただきれいにするだけではなく、お客様にどうやったら、より気持よく、感動していただけるだろうと考えていれば、例えば、廊下を歩いていて、お客様とすれ違う時には、笑顔で「いらっしゃいませ」といえるだろう。そうすればお客様もより満足するわけである。つまり、個々人のホスピタリティ精神より増幅しあって、ホテル全体のホスピタリティの向上へとつながる事が肝要であるから、ホテル側は個々人のホスピタリティ精神をいかに引き出し、向上させ持続させることが重要となってくる。

そのために、ホテル側は様々な従業員教育を施し、質の高いホテルマンの育成を行っている。今回は、韓国の朝鮮ホテルとソウルヒルトンにおいて、担当者にインタビュー調査を行ったがその報告を行いたいと思う。

8. 韓国シティーホテルにおける従業員教育についてのインタビュー調査

ホスピタリティ実現のために、ホテル側は様々な従業員教育を施し、質の高いホテルマンの育成を行っている。報告者は既に、教育担当者とソウルヒルトンにおいてセールスマネージャーにインタビュー調査を行ったが、今回は、ホテルの従業員にインタビュー調査を行った。

①調査の目的

本調査の目的は、韓国の2つのシティーホテル、具体的には朝鮮ホテルおよびソウルヒルトンホテルのセールスマネージャーおよび教育担当者と従業員にインタビュー調査を行い、シティーホテルの従業員教育の実態、および、朝鮮ホテルでは、従業員と顧客の苦情[2]の事例やホテル経営において、教育自体をどのように位置づけているのかを考察するための基礎資料を得ることを目的とする。2つのホテルの選定にあたっては、朝鮮半島で一番歴史が深く韓国人の魂ともいわれる伝統的なホテルであるという理由で朝鮮ホテルを選んだ。それにあわせて世界で多くのチェーン展開をしていること、そして全世界的に均一的なサービスを展開するという理由でソウルヒルトンホテルを選定した。

②調査期間

　一回目は、両ホテル共に2003年3月15日から18日まで実施した。

　二回目は　両ホテル共に2003年11月21日から24日まで実施した。

③調査方法

　一回目の3月と二回目の11月とも、実際に、朝鮮ホテルでは従業員教育担当者と従業員にインタビューを行った。ソウルヒルトンホテルでは、セールスマネージャーおよび従業員に、調査前に韓国語で主な質問事項の用紙を渡し、インタビュー調査票を把握してもらい、それから、同じく韓国語でインタビュー調査を行った。そのインタビュー調査をテープに録音し、それを日本語に翻訳した。

④調査の仮説

　a　従業員教育を積極的に行っているか。

　b　ホテル側の従業員教育はサービス実現の全てを満たす条件であるか。

9. 調査の結果とまとめ

①朝鮮ホテル

　a　職種によって、採用の学歴が異なる。一般的にレストランは短大卒、客室係りは四大卒を採用する。

b　いきなり幹部に登用することはなく、一段階ずつ昇進する。
c　基本的に従業員の配置換えは無く、同じ部門で昇進する。
d　サービスをよりうまく生かすために、教育システムを作っている。しかし、それだけで、十分なサービスを提供できるとは考えておらず、そこで教育システムはサービスを実現するための条件のうちの一つと考えている。
e　採用においては、本人の資質を見る。次に人柄を見る。そして、最後に態度を見る。
f　各職場においてマニュアルがあり、それに沿って朝鮮ホテルの独自OJT[3]等の教育を行っている。
g　マニュアルを基本において、その上で、顧客が今まで一番経験したことがない特別な体験ができるサービスをするというのが朝鮮ホテルのサービス方針である。
h　マニュアルは、時代にあわせて改訂している。
i　従業員の海外研修を行っている。必要に応じて国内研修も行っている。
j　従業員教育において一番難しい部分は教育の成果を発揮させることである。また、教育の成果を測定するのも難しい。また、従業員の心の教育は本当に難しく、これをどうやって実現するのかが課題である。

②ソウルヒルトンホテル

a　ホテル産業というとアメリカを思い浮かべるかもしれないが、アメリカでも海外研修を行っている。要するに、最適なサービスというものは地域、国、文化によって異なるということである。
b　顧客に感動してもらうことが、従業員教育にとって大切なことである。
c　お客様の声を人事管理部門がチェックし、スターポイント(賞罰制度)[4]に反映させ、昇進の材料にしている。
d　ソウルヒルトンホテルでは独自のPDR[5]という個人開発のための評価システムを導入している。要するに、所属先の評価、自分の上司の評価、部署の上司の評価、同僚の評価を総合し、本人に何が足りないかを明ら

かにするシステムで、効果的な教育に役立っている。
　e　採用基準は、言語能力、礼儀、人間性、サービスマナー、長期勤務の可否などで、専門性のある社員を採用する時は、スキルを重視する。
　f　教育は部署別に行う。全社員の教育を年一回行っている。

③まとめ

　まず朝鮮ホテルに関してあるが、朝鮮ホテルでは接客マニュアルがあり、基本的にはそれに沿って接客をしているとのことであった。マニュアルは時代に合わせて改訂しており、時代のニーズを取り入れていた。しかし、あくまでもマニュアルは基本で、その上で当人が従事する仕事において、お客様の想像の範囲を超える、お客様が一度も経験したことがない、特別な体験ができるサービスをするというのが、朝鮮ホテルの接客目標であった。

　さらに、朝鮮ホテルでは、そのために数多くの教育を従業員に施しており、また、場合によっては系列の海外ホテルへ海外研修に行かせるとのことであった。しかし、教育の成果をどのように発揮させるか、また、仮に教育の成果を業務遂行能力と連携させても、生産性の向上を測定するのは困難であり、苦労するとのことであった。また、知識は十分習得されても、仕事に対する心構えを変えるのは難しいとのことであった。

　次にヒルトンホテルであるが、調査を実施した時期はちょうどイラク戦争に入る直前で政局は緊張していた。特に、ソウルのヒルトンホテルの利用客はほぼビジネスマンである。日頃はアメリカやヨーロッパの顧客が中心なので、顧客はかなり減少しているとのことだった。よって、地元の人々にヒルトンホテルを利用してもらう施策を打ち出している最中であった。ヒルトンホテルでは、顧客に感動してもらうことを主眼にして従業員教育に取り組んでいる。そこでは教育センターがあり、教育は部署別に行うのであるが、顧客との接触が多い飲食部門を中心に周期的に教育がおこなわれており、常に顧客に満足を与えるように努力しているとのことであった。また、全社員対象の教育が年一回ある。

　しかし、教育を施したからといって、完全に顧客が満足するようになると

は考えていないとのことであった。さらに、ヒルトンホテルではPDRという個人評価システムがあり、従業員の足りない点を明らかにして、彼らの足りない部分を自発的におぎなえるようにしていた。報告者もスターポンドを見せてもらい、従業員とインタビューしたその彼の名前を書いて提出した。筆者の見たところ、ヒルトンホテルの中にあるレストランやラウンジなどの従業員は、とても親切で顧客に満足させるように努力していた。

　結局のところ、どちらのホテルも積極的に従業員教育を行っていた。また、両方のホテルとも従業員教育を施したからそれで十分と考えているのではなく、あくまでも、従業員教育向上の条件の一つと捉えていた。朝鮮ホテルの担当者は、従業員教育の成果を測定し、仕事に生かされているかを判断するのは難しいといっていたが、その点、ソウルヒルトンホテルはPDRがあり、一歩進んでいるといえよう。具体的にどのような方針で、何を行っており、どのような成果を出しているのか調べることが今後の課題である。

10. 今後の研究課題

　「人材育成」と一言でいっても、具体的な問題はさまざまな角度から捉えるべきであり、各機関や立場によって果たすべき役割が異なっている。観光産業における質の高いホスピタリティを追求するには、従業員一人ひとりに観光産業の本質から理解してもらうことが重要である。観光とは人間の交流を基調にしている。

　以上のように、サービスとホスピタリティとの違いを明確にし、ホスピタリティがサービスを包括する上位概念であることを明らかにした。従来はサービスの提供のみが重要視される姿勢が優先されてきた。それは、観光が産業化し、来訪者の受け入れが分業化される過程で、そこに人間的な交流が無くなったことに起因する。

　しかし、現在、もっぱらサービス提供のみを追求してきたために、行き詰まりを見せている。そのような状況の中で観光の原点に立ち返り、サービスを提供するという姿勢にとどまらず、質の高いホスピタリティを提供する気

運が観光産業に起こってきている。

　質の高いホスピタリティの提供が必要で、従業員の各々は産業のほんの一部分のみに携わっているかもしれないが、質の高いホスピタリティを提供するには、その個々人がホストとしての自覚をもつことが重要である。

　先行研究の整理を踏まえて、実施調査を行い研究をさらに発展させたい。

[注]
1) 橋本和也(2002)『観光人類学の戦略』、世界思想社。
2) 朝鮮ホテルでは、顧客の苦情(COMPLAIN)の事例として、顧客の不満を従業員に読んでもらい、それに基づいてその不満感への対策方法としてホスピタリティに力を入れている意味である。
3) 朝鮮ホテルの人材育成方法には、Off J T(off the job training = 職場外訓練)とO J T(on the job training = 職場内訓練)と自己啓発の三つの柱がある。Off J Tとは、教育訓練の一つの方法であり、職場外訓練といわれ、仕事を離れて従業員に必要な知識や技術を集中的に身に付けさせる教育訓練である。
4) ヒルトンホテルのスターポイント(賞罰制度)とは、顧客がホテルに対する感謝の気持を容易に表現できるように考案された制度であり、その点で従来のアンケートとは異なる。具体的には、顧客が満足した内容と従業員の名前、各部署の名前、日付を自由に書いてハガキをホテル側に直接出すことである。そして、ホテル側はその従業員にハガキと引き換えに「★」の紙を1枚わたす。「★」は従業員に対する賞を意味し、全部で25個ある。ホテル側は従業員の「★」の総数を審査し、彼らの昇進に反映させる。
5) ヒルトンホテルのPDRとは、Personal development research個人開発のための評価システムの意味である。

[引用・参考文献]
1. 力石寛夫(1997)『ホスピタリティサービスの原点』、商業界。
2. 福永昭・鈴木豊(1996)『ホスピタリティ産業論』、中央経済社。
3. 中城正儀．橋本保雄(2001)『3時間で一流のサービスが身につく本』、青春出版社。
4. 服部勝人(1994)『新概念としてのホスピタリティ・マネジメント』、学術選書。
5. 服部勝人(1996)『ホスピタリティ・マネジメント』、丸善ライブラリー。
6. 橋本和也(2002)『観光人類学の戦略』、世界思想社。
7. 羽田健太郎(2003)『東京人』、都市出版。
8. 이미혜 (1999)：관광개발론，대명사．
9. 김재민 (2001)：관광자원개발론，대명사．

10. 韓国観光公社(1989)『全国観光綜合開発計画(報告書)』、韓国観光公社。
11. 韓国観光協会(1999)『韓国発展歴史』、韓国観光協会。
12. 学校法人森谷学園(1993)『コンセプト・ブック』。
13. 森下伸也(2000)『社会学が分かる事典』、日本実業出版社。
14. 中谷彰宏(1997)『ホテル王になろう』、オータパブリケションズ。
15. 日本ホスピタリティ研究会(1993)『HOSPITALTY』創刊号。
16. 日本ホスピタリティ協会(1995)『HOSPITALTY』第2号。
17. 日本ホスピタリティ学会(1997)『HOSPITALTY』第4号。
18. 日本ホスピタリティ・マネジメント学会(1998)『HOSPITALTY』第5号。
19. 日本ホスピタリティ・マネジメント学会(2000)『HOSPITALTY』第7号。
20. 長谷政弘(1997)『観光学辞典』、同文館書店。
21. 阪倉儀(1992)『国語辞典第2版デスク版』、講談社。
22. 大谷信介・木下栄二・後藤範章・小松洋・永野武(1999)『社会調査へのアプローチ』、ミネルヴァ書房。
23. 佐藤俊雄(1992)『観光のクロス・インパクト』、大明堂。
24. 総理府(2000)『平成12年観光白書』。
25. 統計庁(2000)『韓国統計月報』、統計庁。
26. 田中掃六(1998)『レストラン・マネジメント概論』、プラザ出版。
27. 山上徹・堀野正人(2001)『ホスピタリティ観光事典』、白桃書房。
28. 山本哲史・河北秀也(2003)『iichiko』、新羅社。
29. 1998、Hitachi Digital Heibonsha。
30. 2000、Hitachi Digital Heibonsha。
31. Athiyaman, Adee and Go, Frand(2003)Strategic Choices in the international hospitality industry, The international hospitality industry, Brotherton, bob, MPG Books.
32. Encarta総合大百科2003、マイクロソフトCD-ROM

【参考インターネット・ページ】

http://www.knto.or.jp
http://www.jnto.go.jp
http://www.keb.co.kr
http://www.j-hotel.or.jp
http://www.jcha.or.or.jp
http://www.hotelguide.co.kr
http://www.kr.search.yahoo.com

14. 地域観光ボランティアガイドと高齢者の生きがいとの接点を目指して

安　勝熙

はじめに

　2002年の「簡易生命表」によれば、男子の平均寿命は78.3年で、女子の平均寿命は85.2年である。この結果を見ると、日本社会も「人生80年時代」を迎えたといえよう。このような人口学的な変化を踏まえて、「長寿社会」（長くなった老後の生活）をいかに生きるかということが政策課題として浮上してきている。この政策課題は、「余暇と生きがい」、「いかにして幸福に老いるか」（主観的幸福感）といった研究課題とも連動しているように思われる。というのは、青井和夫『長寿社会を生きる～世代間交流の創造』、高橋勇悦・和田修一編『生きがいの社会学』、浜口晴彦・嵯峨座晴夫編『定年のライフスタイル』、直井道子『幸福に老いるために～家族と福祉のサポート』等々の研究が21世紀前後に相次いで刊行されているからである。

　本稿では、このような問題状況を踏まえて、地域観光ボランティアガイドを取り上げ、高齢者に関わる研究課題に接近するための予備的な考察を試みることにしたい。というのは、社会経済生産性本部の『レジャー白書2003』によると、余暇活動の参加希望第1位が75.6％で国内観光旅行であり、日本交通公社の『旅行の見通し　2001』によれば、21世紀の旅行市場の牽引車は高齢者であるとしている。そして、長寿社会開発センターの『生きがい研究』9号（2003年）には「"旅"で元気に！　いきいき人生～健康で豊かに暮らすために～」というテーマでシンポジウムを行っている。とすれば、高齢者観光についての諸問題は、「長寿社会」の到来に伴う「余暇と生きがい」、「主観的幸福感」

という現代的な研究課題とも接点を有する重要な検討課題であると考えたからである。

1. 地域観光ボランティアガイドとは何か

まず、ここでは地域観光ボランティアガイドについて簡単に説明しておこう。

地域観光ボランティアガイドとは、自分が住んでいる地域などをボランティアで案内、紹介している方々をまとめて称するものである。この名称は正式に決まっているものではなく地域観光ボランティアガイド、観光ボランティアガイドなどグループや団体によって異なっている。これらの団体を様々な面で支援している日本観光協会では地域紹介・観光ボランティアガイドとしているが、ここでは地域観光ボランティアガイドと称することにする。日本観光協会によると、現在各地で活動している地域観光ボランティアガイド団体は、1995年には約300であったものが1999年には500を超え、2002年には約700、2005年には1,000を超えているとしている。

これらの地域観光ボランティアガイドは、プロではないので、無料もしくは低廉な料金(ガイド料金が無料と掲載されている場合でも、交通費・入場料・昼食代等は頂く場合もある)で訪れる観光客に地域の歴史や魅力などを紹介・案内している。

近年全国各地でこのようなボランティアガイド活動が活発になっている。この地域観光ボランティアガイドは地域を紹介するだけではなく、地域づくり・町づくりに貢献している状況が各地で見られるようになってきており、地域観光ボランティアガイド活動が地域の交流や活性化に果たす役割の重要性は、ますます高まってきている。

各グループや団体の設立経緯は実にさまざまである。その中の大きな二つの柱が国土交通省の地域観光活性化の一環としてであり、そして文部科学省の生涯学習による設立である。地域活性化、観光地づくり、来訪客へのサービス向上、生涯学習などを前提に、行政等が中心となって観光講座やガイド

養成講座を実施した結果として団体が設立されたケースである。しかし、郷土の良さを多くの人々に紹介したいとの気持ちや住民同士の親睦を深めたいという気持ちを持って、地域住民が自立的に団体を設立したケースも多く見られる。またこれらの団体が設立された主なきっかけとしては、国体、博覧会、ねんりんピック[1]等の大型催事の開催、史跡の公開、展示館や案内所の開設、シルバー対策、地域の民話や方言を伝えたい、来訪客の増加、来訪客によるガイドの要望等がある。

このように、一つの目的を持って一貫した組織図を保ちながら設立されたのではなく、さまざまな経緯を持ち、あちらこちらで設立されているため、その実態を把握するのは非常に難しいものがある。その状況を知る唯一とも言えるのが日本観光協会で発行している『地域観光ボランティアガイド組織一覧』である。日本観光協会は1993年から地域観光ボランティアガイドが国内観光の振興に貢献しているとして、地域づくり人づくり事業として地域観光ボランティアガイド活動を支援しており、地域観光ボランティアガイド団体を対象にアンケートを実施して、その結果を組織一覧として発行。また全国大会の主催、ホームページで一般のお客様や旅行会社の方々が検索・予約できるよう地域観光ボランティアガイド予約支援などを行っている。

地域観光ボランティアガイドは、自分の地域を訪れる人々が満足して喜んでもらえるようボランティア精神に基づいて「おもてなしの心を」大切にしながら、来てくれた方に喜んでもらえるよう日頃から地域をより知ることや新たな知識を習得し、楽しんでもらえるよう研修や勉強会等が行われている。それでは、その努力の一つである地域観光ボランティアガイドの全国大会を見てみよう。

2. 地域観光ボランティアガイドの全国大会

地域紹介・観光ボランティアガイドの全国大会は毎年1回、日本観光協会の主催で開催されている。この全国大会は、1995年飛騨の高山で地元の人々が自発的に開催したのが始まりで、その翌年の1996年横浜大会からは日本観

光協会が主催することになり、これを第1回目の地域紹介・観光ボランティアガイドの全国大会とし、長浜大会、北九州大会、弘前大会、倉敷大会に続いて、2001年は岐阜県の下呂温泉で第6回目の全国大会が開催された。しかし2001年はボランティア国際年を記念して地域紹介・観光ボランティアガイドと全国善意通訳ガイドの全国大会が合同で行われた。そして、2002年には大分県の別府大会、2003年には静岡県の熱海大会が行われ、2004年には愛知県の豊橋大会、2005年は北海道の旭川大会が行われた。

表14-1をみると、全国大会は、招待された講師の基調講演ではじまり、そ

表14-1 地域紹介・観光ボランティアガイド全国大会の歴史

	1996年 (平成8年度)	1997年 (平成9年度)	1998年 (平成10年度)	1999年 (平成11年度)	2000年 (平成12年度)
開催地	神奈川県横浜市	滋賀県長浜市	福岡県北九州市	青森県弘前市	岡山県倉敷市
開催場所	横浜グランドインターコンチネンタルホテル	長浜ロイヤルホテル	北九州市国際会議場	ホテルニューキャッスル	倉敷市芸文館
開催日	10月1・2日	11月11・12日	11月12・13日	10月21・22日	11月30日・12月1日
参加者数	約400人	約500人	約450人	約450人	約750人
テーマ	魅力ある町づくりをめざして	さらなる発展を目指して	今、観光ボランティアガイドに期待されるもの	心あたたまるボランティアガイドをめざして	もっと優しく、もっと素敵に
基調講演 講師 テーマ	熊本県立劇場館長：鈴木健二「今、心の観光新時代」	NHKアナウンサー：加賀美幸子「人はいつも旅の中」	クオレ・コーポレーション：伊谷江美子「心のふれあいを大切に」	青森県ユネスコ協会理事：石田一成「出会いふれあいボランティア」	岡山商科大学教授：今井成男「21世紀の観光ボランティアガイド活動を考える」
分科会	①資質の向上について ②地域活動としての今後の方向について ③新しい組織の充実について ④行政・観光協会とのかかわりについて	①ボランティアガイド活動の定着のために ②ガイド技術の向上のために ③ボランティアガイド組織の運営上の課題について	①旅行者の期待と、それへの対応 ②ガイド技術の向上のために ③円滑な組織運営のために ガイド組織への支援について	①ボランティア精神とガイドの役割 ②お客様に喜ばれるガイドのあり方 ③充実した組織のつくり方・運営方法について ④ボランティアガイド組織への協力・支援について	①バリアフリー（障害者・高齢者）への対応をどうするか ②ボランティア精神と考える ③ガイド技術の向上のために ④円滑な組織運営のためにまちづくりに参加する

の後テーマごとに4つくらいの分科会があり、参加者は自分が好きなところを選んで討論に参加している。そして翌日は、ボランティアガイドの事例発表とともに全体会議で各分科会の結果が発表されるという形式をとっている。筆者もこの分科会に参加したが、時間が足りないと感じるくらいとても活発な討論が行われ、参加者が真剣にボランティアガイドの将来について考えているのがしみじみと伝わってきた。参加者数の変遷をみると、横浜大会では約400人であったが、近年は800人を超えており年々参加者が増加しており、その熱意が増しているように思われる。

	2001年 (平成13年度)	2002年 (平成14年)	2003年 (平成15年度)	2004年 (平成16年)	2005年 (平成17年)
開催地	岐阜県下呂町	大分県別府市	静岡県熱海市	愛知県豊橋市	北海道旭川市
開催場所	下呂温泉水明館	ビーコンプラザ	ニューフジヤホテル	ホテル日航豊橋	旭川グランドホテル
開催日	11月29・30日	10月31・11月1日	10月21・22日	9月2日・3日	9月6日・7日
参加者数	約700人	約700人	約820人	約840人	約550人
テーマ	出会い・ふれあい・人間ネットワーク	出会い・触れ合い・観光交流	自然との触れ合い・人との交流	「おもてなしの心」あふれる地域づくり	知りえた知識・活かそう郷土の活動に
基調講演講師テーマ	立教大学教授岡本伸之「ホスピタリティの原点を求めて」		静岡大学教授小和田哲男「観光ボランティアガイドと歴史の発見」	財団法人徳川記念財団理事長徳川恒孝「江戸250年の天下泰平の意味するもの」	旭山動物園園長小菅正夫「リピーターを考えた動物園づくり」
分科会	①もっと多くのお客様をお迎えするには ②好感度の待たれるガイド方法とは ③組織の財政基盤の確立をどうするか ④後継者の育成をどうするか	①ボランティアの精神と役割 ②好感の持てられるガイドとは ③お客様が求める情報とは ④ボランティアガイドを育てる ⑤ボランティアガイドによる交流と地域づくり ⑥ボランティアガイド組織を円滑に運営するために	①自然景観などによる地域活性化とボランティアガイド活動 ②大規模イベント(国体・博覧会等)でのボランティアガイドの役割 ③歴史・文化財団との連携活動 ④効果的なガイド育成プログラムを目指して ⑤観光客が求めるボランティアガイドとは ⑥行政・観光協会(連盟)との関わり方	①旅行者への「おもてなしの心」と地域づくり ②観光ボランティアガイドの育成(研修) ③観光資源の少ない地域における観光ボランティアガイドの役割 ④障害者・高齢者への対応 ⑤円滑な組織運営のためには ⑥お客様に喜ばれた事例報告	①共に学び、友好を深めよう ②「おもてなしの心」と意識の向上」 ③「住んでよし、訪れてよし」の観光地をめざして ④海外からのお客様をあたたかく迎えるために ⑤インタネットなどを活用した情報発信 ⑥バリアフリー観光への関わり

出所:『地域紹介・観光ボランティアガイド全国大会プログラム』日本観光協会、各年度より作成。

以上の全国大会で主に議論されるのは、ボランティア精神、ガイドの仕方、ガイド技術の向上、後継者の募集・育成、円滑な組織運営、組織のPR、ガイド料の有償・無償、自己努力による運営資金の獲得、行政との関わり、町づくりへの参加、バリアフリーへの対応、緊急時の対応、広域連携、自然景観などによる地域活性化、大規模イベント(団体・博覧会など)での役割、歴史・文化財団体との連携などなどであり、最近はインターネットの活用や外国人の受け入れなども議論されつつある。

3. 地域観光ボランティアガイド組織の現況

ここでは主に2001年の『地域紹介ボランティアガイド名鑑』と2005年の『地域紹介・観光ボランティアガイド組織一覧』などの資料を用いて組織の現況と課題について概観することにする。

ここで断っておきたいことがある。2001年の名鑑に比べ2005年の組織一覧は掲載している情報の量が少ないため、各年度のプログラムなどを参考にしていることや、調査からもれた団体などもあるということをご理解いただければと思う。

(1) 団体の設立時期

地域観光ボランティアガイドの団体として一番初めに設立されたのは、1949(昭和24)年の「京都学生観光連盟」であり、それに続いて、1961(昭和36)年に「久美浜町郷土研究会(京都府)」と「九重の自然を守る会(大分県)」が設立された。しかし、表14-2で明らかなように、90%にあたる団体が平成年代に設立されており、1994(平成6)年からは30団体を超え始め、1998(平成10)年には80団体が設立されるに至っている。そして現在でも新しい団体が続々と生まれている(以下、地域観光ボランティアガイドはガイド、地域観光ボランティアガイド団体は団体と称する)。

表14-2　団体の年代別設立時期

昭和24年代	1団体	平成7年	47団体
昭和30年代	3団体	平成8年	55団体
昭和40年代	8団体	平成9年	54団体
昭和50年代	18団体	平成10年	80団体
昭和60年代	44団体	平成11年	66団体
平成1年	10団体	平成12年	70団体
平成2年	21団体	平成13年	101団体
平成3年	27団体	平成14年	110団体
平成4年	26団体	平成15年	75団体
平成5年	24団体	平成16年	56団体
平成6年	36団体		

出所：日本観光協会(2001)「地域紹介・観光ボランティアガイド全国善意通訳ガイド全国大会(下呂温泉)プログラム」、p.67および日本観光協会(2005)「地域紹介・観光ボランティアガイド全国大会(旭川)プログラム」p.49より作成。

(2) 都道府県別の団体数

　日本観光協会は1994(平成6)年と1997(平成9)年、2001(平成13)年に地域観光ボランティアガイド団体の調査を行い、その結果を名鑑として発行している。それによると、1994年の第1版には235団体、1997年の第2版には277団体、2001年の第3版には633団体となり、この間に団体の数が2倍に以上増えている。そしてその後もアンケート調査を通じて組織一覧を発行している。

　2001年は、三重県や山形県が圧倒的に多く、それに静岡県、大分県、北海道、富山県、愛知県が続いている。それが2005年になると山形県や北海道が圧倒的に多く、長野県、静岡県、愛知県が続いている。そして特徴的な点は三重県では、他の県がすべて増加していることに対し、急激に減っている。これは三重県に少人数(1～2人)の団体が多かったので、それらの団体が消滅したか他の団体と合併したのではないかと思われる。そして、急激な増加を見せているのが北海道、山形県、長野県、愛知県である。それらはそれぞれ観光地という点や愛知県以外は高齢化率が全国平均より高い地域であることとも関係しているように思われる。そして、愛知県は2005年の愛知万博のために増加しているように思われる(**表14-3**参照)。

表14-3 都道府県別団体数

(単位：団体)

都道府県名	2001	2005	都道府県名	2001	2005	都道府県名	2001	2005
北海道	*26	58	石川県	17	*21	岡山県	*18	21
青森県	*14	21	福井県	12	*18	広島県	18	*22
岩手県	14	*27	山梨県	2	9	山口県	18	*18
宮城県	7	23	長野県	20	44	徳島県	7	11
秋田県	13	28	岐阜県	*19	27	香川県	4	7
山形県	43	70	静岡県	31	*41	愛媛県	7	16
福島県	9	*17	愛知県	25	*41	高知県	3	7
茨城県	7	15	三重県	53	*25	福岡県	13	17
栃木県	7	13	滋賀県	*22	32	佐賀県	3	9
群馬県	11	22	京都府	11	17	長崎県	4	9
埼玉県	2	4	大阪府	4	11	熊本県	10	21
千葉県	10	19	兵庫県	19	*22	大分県	27	29
東京都	11	11	奈良県	10	25	宮崎県	4	*14
神奈川県	*12	18	和歌山県	9	14	鹿児島県	8	14
新潟県	12	24	鳥取県	3	14	沖縄県	1	14
富山県	*26	33	島根県	10	19	合　計	633	1012

注) *印は、道県ベースの連絡協議会1団体であり、2002年以降にできた連絡協議会は2005年に表記。2001年山梨県のデータは『地域紹介・観光ボランティアガイド組織一覧2002年版』、2002、日本観光協会より。

出所：日本観光協会(2001)『地域紹介・観光ボランティアガイド名鑑』および日本観光協会(2005)『地域紹介・観光ボランティアガイド組織一覧　2005年版』より作成。

(3) ガイド数別団体数

表14-4をみると、各団体のガイド数は両年とも10〜19名が最も多く、続いて2001年は2〜9名、20〜29名の順で、2005年には20〜29名、2〜9名となり2、3位が逆転している。また、100名を超えるガイド数を持つ大規模の団体は2001年に29から2005年に36団体へと増加しているが、語り部である1名のみという団体の場合は2001年の20から2005年の12団体へと減少している。その要因としては、他の団体との合併や高齢により活動の中断などが考えられる。そして、団体としてガイド数の最も多いのは愛知県の「名古屋市東山動植物園ガイドボランティア」で244名に達しており、2001年の名鑑によると平均年齢が64歳である。

表14-4 ガイド数別団体数

(単位：団体)

ガイド数	2001年	2005年
1名	20	12
2～9名	123	166
10～19名	175	307
20～29名	116	209
30～39名	59	109
40～49名	34	60
50～59名	21	42
60～99名	29	54
100名以上	29	36

出所：日本観光協会(2001)『地域紹介・観光ボランティアガイド名鑑』および日本観光協会(2005)『地域紹介・観光ボランティアガイド組織一覧 2005年版』より作成。

(4) 都道府県別のガイド数

　都道府県別の団体数やガイド数別の団体数を見たところで、もっと具体的に県別ガイド数を見てみよう。調査で明らかになった全国のガイド総数は2001年で約1万6千人、2005年で2万8千人である。しかし、把握しできた団体が多くなりつつあるとはいえ、調査でもれた団体などを考えると、その人数もかなりの数にのぼるものと思われる。しがたって、この数値は一つの目安であることに注意する必要がある。

　表14-5から県別の人数を見ると、県別の団体数とは異なる結果が出ている。2001年は団体数では三重県が圧倒的に多かったが、ガイドの人数からすると山形県が1,301名で最も多く、これに愛知県、三重県などが続いている。そして2005年では団体数では山形県、北海道、長野県、静岡県、愛知県の順だったが、ガイド数では北海道、愛知県、山形県の順である。しかし、この3つの県は、1800名台ということでほとんど差がないと見たほうが良いのであろう。

　しかし、その増加率は北海道がほぼ3倍ということで急激に伸びている。そして、県別団体数で特徴的だった三重県はガイド数でも減少している。これは前述した三重県の特徴をさらに裏付けているように思われる。そして、東京都の激減については2001年の名鑑でもっとも多くのガイドを有している団体である「シルバーガイド(341名)」団体が2005年の組織一覧に掲載されていてなかったのが一番大きく影響している。

表14-5 都道府県 ガイド数

(単位：名)

都道府県名	2001	2005	都道府県名	2001	2005	都道府県名	2001	2005
北海道	527	1789	石川県	391	526	岡山県	419	582
青森県	480	702	福井県	271	302	広島県	256	496
岩手県	250	517	山梨県	—	343	山口県	414	420
宮城県	185	610	長野県	596	1,162	徳島県	110	264
秋田県	384	600	岐阜県	423	638	香川県	250	388
山形県	1,301	1722	静岡県	626	1067	愛媛県	140	403
福島県	264	607	愛知県	1,102	1,781	高知県	168	287
茨城県	165	471	三重県	746	624	福岡県	372	476
栃木県	114	298	滋賀県	484	705	佐賀県	102	245
群馬県	248	509	京都府	392	694	長崎県	144	248
埼玉県	26	90	大阪府	257	409	熊本県	251	563
千葉県	243	468	兵庫県	349	429	大分県	319	470
東京都	709	477	奈良県	562	1,134	宮崎県	89	288
神奈川県	678	889	和歌山県	251	515	鹿児島県	251	476
新潟県	176	479	鳥取県	41	304	沖縄県	75	364
富山県	720	855	島根県	291	498	合　計	16,612	28,184

出所：日本観光協会(2001)『地域紹介・観光ボランティアガイド名鑑』および日本観光協会(2005)『地域紹介・観光ボランティアガイド組織一覧　2005年版』より作成。

(5) 都道府県別のガイドの平均年齢

　都道府県別ガイドの平均年齢を見ると、すべての県のガイドの平均年齢が50歳代と60歳代であり、全国のガイドの平均年齢も59.6歳である。具体的には大阪府が69.8歳で平均年齢が一番高く、その後を埼玉県が67.2歳、岐阜県(64.6歳)、三重県(64.6歳)と続いている。平均年齢が若い県は鹿児島県で52.5歳であり、その後を沖縄県(54.3歳)、北海道(55.7歳)が続いている。そして、ガイドを個人的に見た場合の最高齢者は95歳の男性である。**表14-6**は、地域観光ボランティアガイド活動が「生涯学習や高齢者の社会参加、生きがいづくり」という面で重要な役割を果たしているということを裏付けるものであろう。

表14-6　県別　ガイドの平均年齢

(単位：歳)

都道府県名	2005	都道府県名	2005	都道府県名	2005
北海道	55.7	石川県	58.1	岡山県	61.3
青森県	58.9	福井県	64.5	広島県	60.5
岩手県	58.8	山梨県	57.0	山口県	61.1
宮城県	58.3	長野県	61.4	徳島県	57.4
秋田県	57.5	岐阜県	64.6	香川県	56.2
山形県	57.8	静岡県	60.6	愛媛県	57.2
福島県	60.9	愛知県	58.4	高知県	61.0
茨城県	58.3	三重県	64.6	福岡県	62.8
栃木県	58.5	滋賀県	61.6	佐賀県	57.9
群馬県	59.5	京都府	62.8	長崎県	62.2
埼玉県	67.2	大阪府	69.8	熊本県	63.6
千葉県	63.9	兵庫県	60.9	大分県	59.1
東京都	57.4	奈良県	58.5	宮崎県	63.3
神奈川県	59.9	和歌山県	59.3	鹿児島県	52.5
新潟県	57.6	鳥取県	57.6	沖縄県	54.3
富山県	57.0	島根県	59.8	全国	59.6

出所：日本観光協会(2005)『月刊観光』12月号、p.41より作成。

(6) ガイド料金

　日本観光協会によると、2001年度の627団体のうち、444団体はガイド料金無料としていて、2005年度は、1,047団体のうち、735団体が無料としている。ただし、交通費、入場料、昼食代などの費用がかかる場合は、実費を請求する。

　また、有料の場合の料金は、一律に〇〇円とする定額料金のほか、同じ組織でありながら、ガイドの対象となる人数、ガイドの時間、ガイドコース、季節などによって料金が異なるケースもある。ハイキング、登山、カヌーなどガイド時間が長時間にわたり、ある程度の体力や装身具、備品を必要とするガイドについては料金が高いのが一般的である。そして、ガイド料金の大部分はガイドの実費、組織運営費となっている。そして、2001年には見られなかった傾向として、無料であるが旅行会社の申し込みは有料という点である。日本観光協会によると、最近は現地の人の話を聞くほうがおもしろいと旅行会社からの要請があるのはもちろん、旅行会社と団体とで連携をとってガイドを行っている団体もあるとのことである。

表14-7　ガイド料金の例

無料	495団体
無料(一部実費負担)	149団体
無料(交通費として1,000円)	52団体
無料(旅行会社のみ有料)	7団体
無料(資料代負担)	7団体
無料(そのほか)	25団体
有料(1,000～2,999/1時)	115団体
有料(1,000円以下/1時間)	66団体
¥○○/1人	35団体
有料(3,000～5,999/1時間)	8団体
有料(謝金程度)	3団体
有料(6,000円以上/1時間)	1団体
有料(そのほか)	84団体

出所：日本観光協会(2005)「地域紹介・観光ボランティアガイド全国大会(旭川)プログラム」p.50より作成。

(7) 申し込み方法

　ガイド予約の申し込み方法には、電話、FAX、郵送、Eメールなどがある。もっとも利用されているのは2001年は「電話・FAX」だったのが、2005年にはそれに郵送が加わった「電話・FAX・郵送」になった。そしてさらにそれにEメールが加わった「電話・FAX・郵送・Eメール」が非常に多い。しかし、**表14-8**でわかるように「電話」だけの申し込みは少なくない。それは電話が個人宅のものの場合などがあるからである。そして、その他に「FAX」だけの申し込みも少なくなかったことが印象的であった。予約締め切り時期は、「7日前」が最も多く、「14日前」も多い。しかし「予約不要または当日可」も非常に多かった。

表14-8　申し込み方法

(単位：団体)

申し込み方法	2001年	2005年
電話	94	160
電話・FAX	331	131
電話・FAX・郵送	60	276
電話・FAX・Eメール	8	43
電話・FAX・郵送・Eメール	—	215
電話・郵送	16	45
FAX・郵送	24	20
その他	13	92

注）その他の主な内容は、当日直接受付のみとFAXのみの受付である。
出所：日本観光協会(2001)『地域紹介・観光ボランティアガイド名鑑』および日本観光協会(2005)『地域紹介・観光ボランティアガイド組織一覧　2005年版』より作成。

(8) 地域観光ガイドボランティアにおける課題

　地域紹介・観光ボランティアガイドの全国大会で挙げられた問題点を中心に整理してみることにする。ガイド技術の向上のために研修や学習会を充実させる必要性、会員の自然減に対する会員の確保、継続的な採用や教育による団体の維持の問題、会員の高齢化(体力の衰え)の対応はどのようにしたらよいのか。そして団体のPRの問題でガイドの依頼が少ない団体では、ガイドのやる気がそがれるなど、ガイド団体の崩壊につながる危機があるので観光客をいかに増やし、活動の機会を増やすかが課題となってくる。そのために観光関連業界等への情報提供やパンフレットへの掲載などで団体のPRを行う必要があるとされている。

　団体の運営では運営そのほかすべて役員任せではなく、会員の参加を促進することが大切である。従って会長や役員は交代制をとるのが望ましい。このボランティアガイドは地域を中心に活動するため地域で関心を持ってもらうことも必要であり、そのためにまちづくりなどにも力をいれている。最近はまちづくりにおける役割の重要性が認識され始めており、観光ガイドボランティアによる地域活性化、新観光資源発掘が地域にとって見逃せないほど

重要なものになってきている。

　以上、地域観光ボランティアガイドの現状について紹介してきた。このような概要を踏まえて、この地域観光ボランティアガイド団体の事例として2001年筆者が調査を行った観光の名所である京都の5つの団体を簡単に紹介したい。

4. 地域紹介・観光ボランティアガイド団体—京都を中心に

(1) 京都SKY観光ガイド協会

　京都SKY観光ガイド協会は、1993年「ねんりんピック京都大会」でデビューした。京都にガイドが足りないことや、生涯学習事業の一つとして京都府によって設立された。以前は京都SKY大学[2]の文学・歴史専科の人々がガイドをしていたが、今は会員募集をして先発された人々が養成コースを修了し、その後ガイドとして活動している。ガイド地域は京都市内および京都府南部域であり、北部は別申し込みになっている。そして申し込みは希望日の5日前までに電話やFAX、郵送でするのが原則である。京都SKY観光ガイド協会は、ボランティア精神に基づいた有料ガイドであり、2時間以内が3,000円、その次からは1時間ごとに1,000円がプラスされる。有料である分、強い責任感をもってガイドに望んでいるようである。

　主な仕事としては、修学旅行生ガイド、定点ガイド[3]、一般ガイドがある。この中でも修学旅行生ガイドは修学旅行に来る前から手紙のやり取りをしたり、修学旅行が終わって帰ってからはお礼状もくるなど世代間の交流としての役割も果たしている。ボランティアガイドは約111名でその中の3分の2が男性であり、ガイドの平均年齢は67歳である。またこの京都SKY観光ガイド協会は、京都市内はもちろん京都府にも支部を設置している。そして会が発行している協会誌として「協会だより」がある。

　ここでいうSKYとは、健やか(S)・快適(K)・豊か(Y)な大空のような、明るい長寿社会づくりを意味している。

(2) 大山崎ふるさとガイドの会

　京都市から南の方にちょっと離れた静かなところにある「大山崎ふるさとガイドの会」は、1995年京都府の支援のもとに大山崎町教育員会が住民の生涯学習振興を目的に「ふるさと案内人養成講座」の受講生を募集し講座修了後、1996(平成8)年1月に「大山崎ふるさとガイドの会」が結成された。生涯学習ボランティアサークルである「大山崎ふるさとガイドの会」は、ガイドを始めてからも町の歴史や文化を学び、今や月2、3回テーマを決めて勉強会も行っている。会長は、毎年交代式。養成講座は大体3年ごとに行われ、2000年度にも行われた。ガイドするのは大山崎歴史資料館を中心にアサヒビール大山崎荘美術館等などがあり、天王山祭りがあるときはそのお手伝いもしている。

　大山崎ふるさとガイドの会は無料であり、ボランティアガイドは54名である。

　現在は、ガイドの会が中心になって仲良くなった人々で飲み会をしたり旅行に行ったりして活発なコミュニケーションの場としての役割も果たしている。この会は4つの班に分かれ、各班が一週ずつ担当している。そして勉強会の時には各班で発表したりするため、発表の班は準備のため事前勉強会を設けたりしている。大部分の動きが班ごとに行われるため、班員以外の人ともコミュニケーションをとるために他の趣味の会、例えば朗読会なども設けている。

(3) 宇治観光ボランティアガイドクラブ

　1996年宇治観光協会・宇治市の養成によって観光客誘致を目的として設立された「宇治観光ボランティアガイドクラブ」は、京都市から南の方に下りたところにあるきれいな景色を持った場所であった。源氏物語や10円玉に印刷されている平等院など町に物語を持っている宇治は訪れる観光客も多く、主に修学旅行や町内会の利用が多い。宇治観光ボランティアガイドクラブはガイドの交通費として1,000円をいただいており、ボランティアガイド数は70名である。この会の会員は有職者やパートで働いている人もいるが、年末以外休日なしで飛び込みの人や外国の人のガイドもできるよう外国語部門も設

けている。

(4) 加悦町(かやちょう)ガイドの会

　丹後の加悦町にある「加悦町ガイドの会」は、加悦町古墳公園にはにわ資料館ができてからガイドの依頼があったのでガイドの募集が行われ、設立された。公園内のガイド料金は1回2,000円で自分の入園料として600円が必要である。現在活動しているのは10名程度であり、最初は学習会なども行われていたが、今は設立当時の中心人物もなくなり、まとめる人がいなくなったので皆バラバラになって個人でやっている。資料館に依頼をすれば資料館からガイドの方に連絡するようになっており、今や会員同士のコミュニケーションの場としての役割を果たしてない。再び会をまとめようとする動きがあったが、その後解散に至っている。

(5) 久美浜町郷土研究会

　「久美浜町郷土研究会」は、丹後の日本海に接しており、本来の目的はボランティアガイド団体ではなく、町の歴史などを勉強する郷土研究会であった。しかし町の教育員会などから町の案内を頼まれるとガイドを受けられる範囲で受けている。ここの連絡先も会員の個人の住所であった。
　しかし、ボランティアで自分の町を案内しているので地域観光ボランティアガイドとしての枠組みに入れることした。この組織は1961年に設立された。したがって地域観光ボランティアガイドとしては2番目に古い団体である。

　以上の情報は、2001年筆者が行った調査によるものをベースに、日本観光協会から協力を得て最新の情報を2005年1月の情報に更新させた。しかし、「加悦町ガイドの会」は解散したため上記のものは2001年現在となっている。そして、「加悦町ガイドの会」の後をついで「加悦町観光語り部の会」が2004年10月新しい団体として生まれた。確認されてはいないが他の団体の中でも高齢化などにより解散され、その後を継ぐ新たな団体が設立されている例が多くあるのではないかと思われる。

表14-9　地域観光ボランティアガイドの事例

1	名　称	京都SKY観光ガイド協会	大山崎ふるさとガイドの会	宇治観光ボランティアガイドクラブ	加悦町ガイドの会	久美浜町郷土研究会
2	設立年	1993年4月	1996年1月27日	1996年4月1日	1992年	1961年6月17日
3	設立者	京都府	京都府・大山崎町教育委員会	宇治観光協会・宇治市	市原　直哉	
4	現在の会長	野村　真一	木村　嘉男	伊藤　昇	？	瀬戸　久生
5	住　所	〒604-0874 京都市中京区竹屋町通烏丸東入る清水町375 京都府立総合社会福祉会館2F	〒618-0071 京都府乙訓郡大山崎町字大山崎小字竜光3 大山崎歴史資料館内	〒611-0021 京都府宇治市宇治里尻5-9　JR宇治駅前市民交流プラザ1階	〒629-2411 京都府与謝郡加悦町字明石2341 加悦町古墳公園はにわ資料館内	〒629-3576 京都府京丹後市久美浜町市野々瀬戸嘉生様方
6	電　話	075-221-1516	075-952-6288	0774-22-5083	0772-43-1992	0772-82-0058
7	FAX	075-221-1516	075-952-6288	0774-22-5083	0772-43-1992	
8	HomePage	www9.plala.or.jp/skyguide	www007.upp.so-net.ne.jp/ofg/	www.kyouto-uji-kankou.or.jp/		
9	E-Mail					
10	登録者数	157名(男性117名、女性40名)	43名(男性25名、女性18名)	81名(男性39名、女性42名)	11～12名	4名(全員男性)
11	ガイド料金	2時間以内3000円	無料	交通費として1000円	2000円	交通費・食事費
12	宣伝・広告	ホームページやパンフレット	府や市のHPなどで。市で催し物がある時に宣伝する。	パンフレットなど	なし	なし
13	利用するのは	団体・小グループ・個人	団体・小グループ・個人	団体・小グループ・個人	団体・小グループ	団体・小グループ・個人
14	年間利用頻度	2004年で13,314名	2003年で642件(5,372名)	2003年で324件(6165名)		
15	平均年齢	65.2歳	65歳	62歳	高齢化している	80歳
16	ガイド職業	先生、公務員、サラリーマン	サラリーマン・主婦	有：サラリーマン・パート		
17	ツアーコンダクターとすみわけ	トラブルなし	トラブルなし	トラブルなし		
18	リピーター	多い。特に修学旅行が多いので同学校が再利用	多い。	少ないがある。		

終わりに

　地域観光ボランティアガイドは、上述したようにまだいろいろな問題点を抱えている。しかし、毎年行われる全国大会で自分の団体の問題をすでに解決した他の団体から示唆、お互いの情報を交換している。さらに自分たちの団体のガイドの質を高めるために研修や勉強会などを行って話し合う。そし

て、他の団体がガイドしているところに旅行しながらガイドを頼み、観光を兼ねた研修を行なうなどのことを通じて問題解決に向けて懸命に努力している。

このような活動は、地域観光ボランティアガイドに参加している方の多くが高齢者であることを考えると、高齢者の余暇活動、生きがいづくり、健康活動とも連動しているように思われる。さらに、地域づくりやまちづくりなどへの参加による高齢者の社会参加やいきいきとした高齢者ライフの実現などの多方面で非常に重要な役割をしているといえよう。

本稿は、地域観光ボランティアガイドの概要を紹介することにとどまったが、この調査を通じて地域観光ボランティアガイドに参加している人の多くが高齢者または高齢期に向かっている方々であることが明らかになった。したがって今回で明らかになった点を踏まえて、高齢者の余暇と生きがい行動との関連、社会参加やいきいきとした高齢者との関連、地域観光ボランティアガイドの組織・運営方法、まちづくりとのかかわり等々について今後、さらに詳しく検討していきたいと考えている。これらの諸点については、今後の課題としたい。

［注］
1) 「ねんりんピック」とは、「全国健康福祉祭」の愛称であり、厚生省創立50周年を記念して1988年にスタートし、毎年開催されている。60歳以上の高齢者を中心にゲートボールや卓球、テニスなどの各種スポーツ競技や美術展、音楽文化祭などの文化イベントや健康福祉機器展、子どもフェスティバルなどあらゆる世代の人々が楽しめる総合的な祭典である。
2) 京都SKY大学は、京都にある生涯学習を目的とする高齢者のための大学である。
3) 定点ガイドとは、ある一定の時期だけ公開する観光地(例えば、お寺など)でガイドだけでなくいろんなお手伝いをすること。

[引用・参考文献]

1. 日本観光協会(1999)『地域紹介・観光ボランティアガイド運営活動マニュアル』。
2. 日本観光協会(1999)『地域紹介・観光ボランティアガイド活動の手引き』。
3. 日本観光協会(1999～2005)『地域紹介・観光ボランティアガイド全国大会プログラム』。
4. 日本観光協会(1999～2004)『地域紹介・観光ボランティアガイド全国大会報告書』
5. 日本観光協会(2001)『地域紹介・観光ボランティアガイド名鑑』。
6. 日本観光協会(2001、2002、2005)『地域紹介・観光ボランティアガイド組織一覧』。
7. 日本交通公社(2001)『旅行の見通し2001年』。
8. 日本観光協会(2005)『月刊観光』12月号。
9. 会経済生産性本部(2003)『レジャー白書2003』。
10. 長寿社会開発センター(2003)『生きがい研究』第9号。

〈ホームページアドレス〉

日本観光協会 http://www.nihon-kankou.or.jp。
全国観光ボランティアガイドhttp://www.nihon-kankou.or.jp/vg/index.html
京都SKY観光ガイド協会：http://www.kyouto-uji-kankou.or.jp/
大山崎ふるさとガイドの会http://www007.upp.so-net.ne.jp/ofg/
宇治観光ボランティアガイドhttp://www.kyoto-uji-kankou.or.jp/others/guide/index.htm
長寿社会開発センター：http://www.nenrin.or.jp/index.html

15. 国際観光資源に関する一考察
：国際観光資源の意義

中本　強

はじめに

　本稿は、観光資源と世界遺産の関係について論じるものである。その際、観光資源としての世界遺産の重要性について、次の2点に着目したいと思う。1つは観光資源の持つ意義であり、もう1つは世界遺産となりうるための文化的、自然的な価値観の存在意義についてである。
　従来の研究は観光資源の範囲を世界遺産におよぶというところにとどまっている。

1. 観光資源研究の意義

　まず、「観光」という用語の定義についてみてみよう。昭和44年4月17日内閣総理大臣諮問第9号に対する第一次答申『国民生活における観光の本質とその将来像』の中で、観光とは、「自己の自由時間（＝余暇）の中で、鑑賞、知識、体験、活動、休養、参加、精神の鼓舞など、生活の変化を充足するための行為のうち、日常生活圏を離れて異なった自然、文化などの環境のもとで行うとする一連の行動」と定義されている。
　しかし、「観光」についてのわれわれの認識はどうであろうか。通常われわれのもつ観光に対する認識は、豊かな自然や日常と違った文化に触れ、学び、楽しむというものであり、人の知的好奇心を満足させてくれると同時に、健康を促進してくれるものとしての理解がある。さらにいえば、観光というの

は、旅行などの観光活動を通じて、人間の心身をリフレッシュさせ、明日への活力、想像力をたくわえ、家族や友人との絆を強めるなど社会の発展を支えていくためにも必要不可欠なものでもあろう。

　上記のような精神面に加えて、観光は21世紀の世界の経済構造をより安定的にするものと考えられる。観光は常に人の移動と滞在をともなうものであり、人間の経済活動における問題を惹起する契機ともなりうる。いわば、人間がいるところには、観光活動が行われている。近年の先進国では、ものあまり現象が見られる中で、人々はものより、健康、感動、ゆとり、精神的高揚、挑戦などの精神的向上に価値を置くようになり、このような風潮は21世紀において本格化するものであろう。

　ホスピタリティ産業のような新しい産業の発達は、われわれの生活にゆとりと活力を与え、観光産業に発展しつつある。先進国にあっては、製造業を中心とする国内産業の空洞化に対し、ものづくり国家からゆとりのある観光国家へと転換する必要がある。

　かつて観光は他の専門学問の中に存在していると分類されているが、近年、実際の観光学を見てみると、むしろ他の専門学問が観光学に参入してきていると言っても過言ではない。

　日本は高度経済成長期に国内産業が製造業を中心として大量の製品を海外に輸出していた。近年では、日本などの先進国と中国などの発展途上国における国民生活レベルは、経済的に豊かになるとともに、週休2日制の普及などによって自由時間が増大し、異文化への興味が深まってきた。異文化交流を高めたいという観光活動や、レジャー・余暇活動などが生活の中で重点を占めるようになったといえる。観光産業はこれからの世界経済を牽引する基幹産業となるであろうし、国々の雇用を促進することにもなると考えられる。したがって、観光資源のもつ意義は、①人の生活における役割、②経済活動における役割、③地域振興における役割、④国際交流における役割、そして、⑤社会発展と人類進歩などの役割において人間社会に寄与するところ大であるとえよう。

　同時に、われわれは観光資源によって、地域の文化を発見・創造し、地域

の活性化を図ることが出来る。すなわち、観光資源は、地場産業への波及効果をも発生させ、所得と雇用を拡大することによって、地域経済を活性化するための先導役としての大きな役割が期待できる。

　国際資源としてみた国際観光には、国際交流を促進し、直接人々が触れ合うことによって相互理解を深めるという役割がある。また、別の側面では、国家や地域間の所得再配分の手段の1つとなり、世界経済におけるより均衡の取れた発展に寄与するものと考えられる。『中国旅遊統計年鑑1999』によると、1998年の中国における国際観光外貨収入は、126.02億米ドルである。これは、中国が外国人観光客から得た収入である。新中国における中国人による海外観光の開始は広東省から香港への観光団を送り出した1983年である。そして、1997年7月中国は「国民自費出国観光管理方法試行案」が制定され、国民の自費による海外観光が正式に許可された。現在許可されている観光目的の国や地域は、香港、マカオ、朝鮮半島、東南アジア諸国、オーストラリア、ニュージーランド、ヨーロッパ、アメリカ、日本などである。中国人による海外観光は、生活レベルが上昇した中国人の消費傾向の1つといってもよい。

　しかし、このような消費傾向の下で、中国人観光客の国際理解が十分に得られていない傾向があり、世界の経済貿易摩擦をより進化させる危険性も指摘できる。よって、国際観光を通じて、お互いの理解を深めることが今日において重要な課題となるであろう事は必定であろう。

2. 人間と資源

　資源は自然界に存在して、また、人間の生活資源として重要である。資源は人間の生存の基盤でもあるといえる。われわれは資源を主に自然資源、産業資源、生活資源などの種類に分け、現在、その根幹に迫る存在意義について学術的論考が加えられつつある。

　一方、観光資源は、「『観光対象』(人の観光意欲を満たすすべてのもの)から観光事業体の供給する財貨とサービスを取り除いたもの」を意味する[1]。これを分類すると、自然的資源、文化的(人文的)資源、社会的資源、および産業

的資源に分類することができる[2]。しかし、これらは相互に重なる部分がある。たとえば、産業資源は、同時に生活資源でもある。生活資源と産業資源との大きな差異は、「保護を必要とはするものの、観光者が適正な利用を行う限り消耗しないという特色を持っている」[3]。

観光活動は、古代から行われている。紀元前2世紀ごろに成立した東西通商の路「シルクロード」は、代表的な1つである。当時の都である長安(現西安)から、アジア大陸を横断し、ローマにいたる壮大なものである。人間の空間的移動およびそれに伴う環境の変化によって社会的現象を喚起してきた。人間にとって観光活動は、歴史を形成する1つの重要な要素ともいえる。

観光資源は、自然を主とするものや、建造物、ならびに文化遺産をもって、観光資源とするものが多い。また、観光地への輸送を含めた交通手段、ホテル、水族館や動物園、自然公園など、観光資源の枠組に入るものも少なくない。今日、国際観光は国や地域の経済にとって重要な収入源であり、雇用機会を与えてくれる。国際観光の移動や滞在、見学、見物、買い物などには、多くの場合、金銭のやり取りが発生する。このような貨幣の流動は国や地域および観光地に種々の経済的影響を及ぼす。それと同時に、観光を支えるためには、人々がさまざまなサービス業に従事するという多くの労働力が必要となっている。さらに、国際観光は外貨収支を左右する点でも多くの国にとって重要な政策上の関心事になっているのみならず、経済協力開発機構(OECD)などでの国際交渉の場でホットな議題にもなっている。

普遍的価値を有する自然遺産、文化遺産は重要な観光資源であることはいうまでもない。とりわけ、われわれに歴史への興味と知識、世界と地球への関心と理解、自然と文化への愛情を育んでくれる場でもあり、人間に感動と興奮をもたらしてくれるところもある。

しかし、世界的な環境汚染・破壊が進み、公害問題などの深刻化にともない、環境の重要性に対する認識が急務となり、地球全体の環境を維持することが何よりも重要視されるようになった。観光資源の開発と環境の保全との関係において、環境の悪化が重要な問題となっている。先進国では、経済成長よりも環境を重視すべきとの論調が高まりつつあるが、開発途上国の今後

の経済的発展のためには、観光に力を入れる国が多い。外貨獲得と地域振興を図るため、観光資源の開発は必定である。たとえば、アジアの環境、アジアの自然とアジアの国々の文化遺産が、開発という名のもとに破壊され、世界遺産の観光資源としての価値を消失する可能性もある。今、われわれはこのような問題を回避するために如何なる対策を講じるべきかについて考えることがきわめて重要であり、必要である。

3. 世界遺産保護への動き

　地球の歴史は約50億年、人類の歴史は約500万年といわれる。この時間の流れの中で、地球は、美しい自然を作り上げ、人類は多くの文化を築きあげてきた。しかし、近年の人間による開発や自然の風化および変化によって、このような遺産が急速に失われつつある。

　1972年パリのユネスコ(国際連合教育科学文化機関)本部で開かれた第17回ユネスコ総会では、「世界の文化遺産および自然遺産の保護に関する条約」(通常「世界遺産条約」(The World Heritage Convention))が満場一致で採択された。これを契機に、世界遺産保護への機運が高まった。

　この条約は「世界遺産委員会」[4]が世界の文化財・遺跡の中から人類にとって重要な意義をもつ文化遺産・自然遺産を選定し、人類の共同遺産として保護しようというものである。

(1) ユネスコの世界遺産とは

　中国の万里の長城、ギリシャのアクロポリス、オーストラリアのグレートバリアリーフ、アメリカ合衆国のグランドキャニオン、ペルーのマチュ・ピチュ歴史保護区など、世界には人類にとってかけがえのない自然や文化が数多くある。

　日本の原爆ドームは、世界人類にとって反省と自覚の指標であり、戦争と自滅の危険に対する警告塔である。

　人類が過去に残した偉大な文明の証明ともいえる遺跡や、失われてはなら

ない貴重な自然を保護することによって、これらの人類共通の自然や文化の財産[5]として保護・保全し、次世代へ継承していかなければならない。これは、私たちに課された責務でもある。

世界遺産は、人類のかけがえのない宝物である。われわれはこの宝物を守るために、世界規模での約束ごとである世界遺産条約を締結した。

世界遺産には、人類の「文化的工作物」[6]である［文化遺産］と、学術上・鑑賞上の価値を有する自然環境である［自然遺産］がある。

(2) 世界遺産条約の採択と発効

文化的な遺産を国際的協力のもとで保護するという運動は、1960年代、エジプトでアスワン・ハイ・ダムの建設時に、ダム湖で水没するヌビア遺跡を救済するユネスコの呼びかけから始まった。同時に、1972年にスウェーデンのストックホルムで開かれた「国連人間環境会議」において、危機に瀕する自然遺産を保護するための決議がなされた。これを受けて、ユネスコや国際自然保護連合の専門家たちによって、文化遺産と自然遺産を保持するための条約づくりが進められ、1972年のユネスコ総会で「世界の文化遺産および自然遺産の保護に関する条約（通称：世界遺産条約）として正式に採択された。1975年には、20カ国がこれに批准し、発効されるに至った。

「世界遺産条約」は、多くのユニークな特徴を備えた国際条約である。特に従来対立する概念とみなされてきた「文化」と「自然」が相互に補完しあう関係としてとらえなおされた。それぞれを「文化遺産」「自然遺産」として保護していこうとする考え方が提示されたことは重要である。たとえば、ある民族の文化的アイデンティティがその民族の暮らしの中に培われることや人類がその営みの中で作り出した歴史的建造物が周囲の自然環境との調和においてその美しさを際立たせていることは、「文化」と「自然」の現れである。

(3) 世界遺産委員会の活動

世界遺産委員会は、加盟国から選ばれた21カ国を代表とする専門家から成立した「世界遺産委員会」を通じて活動している。「世界遺産委員会」は年に一

度会合を持ち、2つの活動を行っている。1つは、世界遺産リストの作成である。加盟国から推薦された文化遺産および自然遺産の候補を検討し、世界遺産リストに加えるべき遺産を決める。この中には、それぞれの遺産についての評価報告書の作成も含まれている。これらの活動は、国際的な民間団体の協力を得ている。文化遺産については、「国際記念物遺跡会議」(ICOMOS)ならびに「文化財の保存および修復の研究のための国際センター」(ローマセンター、ICCROM)からの援助があり、自然遺産については、「国際自然保護連合」(IUCN)の協力を得ている。

2つは、締約国は、「世界遺産委員会」に対し、遺産の保護のために援助を求めることである。世界遺産委員会は、各国からの要求に対して、基金をどのような技術援助、財政援助に使うかを決める役割がある。

ユネスコは、人類の文化と地球の自然を「大切な宝物」である世界遺産として守り、これらを未来へ引き継いでいくためのひとつの試みである。最大の加盟国数を有する国際保護条約「世界遺産条約」に基づき、国家を超えた人類共通の財産として、多種多様な物件[7]が世界遺産に登録されている。

2005年8月現在、条約加盟国は180カ国であるが、ユネスコが設立した政府間の協力機構である世界遺産委員会の批准を経た「世界遺産リスト」の登録数は、文化・自然および複合遺産を含め約812件、137カ国にものぼる。

世界遺産条約への加盟は、国内に存在している優れた普遍的な価値をもつ遺産を次世代にそのままの状態で残していくことを国際社会に誓うことである。そして国際社会は、各遺産の保護を援助するために、世界遺産委員会を設立したのである。

(4) 世界遺産委員会とリスト

世界遺産委員会は、加盟国から推薦された物件を世界遺産への登録が妥当かどうかを審議し、「世界遺産リスト」に加えるべき遺産を決める。また、各々の遺産についての評価報告書を作成している。

2005年8月現在、世界遺産リストに登録されている812物件の遺産の内訳は、自然遺産が160物件、文化遺産が628物件、自然遺産と文化遺産の両方の登録

基準をあわせもつ複合遺産が24物件ある。この中には「負の遺産」といわれる「アウシュビッツ強制収容所跡」や、かつて奴隷の積み出し港になったセネガルの「ゴレ島」、広島の「原爆ドーム」などが含まれている。これらは人類が同じ過ちを繰り返さないために、文化遺産に登録された。「負の遺産」は歴史事実を後世に残すという点において意義深い。戦争はなぜ起こったのかあるいは、なぜこのような負の遺産ができたかについて、戦争の悲劇を記憶し、その教訓を生かさなければならないという「人類の共通の記憶装置」といってもよいであろう。

「世界遺産リスト」に記載されている世界遺産のなかで、大規模災害、武力紛争、各種開発事業、自然環境の悪化などの理由で、極度な危機にさらされ緊急措置が必要とされる物件は、「危機にさらされている世界遺産のリスト」に登録されている。2004年7月現在では、35物件がある。

世界遺産の知名度の上昇とともに、加盟国も登録地も増えつつある。世界遺産は、世界に広く知られるようになった。世界遺産条約は、数ある国際条約の中では最も親しまれている。世界遺産はいまや観光の吸引力にもなっている。ユネスコと国連環境計画(UNEP)による世界の98カ所の自然遺産を対象にした調査では、調査対象の53%が観光産業の発展で周辺住民の収入が増え、生活水準が向上したと答えている。

つまり、国際観光は周辺住民に観光客による富をもたらしてくれたと証拠である。

一方、登録地の偏りも指摘され、登録地の半数が欧米に偏在し、一部の富裕先進国が独占しているという批判も多い。つまり、文化遺産の登録は自然遺産よりも3倍以上もあり、キリスト教関連の遺産が多く、他の宗教のものが少ないという事実がある。しかも、人間の活動とともに生き続けてきた文化・景観といったものも軽視されがちである。こうした批判を受けて、1994年には「世界遺産の世界戦略」が練られ、遊牧民や移住民の文化、産業技術から生まれた文化、民族のルーツ、先住民の居住や環境にかかわる文化など新たな登録をうながす努力がはじまっている。

登録について、1990年代より問題となっていた登録数・登録地域のアンバ

ランスに関して、2000年代に入り、本格的に制限されるようになった。それまでに、世界遺産の半数がヨーロッパ地域に集中し、世界遺産の8割近くが文化遺産である。1カ国あたりの毎年の審査数は最大2件で、ただし、文化遺産は1件までで、2件出す場合は1件以上が自然遺産でなくてはならない。また全推薦数の上限は毎年45件とし、まず、世界遺産ゼロの国からの推薦を優先し、続いて未登録分野の推薦が優先される。これによって果たしてアンバランスが解消されるかは疑問であるが、ヨーロッパ諸国の大量登録(1997年、イタリアから一挙10件登録された例が顕著で)が制限されるのは良いであろう。

(5) 世界遺産の登録基準(criterion)

世界遺産委員会による世界遺産の登録基準の概要は、下記の通りである。

[自然遺産]
① 生命進化の記録、重要な進行中の地質学的・地形形成過程あるいは重要な地形学的・自然地理学的特徴を含む、地球の歴史の主要な段階を代表する顕著な見本であること
② 陸上・淡水域・沿岸・海洋の生態系や生物群集の進化発展において、重要な進行中の生態学的・生物学的過程を代表する顕著な見本であること
③ 類例を見ない自然の美しさ、または、美観的にみてすぐれた自然現象あるいは地域を包含すること
④ 学術的・保全的視点からみて、すぐれて普遍的価値を持ち、絶滅のおそれのある種を含む、野生状態における生物の多様性の保全にとって、特に、重要な自然の生息生育地を包含すること

[文化遺産]
① 独特の芸術的成果を示すもの
② 建築や都市計画・景観に大きな影響を及ぼしたもの
③ 消滅した文明や文化的伝統の証拠を示すもの
④ ある様式の建築物あるいは景観のすぐれた見本となるもの
⑤ 単一あるいは複数の文化を代表する伝統的な集落、土地利用を示すもの
⑥ 優れて普遍的な価値をもつ出来事、生きた伝統、思想、信仰、芸術に関

するもの

以上は世界遺産条約の発効と世界遺産に対する動きをまとめたものである。

4. 世界遺産の観光資源的意義

　世界遺産の観光資源的研究は未だ歴史が浅く、観光的側面からの研究にとどまっている。しかし、観光資源としての成立は資源そのものの価値の評価であり、研究の重要なポイントである。この章において、筆者は、世界遺産の観光資源的意義ついて検討を加え、観光資源に対する日本政府の対応についても言及したい。

(1) 観光資源

　観光資源の概念とは、「観光上の諸効果を生み出す源泉として働きかける対象となりうる諸事情である」[8]、観光資源の資源価値とは、「その観光資源を開発することによって、生み出される観光上の諸効果の大きさであるといわれる」[9]。

(2) 観光資源と世界遺産の関係

　観光資源は、性質上、多岐にわたっており、①自然観光資源、②人文観光資源、③複合型観光資源に分けられる[10]。

　まず、自然観光資源は、自然系資源で、原始的要素の強い景観から人為的要素が加味された田園風景や、さらに人工的要素が卓越した都市景観に至るまで、その資源的要素は多様であるが、一般に美しい自然景観や珍しい自然景観を基調としている。

　つぎに、人文観光資源は、人文系で、文化財・社寺・宮跡・行事といった分類で示されている。

　3つに、複合型観光資源は、自然と人文などの複合した観光上の諸効果を生み出す対象である。

前述した世界遺産はこれらの観光資源の要素を内包しており、その関係はきわめて密接なものである。また、これらに深い関連をもつ観光業は、産業部門の中で成長のもっとも早い産業として知られ、世界でももっとも脚光を浴びる産業としても注目されている。

　世界観光機構（WTO）によると、世界全体の観光量は2010年まで年平均4.1%の成長を持続すると予想している。海外観光客数も2000年には7億200万人、2010年には10億1,800万人に達し、国際観光市場の規模は観光客の消費額が1日40億ドルを越えて、年間1兆5,500億ドルに達すると予測している。

　世界遺産への関心は世界規模であり、自然環境および歴史的環境の保存に積極的に取り組む姿勢が見られるようになった。世界遺産は世界各国にとって観光資源としての認識も高まり、その価値についても同様である。そのため世界遺産はもっとも有望視される資源となっている。世界遺産の保存は、人間による経済活動や開発行為に起因する地球環境問題とも無縁ではない。これまでにも、経済活動や開発行為が優先する中で、自然や文化の保存が後手に廻っていたようにも思われる。したがって、自然や文化の保護や保全を前提にした経済活動や開発行為のあり方を考えていくことも重要である。

　観光資源には、長い歴史や、麗しい山河だけではなく、各民族に培われた独特な民俗学的な文化も観光の発展に寄与するところが大きい。

　世界には、137カ国に、国立公園が1,561あり、合計面積は3億3,500万ヘクタール（世界の全陸地面積の約2.2%）に及ぶといわれる。国立公園の定義や、国立公園内の土地の所有状況などは、国によって異なるが、数多くの国立公園（National Park）が世界遺産に登録されている。これらは、自然遺産や複合遺産だけではなく、文化遺産の中にも数多く含まれるようになった。

(3) 世界遺産と日本の対応

　日本には、国立公園が28カ所、国定公園が55カ所ある。今後、日本は世界遺産への登録を検討していく場合、県境や市町村境を越えた広域的な視点を重視し、自然環境の保全と文化財の保護を図っていくことが重要ではないかと思われる。

日本は、世界主要国の中で、世界遺産に関心の低い国といわれてきた。1972年の世界遺産条約の採択20年後にようやく加盟国となった。これは、日本が経済を優先して、自然環境保護を後回しにしてきた結果でもある。先進国とはいえ、前述したように先進国では、環境を重視すべきとの世論が高まったことと、環境に対する意識が高まった。日本も最近になってようやく世界遺産への関心が高まったといえよう。

　日本政府は、批准の翌年に「法隆寺地域の仏教建造物」と「姫路城」の2カ所の文化遺産と、「屋久島」と「白神山地」の2カ所の自然遺産の計4物件を初めて世界遺産に登録した。1994年には、「京都古都の文化財」が追加され、1995年の「白川郷・五箇山の合掌作り集落」、1996年の「原爆ドーム」と「厳島神社」を加えて、1998年の「古都奈良の文化財」、1999年の「日光の社寺」、2000年の「琉球王国のグスクおよび関連遺産群」、2004年の「紀伊山地の霊場と参詣道」、2005年の「知床」も加えられた。日本もおくればせながら、13カ所の世界遺産をもつまでになった。しかし、隣の国である中国は31カ所も登録されていた。それと比べても、日本の登録数はまだ少ないといえる。

　世界遺産をめぐる朗報も少しずつ聞こえるようになった。保護のために専門家養成や技術教育などの援助も「世界遺産基金」によってようやく軌道に乗ってきた。同時に、世界遺産の保護や国際協力に取り組む国の数も増えてきた。世界遺産に対する関心度の高い国や認識度の高い国は、国民も世界遺産に対する意識が高い。それらに対する活動機関があり、世界遺産の保護に当たっている。たとえば、ノルウェーには世界遺産ノルディックセンターがあり、カナダには世界遺産都市協会が設けられている。

　日本でも、内戦で荒廃したカンボジアのアンコールワット遺跡の修復に、官民合同の救済委員会を組織して立ち上がった。また、ベトナム戦争の激戦地となって、破壊された古都フエも、ユネスコ・アジア文化センターが中心となって、1996年11月から復興の募金活動が始まった。イースター島(チリ)では、倒壊していたモアイ像が、日本の起重機メーカーによって修復された。

　しかし、先進国だけではなく、途上国の一部でも経済の膨張や余暇の拡大が続いている。それにしたがって観光客の増加や観光施設の増大、様々な開

発圧力、さらにはゴミの増大、環境汚染なども深刻化している。特に、途上国の場合は維持管理費用の不足だけでなく、スタッフの不足など管理体制の立ち遅れが顕著である。途上国の自然や歴史遺産を今後とも守りつづけたいと願うなら、我々がそれを保護するためにどのように援助や協力が可能なのかを真剣に考えねばならない時期にきている。

5. 中国と日本における事例

　普遍的価値を持つ自然環境や文化財が、ユネスコの世界遺産に登録されることは、世界各地での身近な自然環境や文化財を見直す動機づけになるのではなかろうか。また、世界遺産保有地域においては、世界の人々の目から常に監視されることにもなり、登録遺産の保護・保全のために、より一層の努力が求められ、その責任の重さを負うことになる。さらに、世界遺産への登録は、その地域のネーム・バリューを国内外にアピールしていく絶好の機会となることも確かである。

　世界各地の登録された世界遺産についてより深く観察し、考究することによって、自分たちの周辺環境をグローバルな視点から見つめ直し、21世紀の観光資源の開発にも反映していくことができれば、社会的にも大変意義のあることと思われる。

　これらの問題に取り組むため、筆者は1999年に日本における中国の世界遺産[11]に対する認識度に関する調査を行い、その結果を2000年2月に開催された日本観光学会で発表する機会を得た。コースの設定は交通の便など、いくつかの要素も考慮に入れた旅程である。そのデータによると、中国の観光コースのなかに中国でも知られた世界遺産をめぐるコースがいくつかあるが、調査した結果は設定コース数132通りに対し、何らかの形で世界遺産をめぐるコースが111あることがわかった（**図15-1**）。

　中国の観光コースの中で、世界遺産を訪れるためのコースが設定されているものの占める割合は、全体の約84％を占めることがわかった。万里の長城、北京故宮、秦始皇帝陵および兵馬俑坑など知名度の高い中国の世界遺産につ

(15.9%)

(84.1%)

世界遺産をめぐるコース
世界遺産をめぐらないコース

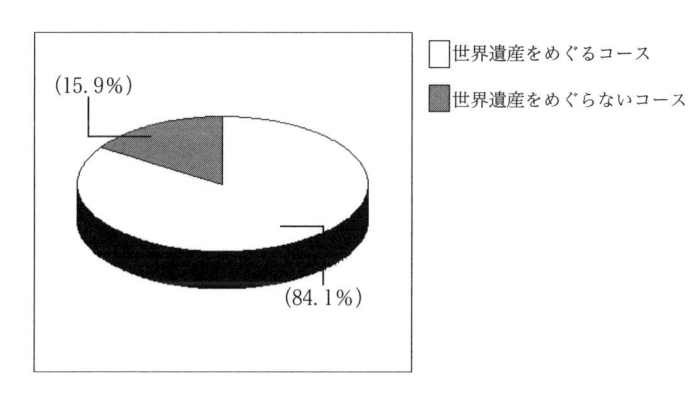

図15-1　世界遺産が設定コースに占める割合

いての関心度が高い一方で、隣国でありながら、その他20カ所の中国の世界遺産に対しては、日本の人々の関心度が低いことも同時に確認する事ができた。これは中国本土の広大な地域や交通の利便性、旅費、宿泊施設にも問題があるであろうと考えられ、今後の中国の世界遺産と観光資源としての広報活動の重要性について理解されよう。

　一方、日本について、日本の世界遺産[12]の1つである「白川郷・五箇山の合掌造り集落」では、世界遺産に登録される前後から、観光客は大きく増加し、100万人にも達する。

おわりに

　時代の移り変わりの中で、観光業は新しい時代を迎えようとしている。

　我々は、かけがえのない自然環境を保護することは、世界のすべての人々にとって重要である。自然環境・自然遺産の状況の悪化・喪失はかけがえのない地球にとって、また人類共有の財産の損失となるであろう。

　以上から、観光資源と世界遺産の関係についての重要性について、単に中国のみならず、世界遺産のPRと観光事業の有効な手段の必要性と、またそのための環境保全の重要性を知ることができた。

[注]
1) 足羽洋保(1997)『観光資源論』、中央経済社、5頁。
2) 同上、5〜6頁。
3) 日本交通社(1984)『現代観光用語辞典』。
4) 世界遺産条約では、顕著な普遍的な価値を有する文化遺産および自然遺産の保護のために世界遺産委員会を設置することを定めている。この世界遺産委員会は世界の異なる地域および文化が均等に代表されるよう選ばれた21カ国によって構成されている。委員の任期は6年間で、2年ごとに3分の1(7カ国)が改選される。しかし、再選が可能である。現在この21カ国はオーストラリア、カナダ、モロッコ、マルタ、エグアドル、ベナン、キューバ、ギリシャ、ジンバブエ、フィンランド、ハンガリー、メキシコ、韓国、タイ、ベルギー、中国、コロンビア、エジプト、イタリア、ポルトガル、南アフリカとなっている。
5) 財産は一般的に経済的価値があるものの総体を指す。ここでは、有形、無形の価値を有するものの総体をいう。
6) 工作物は一般的に材料に機械の加工をして組み立てて作ったものを指す。筆者はここで、世界登録基準1に定めた人間の創造的才能を表す傑作であることの意味をとり、「文化遺産」を人類の文化的工作物として理解する。
7) 物件という言葉は通常法律では土地を含まないという意味であるが、世界遺産の物件は土地とその上にあるものも含む。
8) 小谷達夫(1994)『観光事業論』、学文社、49頁。
9) 同上、50頁。
10) 山上徹(1997)『国際観光マーケティング』、白桃書房。
11) 中国の世界遺産(2005年8月現在)31件は、以下の通り。

登録年	遺産名	遺産種類
1987年	周口店北京人遺跡	文化遺産
	万里の長城	文化遺産
	北京故宮	文化遺産
	敦煌莫高窟	文化遺産
	秦始皇帝及び兵馬俑坑	文化遺産
	泰山風景名称区	文化自然複合遺産
1990年	黄山風景名称区	文化自然複合遺産
1992年	武陵源風景名称区	自然遺産
	九娟控風景名勝区	自然遺産
	黄龍風景名称区	自然遺産
1994年	承徳避暑山庄及び周囲の寺院群	文化遺産
	武当山古建築群	文化遺産
	チベットポタラ宮	文化遺産
	曲阜孔廟・孔府・孔林	文化遺産
1996年	廬山風景名称区	文化遺産
	峨眉山―楽山大仏	文化自然複合遺産
1997年	平遥古城	文化遺産
	蘇州古典園林	文化遺産
	麗江古城	文化遺産
1998年	頤和園	文化遺産
	天壇	文化遺産

1999年	武夷山	文化自然複合遺産
	重慶大足石刻	文化遺産
2000年	龍門石窟	文化遺産
	安徽省南部古民居	文化遺産
	都江堰と青城山	文化遺産
	明清皇家陵墓	文化遺産
2001年	雲崗石窟	文化遺産
2003年	三江併流	自然遺産
2004年	高句麗王国の王都と陵墓	文化遺産
2005年	マカオ歴史城区	文化遺産

12) 日本の世界遺産(2005年8月現在)13件は、以下の通り。

登録年	遺産名	遺産種類
1993年	白神山地	自然遺産
	法隆寺地域の仏教建造物	文化遺産
	姫路城	文化遺産
	屋久島	自然遺産
1994年	古都京都の文化財	文化遺産
1995年	白川郷・五箇山の合掌造り集落	文化遺産
1996年	原爆ドーム	文化遺産
	厳島神社	文化遺産
1998年	古都奈良の文化財	文化遺産
1999年	日光の社寺	文化遺産
2000年	琉球王国のグスクおよび関連遺産群	文化遺産
2004年	紀伊山地の霊場と参詣道	文化遺産
2005年	知床	自然遺産

[引用・参考文献]
1. シンクタンクせとうち総合研究機構(2000)『世界遺産データ・ブック―2000年版―』。
2. 松本達也(1993)『国際観光入門』、高文堂。
3. 香川真(1996)『現代観光研究』、嵯峨野書院。
4. 平田幹郎(1992)『新版現代中国データブック』、古今書院。
5. 中華人民共和国国家旅遊局(1999)『中国旅遊統計年鑑1999』中国旅遊出版社。
6. 小沢健市(1994)『観光を経済学する』、文化書房博文社。

本稿を作成に当たり、以下のインターネットを参考にした。
  http://www.dango.ne.jp/sri/topics2.html
  http://www.unesco.or.jp/sekaiisann/history.htm

第4部　持続可能なツーリズム

16. ツーリズムと環境保護〈Ⅰ〉
：英国ナショナル・トラストのワーキングホリディを通じて

中村　茂徳

はじめに

　現代社会の多元化と観光旅行の多様化が進むにつれて、様々な観光行動や観光資源が創出されてきた。

　農村についても新たな価値が20世紀末以降に再検討されようとしている。これまでの観光旅行では観光的な資源価値の評価が低かった農村が、現在では農業自体の価値だけでなく農村が形成される環境により複合的な価値を持つようになった。英国におけるカントリーサイドは、農村や森、丘、小川、遊歩道などから構成されており、まさしくそのような価値を有する典型といえよう。

　この小論では、英国カントリーサイドの自然景観を保全するナショナル・トラストにおけるワーキング・ホリデーを通して、余暇活動と田園文化の持続的発展について考察し、その中に21世紀型観光旅行において重要視されている持続可能なツーリズムとしての可能性を探ってみたい。

1. カントリーサイドの保全

(1) コモンズ(Commons)の存在

　英国のカントリーサイドは伝統的な自然景観美を有している。なだらかな丘陵地帯には緑が広がる。そこでは羊や牛が放牧されており、まさしく牧歌的景観がそこにはある。このようなシンボリックな自然景観美はイギリス人

のみならず外国人旅行者をも魅了し、英国の重要な観光資源として国内外から評価されている。外国人旅行者にとっての英国観光の期待は、英国の歴史・文化遺産とカントリーサイドの景観が上位を占めている。

　カントリーサイドには、コモンズと呼ばれる場所が現在でも残っているが、それは地域住民の共同利用可能な空間として存在していたものである。中世において農民はそこで家畜の放牧や木の実や薪の採取を行っており、いわば収益権としてコモンズにアクセスしていた[1]。しかし18世紀における産業革命などにより農村社会の伝統的な農業経営形態は崩壊し、それまでイギリス農村の主であった小土地保有者層以下の農民は、田園から都市への移動を余儀なくされ、工場労働者となるものが多かった。さらに都市から資本が田園地域に投入されるので、森や湿地等は工場や運河、大農地へと移り変った時代であった。これを機に、コモンズは伝統的な形態（収益としての場）から新しいものへと変化する[2]。

(2) コモンズ保存協会の誕生

　1865年に、コモンズを保全・保護するために世界最初の環境団体「コモンズ保存協会」(The Commons Preservation Society：現在はOpen Space Societyと名称変更)が設立された[3]。この団体は、コモンズのオープンスペース化を主な目的として、コモンズを国民的なアメニティの空間とする運動を行った。国民が自由に散策したり、遊んだり、スポーツに利用できる空間としてコモンズは再生したのである。ここで伝統的な収益権から国民のレクリエーションの場とする公益権としてのコモンズへのアクセスが可能になったのである。

　現在のカントリーサイドの利用状況からみて、この19世紀後半のコモンズに対する公益権という思想がその基本となっているようだ。土地の所有者はいるが、その土地がコモンズとして存在してきた歴史があれば、たとえ私有地であっても、人々は散策できるのである。地主はそれを妨げることはできないが、コモンズへのアクセスについての法的争いは今尚起こっている。このようにコモンズへのアクセス権が国民全体の共通認識があるために、旅行者はイギリスのカントリーサイドで自由に散策できるのである[4]。

コモンズ保存協会はコモンズをオープンスペースの対象とみなし、誰でも自由に利用できる空間すなわちアクセス権の重要性を世論に訴えたのである。民衆のために開放された緑の空間及び余暇活動の場としてのコモンズはカントリーサイドに新たな魅力を付加したことになった。

(3) ナショナル・トラストの誕生

コモンズ保存協会は、コモンズへのアクセス権が私的所有権から脅かされる状況と土地売却の件数が増加傾向にあったために、その対応に追われていた。協会メンバーの中に、コモンズそのものを取得しそれを管理運営していこうとする発想が生まれた。その発想は、1865年に設立されたナショナル・トラスト (The National Trust for Place of Historic Interest Or National Beauty：以下「英国NT」) に受け継がれた。当初、自然景勝地を対象とした保全が歴史的建造物よりも重要視されていた[5]。

英国NTは寄付や贈与などにより土地買収をおこない伝統的な自然景勝地を保護していくことになった。この保護されたカントリーサイドは英国NTによりプロパティ (Property：森や庭園などの保護資産) として管理運営されており、国民の憩いの場所として半永久的に存続するようになったのである。そのような場所では、観光客は地主の妨害に遭うことなく、アクセス権の自由を行使できるようになった。イギリス全体ではまだ一部であるが、ここにコモンズの公益権が実際上確立したといえる。それは国民の新たな自然観、すなわち「自然環境＝アメニティ」とみなす認識が確立したともいえる。この環境認識によって現在のカントリーサイドの美的空間は損なわれずにいる。その国民認識を啓蒙的に実施している活動にワーキング・ホリデー (Working Holiday) がある。次の章ではワーキング・ホリデーの実態を検証したい。

2. ナショナル・トラストのワーキング・ホリデー

(1) ワーキング・ホリデーの目的

日本で従来知られているワーキング・ホリデーは、青少年育成のためのも

のであり、海外での異文化経験を主たる目的として、それに付随して就労することを認める制度である。一方、英国NTのワーキング・ホリデーの目的は、ナショナル・トラストの所有するプロパティ内におけるベースキャンプ（簡易宿舎など）に一定期間滞在して、自然環境や歴史的遺産の保全活動に従事しながら休暇を過ごすことを指している。

(2) ワーキング・ホリデーの概要

英国NTでは、環境教育の啓蒙活動として若者向けのAcorn Campsを1967年に開催した。16歳から24歳までを対象に、3週間の期間、田園地帯の修復活動を行うものであった。**表16-1**に示されているように、現在では、多様なコースが設定されている。例えば、35歳以上や50歳以上の年齢別コース、さらに海外ボランティアプロジェクトなどがあり、作業種類についても、単純な野外の作業のみならず、考古学的調査、古建造物の修復や植物学的調査など専門的作業も行うようになっている。キャンプ期間は、2、3日の短期間のものから1年間の長期間のものまであるが、1週間前後が一般的である。

(3) ボランティアの支援体制

英国NTが所有しているプロパティの保全活動を支えるものとして、専門スタッフのほかに、ボランティアの協力がある。彼らは余暇を利用して、ワーキング・ホリデーに参加しながら、自然環境の保全や歴史建造物の修復作業等に従事している。

表16-1のように、ボランティアの参加年齢条件も緩和されているので、20代の若者と老齢者が同じキャンプで協力し合いながら作業を行うケースもある。

ワーキング・ホリデーは、基本的にキャンプ方式となるので、全参加者は現地での宿泊施設をベースに寝食を共にしながら生活を送る。作業に関しては、専門スタッフの指導の下で、決してスパルタ式ではなくで、参加者の健康状態などを考慮しながら作業が進められるので、参加者は自分のペースで仕事ができるようになっている。キャンプ施設もここ数年で安全面や生活道

表16-1 ワーキング・ホリデーの種類

種類	費用(£)	特徴	年齢
Acorn	55～66	最も多くの種類の保全活動と場所を提供。初心者が参加し易くなっている。	17～60
Archaeological	55～66	考古学に関心のある人。専門的知識が無くても参加可能。	18～60
Construction	55～66	建造物や石壁などの修復。専門的知識が無くても参加可能。	18～60
Events	55～66	英国NTが主催する各種催事の準備、設営、整理など。Acorn経験者を求む。	18～60
Oak	55～66	35歳以上限定。内容はAcornと同様。	35～70
Oak Plus	55～66	50歳以上限定。内容はAcornと同様。	50～70
Short Breaks	29	2～3日間の短期。内容はAcornと同様。	18～
Touchwood	40	補助を必要としたり、障害がある参加者と協同作業を望む方を対象。内容はAcornと同様。	18～60
Trust Active	29～100	保全活動と戸外でのスポーツ両方を楽しみたい方を対象。	18～60
21 Plus	55～66	21歳～35歳まで。内容はAcornと同様。	21～35
Venture	80	期間は10～14日間。外国の参加者との協同作業。各チームとも6～7名ずつ。保全活動や文化遺産視察があり、異文化交流を重視。	18～
Wild Track	55～66	生物や植物に関心のある学生や社会人を対象。カントリーサイドにおける生態系などの地図を作成。	18～70

(これは、英国NTワーキング・ホリデーのガイドブックJanuary 2003 to March2004を参考にして筆者が作成)

具品等において充実してきているので、作業後のフリータイムにおいても居心地の良い時間が過ごせるようになっている。

参加者は特に都市住民が多く、またリピーターも多いのが特徴である。ヨーロッパはもとより、海外の参加者も増加傾向にある。2001年の英国NTの調査によると、ボランティアの労働時間は225万時間に上っている。参加者の中にはボランティア経験後、そのまま英国NTのスタッフやカントリーサイドに関わる仕事についたりする人もいる。

3. アシュリッヂ・エステイト(Ashridge Estate)の事例

(1) アシュリッヂ・エステイトの概要

アシュリッヂ・エステイトは、ベドフォード(Bedfordshire)州、バッキンガ

ム(Buckinghamshire)州、そしてハートフォード(Hertfordshire)州に跨るチルターン丘陵地帯において、およそ5000エーカー(約2000ヘクタール)の面積を占めている。ロンドン・ユーストン駅から北西へ電車で約40分を要するトリング駅から2キロほど離れたところにある。元はブリッヂウォーター(Bridgewater)伯爵家の領地だったが、その遺産を市民の寄付金で買取り、1926年に英国NTの所有地になった。樹齢100年以上のブナやオークの森と広大なコモンズには、イラクサやブルーベルなどの草花が茂り、野生の鹿やリス、美しい囀りを聞かせてくれる野鳥等が多く生息している。また遺跡や記念碑などの歴史的遺産もあり、生き物と文化財の双方に配慮した管理作業がなされている。アシュリッヂ・エステイトで、2002年8月に開催されたベンチャー・ホリデーを事例として説明したい。

表16-2 日英ベンチャー・ホリデー2002年度の概要

期　　間	2002年8月18日 ～ 27日(10日間)
作業内容	丘陵地帯の整備(草刈、池掃除、伐採、柵作り)
作業時間	午前8時30分～午後5時(作業内容等によって若干の変更有。)
参加費	80ポンド(内訳：キャンプ中の宿泊、食事、施設・用具利用などの費用が含まれる。)
参加者	日本人：6名 ／ 英国人：6名　(男女比は、各々3名：3名)
〃 年齢構成	22歳～66歳
〃 特徴	都会に住み、職業はデスクワークが中心。(教師、司書、事務)
特徴	1週間以上のボランティア活動の場合には、英国NTのプロパティへの1年間無料パスポートがもらえる。

(筆者作成)

(2) 作業内容

1) 草刈(Raking mown grass)

　近年放牧が行われなくなり、サンザシ(Howthorn)などの潅木が侵入してきたことにより、草地特有の植物や鳥類、昆虫が消えつつある。かつての放牧地に牛や羊を放せるような状態に戻し、多様な生物が生息できる環境をつくり、一定のオープンスペースが確保されることを目的としている。

　作業地では背丈が高い草が生えていたエリアであったが、専門スタッフがあらかじめ機械で作業地の草を刈り取り、ある程度ひらけたエリアになっていた。作業は熊手(Rake)のような道具を使って下草刈りされている草を集め、

ある程度集まったらフォーク(Chrome)のような道具を使って決められた場所まで運ぶものであった。

2) 伐採(Coppicing hazel)

　景観保全と動物の生態系保護のためにハシバミを伐採する。例えば、原生種のヤマネ(Native Dormouse)は冬季にはハシバミの根元に巣を作り、夏季には上方の枝で過ごす。ハシバミが放置されると、ヤマネも減少するので伐採が必要となる。もう一つの理由としては、伐採後には丘陵地帯を望む景観が現れる。作業場沿いの遊歩道(Footpath)ではウォーキングを楽しむ旅行者や散策者などが足を休め、その景観を堪能し、ボランティアへ労いの言葉をかけていたのが印象に残っている。

　作業については、鋸でハシバミを低めの位置で切り倒す。切り倒す瞬間も安全確認のために「Timber!」と叫びながら作業を行う。切り取った5メートル前後の木々は細かく切り分け、指定された森の中に集めた。道具類の使用やサンザシも多くあったので、安全面には特に配慮する必要があった。

3) 池掃除(Pond clearance)

　池の堆積物や泥、茂りすぎた植物(ミツガシワ、ガマ)を除去し、水辺の動植物の生態系を保護するのが目的である。全員腰まである長靴を着用し、レイキ(Rake)によって池の中にある水生植物の除去を行う。作業は非常に労力を要し、時間と手間がかかるものだった。また泥水のため、衛生上の注意をスタッフが強調していた。

　作業は、池全体を清掃するのではなく、4分の1の部分はそのまま残しておいた。様々な生物たちへの配慮のためである。池から除去した草などは森の指定された場所へ運び出し、有機肥料となる。

4) 柵作り(Fencing)

　アシュリッヂ・カレッヂ(Ashridge College)に隣接する英国NT所有のゴルフコース境界線の古い柵を取り壊し、新しい柵を作る。非常に硬いチョーク層だったので、フォレスター(Forester：森林管理官)たちが重機を使って穴を掘るのを助けてくれた。基本的には、昔ながらの道具で作業することになっている。参加者は専用のスコップ(Shove holer)で穴を掘る。穴に木材を立て、

隣の木材との間隔や水平かどうかを確認しながら少しずつ土を戻し入れて、それを丁寧にタンパー（Tamper）で垂直に打ち付けて土を固めながら固定していく。縦の柵ができたらそれに横木をわたしていく。横木の木材は、メジャー付の机に固定して安全を確認した後で、鋸で切り、それを釘で打ち付けていく。このように非常に根気が要る作業であると同時に安全に配慮したものとなっている。今回の柵の耐久期間は、25年くらいは持続するようだ。

写真1　草刈り

写真2　伐採

写真3　池掃除

写真4　棚作り

（3）キャンプの総括

キャンプ終了後に、チーム内には一種の家族のような雰囲気が存在し、参加者全員がそれを実感していた。今回のベンチャー・ホリデーは参加者の声からすれば成功したものと考えられるが、ここでその成功理由を再度検討してみたい。

日英両チームのメンバー構成については、人員数、年齢層、男女比の点からも、同様な数値でバランスが取れていた。またメンバーの参加理由として、

双方の文化に関心があったという点からもコミュニケーションが積極的に図られていた。このことは、言葉の壁をある程度緩和してくれて、チーム内の雰囲気を和んだものにした点で効果的だった。

保全作業について注目すべき点は、作業の進め方である。始業前に、専門スタッフから作業の内容とその効果、そして注意点などの説明が丁寧に毎回行われた。参加者は作業中でも疑問があればその都度質問することができた。作業工程は、一応ノルマ的なものはあるが、参加者の状態に合わせて進むので、オーバーワークにはならない。経験のある参加者は、自分自身で休憩を取りながら、ゆっくりと作業を楽しんでいるように見受けられた。

作業のない休日については、参加者の希望を参考にしながら、スタッフと両リーダーが意見調整を行いながら、スケジュールを決めていった。全体行動の時もあれば、個人行動で分散する時もあるが、いずれの場合もリーダーが管理し、スタッフとの連携を密に図っていた。通例、英国NTが管理するマナーハウスや庭園への訪問や、スタッフによる当該地域のガイドウォークや生態系の講座などに参加するなど、様々なプログラムが企画されている。

以上の点から、ホリデーを受け入れる各キャンプ地の専門スタッフの役割は非常に大きい。作業ボランティアとしての参加者を単なる労働力とみなさずに、環境保護の学習者または観光客のように接してくれるその姿勢の中に、スタッフのホスピタリティを感じることができた。そこにこのホリデーの人気があるだろう。

おわりに

ワーキング・ホリデーへの参加者は最近では年間4,000人以上と増える傾向にあるが、英国観光全体に占める比率はまだわずかでしかない。現在、英国NTは大きな転換期にあり、新たな戦略を推進している。英国NTは、長期的戦略The National Strategic Plan を掲げて、「教育」と「観光」の両面から将来的な組織運営に取り組んでいる。

「教育」という観点から、環境教育や生涯学習を重視しており、地域に点在

している各プロパティをその機会の場として提供している。例えば、歴史的遺産については、サマースクールや教育センター、そして地域の集会所又は公民館のような場所として活用されている。児童以外にも、社会人などのリカレント的な場所にもなっている。フリーターやニート、そして少年犯罪を経験した人々の社会復帰を手助けする場所としても活用されている点には注目させられる。

最後に、英国NTのワーキング・ホリデーとは、英国伝統のカントリーサイドの環境保全とそれ自体の観光資源としての価値創出に貢献をしている。他の団体にもこのホリデーに類似したボランティア・プログラムはあるが、「自然環境」および「歴史遺産」の保全作業と、ボランティアとしての余暇活動、そして休日の観光と3点を組み合わせて、全国的に推進している点については先駆的であり、ナショナル・トラスト運動の推進にも繋がっていることは非常に意義がある。

21世紀における「観光」と「環境保護」のバランスは、今まで以上に重要な問題となってきている。英国NTのワーキング・ホリデーは、人々に自然環境や歴史遺産の中での余暇の豊かな過ごし方を提供している。若者から老齢者、そして健常者から障害者までのあらゆる人々を多種多様なプログラムで受け入れるシステムがあるワーキング・ホリデーは、価値観の多様化した現代社会には適したものとなっている。このシステムが持続的に発展していくためには、参加者の世話をする専門スタッフの充実とボランティアリーダーの育成が重要となる。そして地域との協力関係（学校や他の団体）によって、地域住民との交流も密になり、プロパティ保全の意義が多くの住民に明確に認識されることに繋がっていくことになる。

[注]
1) コモンズの変遷については、平松紘の『イギリス環境法の基礎研究』の中で、裁判記録の資料等を中心に詳細に説明されている。平松は、"すなわち、イギリスのコモンズは基本的に、他人の所有権に属する地盤を対象とする収益権(profits in alien solo)の一類型としての"profit a prendre"であり、「他人の土地に対する権利」と「自然産出物の一部の採取」の2要素がそれを構成するのである。……」と述べている。平松は、産出物の種類

による類型として、放牧入会権(common of pasture)、採木入会権(common of estovers)、泥炭採掘入会権(common of turbary)、土壌入会権(cmmon in the soil)、漁労入会権(common of piscary)、豚放牧権(pannage)を上げている。平松紘、1995、『イギリス環境法の基礎研究』、敬文堂、7頁から29頁参照。
2) 当時のカントリーサイドは、次第に産業革命による工場化や都市化、そして農業革命の合理化の影響により、自然景観の崩壊と大気や水質の汚染という損害を被りつつあった。19世紀になると、コモンズであるフォレストでは、狩猟の動物の減少から一転して動物保護の運動が行われた。皮肉なことだが、この運動により動物を取り巻く自然環境についてもその保護運動の対象となったのである。やがて、19世紀中葉になるとコモンズを保護する運動が始まった。労働者階級においても、余暇の時間が制度的に保証され、衛生や住環境にも福祉的な援助が差し伸べられ始めた時期でもあった。都市労働者は様々な汚染の蔓延する空間と狭くて劣悪な居住環境における日常生活と長い労働時間を余儀なくされていた。このような過酷な生活条件の下で、市民権を少しずつ獲得しつつあった労働者階級にとって、余暇の時間はまさしく自己のアイデンティティ回復のためのものであった。都市近郊のコモンズでの散策は、庶民にとって経済的負担もかからず、健康のためにも適した余暇活動であったのである。
3) グレアム・マーフィ、四元忠博訳『ナショナル・トラストの誕生』1992年、緑風出版(Graham Murphy, Founders of National Trust, 1987.)第1章27頁以降。四元はThe Commons Preservation Societyを入会地保存協会と訳している。その組織設立に最も尽力したジョージ・ジョン・ショウ=ルフェーブルを中心に設立背景について詳細に述べられている。コモンズ保存協会の基本的趣旨について、平松紘は協会の機関紙から次の文を引用している。「我々は、入会地、緑地、オープンスペース、公道、そしてそれらを享受する国民の権利を保全することをキャンペーンする。我々は、地方自治体や公衆に助言し、我々が贈与や買取りによって、取得したオープンスペースを管理保全する。」と記載してある。平松、前掲、第6章317頁。
4) カントリーサイドにはフットパスと呼ばれる散策道が縦横に走っている。ローマ時代に造られた歴史的なものから畦道的なものまである。人々は余暇の娯楽として、また観光目的として散策を楽しんでいる。まさしく英国人にとっての散策は国民的レジャーの一つとして上げられている。ロマン派詩人ウィリアム・ワーズワスを例にとれば、散策は客のもてなしや話し合いの場であり、また詩作や思慮に耽る場であったのである。

英国人にとって散策が最も愛される娯楽の一つとして定着した原因の一つには、「ランブラーズ協会」(The Ramblers' Association)が国民の歩く権利を主張し、その運動を続けてきたことが上げられる。その成り立ちは、地方の散策クラブが集まり、1931年には、「ランブラーズ連盟国民評議会」が生まれ、そして1935年に現協会として設立される。平松紘、『イギリス緑の物語』、1999年(2001年第2刷)、明石書店、第3章182頁以降。
5) 自然景観と歴史遺産の保全運動において1世紀以上の歴史を有する英国ナショナル・トラストは、1895年に設立されて、現在では土地所有の環境保護団体のNGOでは、ヨーロッパ最大の規模である。248,000ヘクタールの土地と600マイルの海岸線を所有する。会員数はおよそ264万人を数え、年間のボランティア参加者は38,000人以上にのぼる。木原啓吉、『ナショナル・トラスト』、三省堂、1992年(1998年新版)、グレアム・マーフィ、

四元忠博訳、前掲、参照。
6) この事業は、英国ナショナル・トラストと社団法人日本ナショナル・トラスト協会とで共催するプロジェクトであり、N.T.E.ジャパンの支援を受けている。1993年から始まり、現在までに100名以上を英国へ派遣している。派遣者は帰国後、日本国内外で、ナショナル・トラスト運動の推進に貢献している。

[引用・参考文献]
1. Ann Holt, 1995, THE ORIGINS AND EARLY DAYS OF THE RAMBLERS' ASSOCAITION, Ramblers' Association.
2. 木原啓吉『ナショナル・トラスト』1992年（1998年新版）、三省堂。
3. Graham Murphy, 1987, Founders of the National Trust, （1992年、四元忠博訳『ナショナル・トラストの誕生』、緑風出版）
4. G. M. Trevelyan, 1926, History of England, （1975年、1993年第9刷、大野真弓監訳『イギリス史』、みすず書房）
5. G. M. Trevelyan, 1944, England Social History, （1983年、2000年第5刷、松浦高嶺、今井宏共訳『イギリス社会史』みすず書房）
6. 角山栄・村岡健次・川北稔、2001年、『産業革命と民衆』、第4刷、河出書房新社。
7. Lawrence Rich, 2000, WITH THE NATIONAL TRUST, （2000年、N.T.E.ジャパン訳『英国ザ・ナショナル・トラストと共に』N.T.E.ジャパンクラブ）
8. 中村茂徳・難波田真希・大澤啓志、2002年「英国ザ・ナショナル・トラストの組織改革の動きとその新ビジョン」『環境情報科学』31号(4)：80頁から82頁。
9. 中村茂徳、2002年、「英国ザ・ナショナル・トラストにおける観光戦略の転換—The National Strategic Plan の概要—」『ツーリズム学会誌』2、84頁から88頁。
10. 平松紘、1995年、『イギリス環境法の基礎研究』、敬文堂。
11. 平松紘、1999年（2001年第2刷）、『イギリス緑の物語』、明石書店。
12. Stephen Gill, 1989, William Wordsworth A Life, Clarendon press, Oxford.
13. THE NATIONAL TRUST, 2001, 1999/2000 Annual Report and Accounts.

17. ツーリズムと環境保護〈II〉
：和歌山県・天神崎ナショナル・トラスト運動を通して

中村　茂徳

はじめに

　日本において、環境保護運動の一つであるナショナル・トラスト運動が誕生して約40年になろうとしている。市民参加型の環境保護運動として、また全国的な拡がりをもつ運動として、その存在は一般の人々にも知れ渡るようになった。ナショナル・トラスト運動は、募金や寄付金により、自然的・歴史的環境である土地や建物などを取得して、地域住民の協力のもとでそれを資産として保全していくものである。ナショナル・トラスト運動を推進する団体の活動の根幹をなすものは、一つは会員やボランティアの協力であり、もう一つは募金や寄付金および会費などの資金である。保全資産の獲得および維持管理のためには、運営資金の捻出が組織の大きな課題として存在している。

　日本では、この運動の推進形態が、自治体主導型、市民主導型、自治体と市民の公私協力型に分かれる。ナショナル・トラスト運動の本質からすれば、市民主導型がその典型をなすものといえる。英国と比べて、環境保護に対する法的制度の遅れや不動産の高騰により、日本的市民主導型は、運動の推進に厳しい環境に置かれている。各団体は、土地取得費用の確保や人材の養成、そして会員の拡大の必要性を十分に認識しているが、新たな戦略を模索している。

　地球規模で環境問題が議論される中で、資源のリサイクルや環境保全への関心が高まると同時に、ナショナル・トラスト運動の各団体にも人々の注目

が集まるようになった。そのような社会的なニーズを満たす手段として、「観光」と「教育」の2点が挙げられた。「観光」では、エコ・ツーリズムに代表されるような持続可能な観光形態を想定しており、トラスト資産の価値を損なわいと同時に観光客へのサービスの充実を意図している。一方、「教育」では、生物観察や自然環境への理解を目的とした環境教育を念頭に置きながら、学校教育における総合学習への支援と子供の環境認識の形成にも貢献しようとしている。特に、「観光」では、直接的な現金収入が生じるので、各団体の運営資金確保には即効性がある。また、観光客は、潜在的な会員やボランティア等の可能性を有しており、組織の安定化を図るためには重要な存在としてみなされる。

この小論では、日本におけるナショナル・トラスト運動の先駆的取り組みの一つである天神崎の事例研究を通して、果たして「観光」は環境保護運動の持続的発展に寄与できるのかについて分析を試みる。

1. 天神崎の代表性としての意義

(1) 天神崎ナショナル・トラスト運動の概要

日本におけるナショナル・トラスト運動は今からおよそ40年前の1965年、神奈川県鎌倉鶴岡八幡宮の裏山の御谷(おやつ)で起きた宅地造成開発反対運動であった。その運動を進めた一人であったのが大佛次郎であり、彼はナショナル・トラスト運動を紹介し実践した。その結果市民による土地買い取りは成功し、現在でも御谷は保全されており、その周辺地域の自然環境も守られている。しかし、この運動の特徴の一つでもあるのだが、土地取得後は、当初の目的が果たされたことにより休止活動に入る[1]。やがて1970年代に入ると列島改造ブームが起こり、1974年には和歌山県田辺市も例外ではなく、高級別荘地開発の計画が天神崎に起こった。その開発に反対する地元市民の草の根的な運動を起点として、天神崎のナショナル・トラスト運動は始まったのである。

天神崎を代表的事例として取り上げる理由は、日本でのナショナル・トラ

スト運動の先駆的事例の一つであり、現在もその運動が継続されており、持続的発展を遂げているところにある。二つ目は、市民が主導的な立場にあり、活動形態は主として、募金や寄付金などによって取得していく点は、英国のナショナル・トラスト運動の本質に通じるところがあるからである。三つ目は、その環境的特徴である。天神崎の岩礁地帯は、生態系の希少的価値が備わり、学術的証明がなされている。一方では、岩礁地帯や小高い山は、市民の憩いの場として、今日まで利用されている。買い取り対象地域は山部分であるが、小路を挟んですぐ海となっているので、山の破壊は直接的影響を海にも及ぼすことが考慮されるので、ひとまとまりの地域として保全しようとしている。

　天神崎ナショナル・トラスト運動は、およそ30年の歴史を有しており、現在も活動が持続している。当時、日本ではナショナル・トラスト的な運動の先例は一つしかなく、その情報すら運動推進者達の知るところまでは及んでいなかった。天神崎の場合、試行錯誤しながらも、土地取得において着実に

写真1（市街地＋岬全体）　　　写真2（岬＋岩礁地帯）

写真3（岩礁地帯近景）　　　写真4（岬頂上付近）

（写真1～4：「天神崎の自然を大切にする会」からの提供）

成果を挙げていった。しかし、現在、専任スタッフや会員の高齢化、そして経済的不況による低金利等による運営資金確保の困難さという課題を有している。これらの課題は、他のナショナル・トラスト団体にも共通なもので、その問題解決は市民参加型の自然環境保護運動が、将来的に、日本で発展していけるかどうかの指針になると考えられる。天神崎ナショナル・トラスト運動の持続的発展の可能性を探ることは、日本人の環境認識の形成という側面からも非常に社会的意義性がある。

(2) 天神崎の環境的条件

　天神崎は、和歌山県田辺市の紀伊田辺駅からタクシーで約10分、自転車なら約25分、徒歩なら約50分程度の場所に位置している。田辺南部海岸県立公園の一部であり、**写真1・2**の通り、日和山を含む丘陵地と岩礁地帯からなる岬である。森と海の循環関係が保たれている自然景勝地である。詳細については、下記の通りである[2]。

1) 当該地域　海岸林：約20ヘクタール（県立公園第3種特別地域）
　　　　　岩礁域：約13ヘクタール（　〃　第2種特別地域）
　　　　　合　計：約33ヘクタール

　海岸林地域は、標高36メートルの日和山と岬先端にある28メートルの斎田山がある。岩礁域には、小さな丘陵地「丸山」があり、そこには現在天神崎のシンボルとしてみなされている灯台がある。広大な海食台の沖への張り出しは最大250メートルに達しており、干潮時には13ヘクタールが露出し、多くの割れ目ができ、水路や潮だまりで生物などの観察ができる。**写真3**の通り、その形状はおよそ平面的なので、小中学生には遠足や観察学習として利用されている。また釣りや磯遊び、ダイビング、散策によって、市民は憩いの場として利用している。

2) 当該地域の自然

　丘陵地帯は、薪炭材としての伐採により、森は人工的保護下にあった。現在は、**写真4**のように、松枯れの後、ウバメガシの植林が進み、常緑広葉樹を主とした照葉樹林となりつつある。以前あった水田は、生態系保護の湿地

として利用されている。

3) 取得面積

表17-1にあるように、約30年間にわたる運動の成果については、取得した天神崎の面積は、およそ6万8千㎡となり、金額としては約6億円に至っている。

表17-1　買い取り面積

区分	公簿面積(㎡)	年次	第次	価格(万円)	所有
A	2,39.00	1976年(昭和51年)	1	350	財団
B	6,176.00	1978年(昭和53年)	2	5,000	田辺市
C	6,366.00	1984年(昭和59年)	3	5,376.3	財団
D	25,969.00	1985年(昭和60年)	4	即決和解金による和解(金額は未公表)	財団
E	3,752.32	1988年(昭和63年)	5	3,400	財団
F	4,115.67	1993年(平成5年)	6	12,426	田辺市
G	431.26	1994年(平成6年)	7	3,574	田辺市
H	1,208.80	〃	8	10,954	田辺市
I	801.38		8		
J	4,206.00	〃	9	6,064	財団
K	3,320.00	〃	9		
L	4,321.21	1996年(平成7年)	10	2,225	財団
M	1,237	1998年(平成10年)	11	5,350	田辺市
N	781	1999年(平成11年)	12	2,083	財団
O	丸山	〃	13	1,200	田辺市
P	4,312.00	2003年(平成15年)	14	寄付	田辺市
Q	980.05	〃	15	1,088	財団
R	359.08	〃	16	966	財団
	307.57	2004年(平成16年)	17	820	財団

（「天神崎の自然を大切にする会」の資料を参考に筆者作成）

(3) 天神崎のナショナル・トラスト運動に関する先行研究

　ナショナル・トラスト運動についての先行研究は、日本においては1970年代から始まる。鎌倉の御谷での運動によって、その運動の存在が世間に知られ、その後、和歌山県や北海道で、同様な運動が起こる。天神崎に関する調査・研究では、第一に、環境庁国立公害研究所の西岡秀三と北畠能房による『ナショナル・トラスト運動にみる自然保護に向けての住民意識と行動』(1986)がある。日本で、ナショナル・トラスト運動が住民参加型環境保護活動として定着するのかどうかについて、天神崎と知床の運動参加者の意識調査から

検証している[3]。

　第二に、財団法人日本自然保護協会による『天神崎自然観察地域設置調査報告書』(1979)の中で、当時、京都大学理学部付属瀬戸臨海実験場所長の時岡隆は、天神崎の岩礁地帯の隣接山林を保護することこそ、当該地域における豊富な生物相も保護できると主張している。天神崎が住民の憩いの場としてだけでなく、多様な生物などの自然観察を行う教育の場としても重要である点に注目している。

　天神崎を事例研究として取り上げた先行研究の学術論文は他にはない。ナショナル・トラスト運動に関する先行研究は、1980年代から、その運動の概念や歴史、建築や都市計画等の分野で取り扱われるようになった。しかし、ナショナル・トラスト運動の事例分析について調査研究したものは稀である。環境社会学では、堀川三郎が小樽運河保存運動を事例として、町並み保存の観点から景観所有の問題としてナショナル・トラスト運動を取り上げている。この40年間に亘って、日本各地で、50以上のナショナル・トラスト運動が興っている。各運動には、その規模の差異はあるが、地域に密着した運動を展開している。英国とは比較にならないが、運動の精神は息づいているといえよう[4]。

　先行研究の中で、西岡・北畠によるナショナル・トラスト運動参加者の全国的な意識調査は意義深いものである。小論のテーマであるナショナル・トラスト運動の持続的発展についての課題を検討する上で非常に関係が深いものであると認識している。西岡・北畠の研究当時の背景は、1982年に環境庁の先導の下で、ナショナル・トラスト研究会が発足した時代であり、ナショナル・トラスト運動のような自然保護運動についての研究が日本で緒に就いたばかりであったといえよう。当時のナショナル・トラスト運動研究がイギリスに関する研究が主流であったことを考えると、西岡・北畠の日本型ナショナル・トラスト運動の実態を調査した点からも貴重な研究資料である。

　次節では、天神崎のナショナル・トラスト運動の発展過程を辿りながら、その生成を検証する。

2. 天神崎ナショナル・トラスト運動の発展過程

(1) 運動の草創期(1974年〜1982年)

　天神崎の岬部分は、海産物の採集だけでなく、地元では「暖気(のんき)」[5]という慣習があり、市民の憩いの場として親しまれてきた歴史がある。小学生にとっては課外学習の場であり、また遊び場でもあった。天神崎の丘陵部分には、入会地権が設定されており、田圃や薪炭用の木の伐採などで利用されていたことから、住民の生活には欠かせない場でもあった。現在、市民の余暇の場所として、散策や釣り、眺望などの余暇活動の場として、いわばオープンスペース的な空間として存続している。

　そのような景観が優れた場所ゆえに、産業開発にとっても魅力的な場所でもありうる。1974年に天神崎南東部に高級別荘地造成が計画されたが、それに反対する運動が起きた。地元の高校教師外山八郎がリーダー的役割を果たしながら市民の協力を得て、開発反対運動のために「天神崎の自然を大切にする会」(会長小山周次郎)を組織したのであった。当初は、実力行使の抗議的運動というよりも署名活動や陳情で行政に開発を抑制してもらうことを考えていた。

　先述のとおり、天神崎の海岸林地帯は、1972年に田辺南部海岸県立自然公園第3種特別地域に指定されているので、開発阻止は可能であるように思えた。しかし第2および第3種地域の県立公園の開発は可能であった。確かに署名活動と陳情によって、業者の開発は五分の一に縮小されたことで成果はあったのだが、まだ開発予定の土地への対応策が残った。そこで募金をして土地を買取るという運動に方向転換していくのである。

　1974年10月、運動の参加者たちはまず買い取り資金を集める為に、「熱意表明募金」という運動を起して他の市民にアピールした。同時に自然観察教室を開催して、環境教育的な運動でもあるという立場も明確にした。その後、財団法人日本自然保護協会の協力を得ながらその運動を推進していく。やがて、それは1977年12月に「天神崎市民地主運動」として本格的に活動することになる。これ以後、運動に賛同する支援が寄せられるようになる。それから

5年間で「天神崎の自然を大切にする会」、「天神崎保全市民協議会」、「天神崎保全協会（財団法人準備会）」の3団体が設立され、協同関係のもとでその運動が推進されていった[6]。

　天神崎の場合、従来の抗議デモを相手に起すのではなくて、開発業者や土地所有者らに理解と協力を求めながら進めていく方針をとったことは注目に値する。この運動推進の基本的なコンセプトは、①自然保護運動と教育活動の繋がりと②土地所有者との友好的な関係；犠牲の分かち合い精神、が挙げられる。地元慣習からくる募金活動の難しさを克服したのは、市民とのコミュニケーションであり、さらには県外に住む地元出身者との繋がりを大事にしたことである。

　1978年から、芸術家グループからの支援が加わり、その後、他の団体などからの支援が増加していく。また財団法人日本自然保護協会などの環境保護の専門家からの支援は、天神崎の自然に学術的証明を示し、客観的な証拠とした。ここで、この運動のコンセプトの一つである、「自然保護―教育」の関係が正当化された。1981年以降、それまでは年一回であった自然観察教室を年二回に増やし、その維持運営の充実を図るために前年度には自然観察普及維持会員をボランティアとして募集した。1982年には、行政との関係が好転し始める。田辺市、和歌山県の協力によって、第二次保全地を公費によって、取得してもらった。これ以後、天神崎の保全地域は、自然観察教室の場として公に認められることになった。

　天神崎の運動が地元を中心に、県外の関係者まで認識されはしたが、当該土地の取得費用の確保については、1978年から1982年まで、募金活動が停滞し、自転車操業的な運営が続き、運動継続の最大の危機であった。

(2) 運動の第二次段階（1983年〜1994年）

　1982年の後半から、マスコミ各社に、天神崎の運動が紹介される[7]。また、環境庁でナショナル・トラスト研究会が発足し、その運動事例として天神崎と知床が調査対象地となる。1983年以降、マスコミによって、知名度が全国区となり、市民関係者以外からの寄付金が増加していく。同時に、ナショナル・

トラスト運動の知名度も浸透していくことになる。この年、環境庁は、ナショナル・トラストの日本名を公募し、その結果「国民環境基金」に決定する。このような社会的背景において、天神崎のナショナル・トラスト運動は、県内外で積極的な募金活動を展開していくことになる。同年末には、「ナショナル・トラストを進める全国の会」第一回全国大会を田辺市で開催するに至った[8]。

　1984年には、寄付金に係る所得税の租税特別措置を受ける「特定公益増進法人」に、自然環境保全法人も翌年から認定されることになる。この税制面での改革によって、「天神崎保全市民協議会」は、財団法人設立のために全財産を財団法人に寄付するとともに、財団法人設立をもって協議会を解散する方向に向かう。1986年6月、和歌山県知事から設立許可を受けて、翌月、「財団法人天神崎の自然を大切にする会」が設立される。その資産総額は、2億2,345万円となる。

　広報活動については、会報「天神崎通信」の創刊や講演、市民集会、他の環境保護団体との集会などを毎年開催し、積極的に運動の啓蒙活動を推進していった。その結果、和歌山県「身近な自然環境保全活動支援モデル事業」の補助金交付を受ける。1993年、行政からの支援体制のもとで、第六次・第七次・第八次保全地を取得していく。

　この時期は、天神崎ナショナル・トラスト運動の認知度が高まることによって、募金や寄付金が集まり易くなり、同時に様々な団体との協力関係が構築できるようになった安定期である。

(3) 運動の第三次段階(1995年〜2004年)

　運動開始から、約21年が経過した1995年5月には、第十次保全地(4,321平方メートル)を取得し、目標20万平方メートルの約3分の1にあたる6万3千平方メートルに達した。各自治体の視察やマスコミの取材以外にも、学校からの見学も徐々に増加した。知名度は確実に全国区として拡がりを見せたが、平成バブル崩壊後の低金利によって、運営資金の調達に大きな障害が生じた[9]。

　1995年度の一般会計収支決算書によれば、収益事業(Tシャツやテレホンカード)からの資金は全体の3％にしか過ぎない。主な収入財源であった基本財産

運用収入は、1991年度と比較すると半分以下まで落ち込み、翌年には3分の1に至った。預金利息についても、同様な数値となっている。

1996年1月には、この運動の中心的な役割を果たした外山八郎氏が永眠した。外山氏の思いは、他のスタッフに受け継がれており、その後も運動の流れは弛まず、天神崎への視察・見学が減少することはなかった。

1999年、主たる運営資金の利息分が1991年度の3分の1以下となり、運営が不可能となった時期である。当時、財団は、この運動のシンボル的存在であった灯台を田辺市との協力のもとで、丸山と一緒に購入したが、それらは篤志家の寄付金によって賄われた[10]。また、念願の観察センターに関する事業計画については、一度計画を白紙に戻した後、改めてセンター建設の計画を練ることになった。

財政面では、超低金利時代の影響により、基本財産の利子の増加が見込めない緊縮状況となる。財団は、民間の各種団体との協力関係を継続発展ならびに新規構築を図っていく(「緑の地球防衛基金(OMCエコロジーカード)やJA紀南の郵送料からの支援が行われている」)。

2003年以降は、そのような財団の外部に向けたアピールにより、教育関係以外からの視察・見学が増加傾向にある。会員数は、1991年度をピークとして減少傾向の一途を辿っているが、財団は現在の訪問者の増加を何とか会員数の拡大に繋げる計画を模索している。

3. エコ・ツーリズムの可能性

(1)「財団法人天神崎の自然を大切にする会」の運営状況

2004年、第22回ナショナル・トラスト全国大会が田辺市で開催された時に、第1部会「環境を活かした資産作り」では、資産の維持管理費を補う方法の一つとしてエコ・ツーリズムの導入が提案された。エコ・ツーリズムは、環境の保護を第一とする観光形態であり、マス・ツーリズムのような多くの利潤は生まない。環境保護の立場からすれば、観光客に対し環境資産の価値を認識させ、かつその保護活動への参加を促す可能性を持っている。直接的な現

金収入の確保と会員やボランティアの人的協力が増加することにより持続的な資産管理が可能となる。

　環境保護運動を推進する各団体の運営状況は、その資産管理において厳しい舵取りが求められており、外部との協力関係の構築と観光による資産活用等の新しい手立てを講じなければ、運動が停滞してしまう状況にある。

　天神崎ナショナル・トラスト運動も同様な状況にある。では、「財団法人天神崎の自然を大切にする会」の運営状況の分析については、下記の**図17-1**を参考にする。天神崎のナショナル・トラスト運動を進める団体が、財団法人として再出発した1986年以降の正式な資料を整理したものである。財団法人の運営費の基礎となる基本財産や雑収入の利息であるが、1991年度のバブル期の最高をピークに、その後は低金利政策の影響を受け、停滞している。同様に、全体に占める比率も年々減少している。このことは、スタッフ等の人

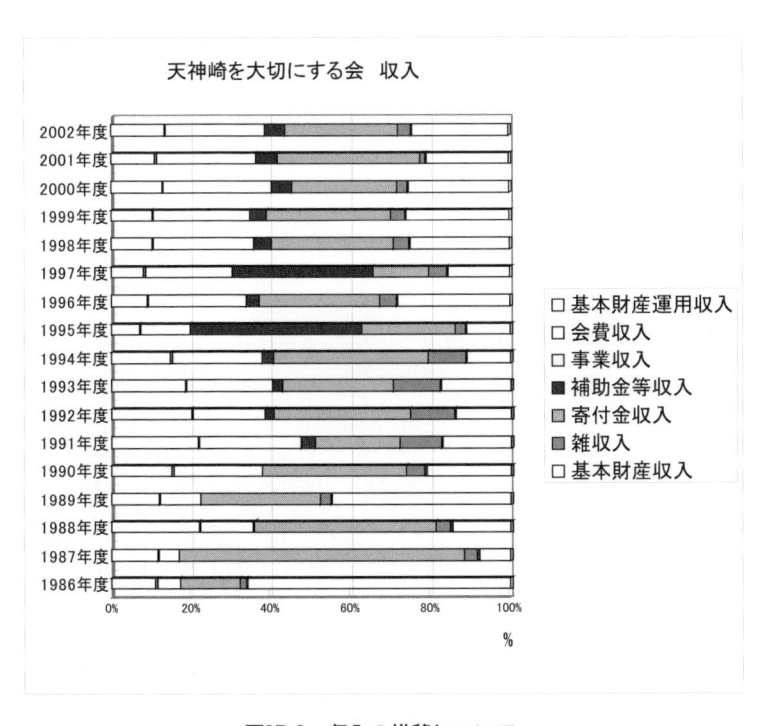

図17-1　収入の推移について
(「財団法人天神崎の自然を大切にする会」提供の資料から筆者作成。)

件費や事務の必要経費などに直接影響を及ぼすことになる。また会費収入も徐々に減少していることも、運動の推進にとっては大きな問題となっている。

1996年度からその運用収入等の組織運営にかかる必要収入が停滞し続けている。**表17-2**の2002年度収入についても、運用収入等と雑収入は、300万円を切っている。これでは組織のスタッフを充実させるどころか、スタッフ同士でワークシェアリングを行っているのが現状である[11]。

財団運営の基礎となる運用収入や雑収入の利息以外に、会費、募金、寄付金、補助金、事業収入らがあるが、今後、安定した収入の保証はない。事実、**表17-2**の通り、事業収入は0円であり、会費も年々減少しており、会員の高齢化の問題もあり、将来的な不安を拭えない状況が続いている。

表17-2　2002年度収入について

収入の部	2002年度(円)
基本財産運用収入	¥2,388,931
会費収入	¥4,476,494
事業収入	¥0
補助金等収入	¥911,000
寄付金収入	¥4,952,343
雑収入	¥587,153
基本財産収入	¥4,360,000

(「財団法人天神崎の自然を大切にする会」提供の資料から筆者作成。)

(2) 外部団体との協同関係の構築

天神崎のナショナル・トラスト運動にとって、なぜ外部団体との協同関係を構築しなければならないのかについて検証する。

前述したように、運営資金にかかる問題は逼迫しており、それを解決するためには、新たな財源の確保が必要となる。直接収入の一つである事業収入は、販促物の販売と自然観察教室におけるガイドが事業として成立する可能性がある。販促物は、以前からTシャツなどを販売していたが現在は停滞している。一方、自然観察は、**表17-3**で示されているように、以前に比べると訪問者が増加傾向にあり、とりわけ学校関係者が増えていることが分かる。

表17-3　天神崎・訪問者別・訪問回数の比較

	学校	環境団体	自治体	マスコミ	その他	計
1992年	7	3	3	6	11	30
2002年	14	5	5	4	9	37

（「財団法人天神崎の自然を大切にする会」提供の資料から筆者作成。）

　このような状況から、自然観察の案内の際に、ガイド料を設定して案内する方が、財団としては資金確保の点では有効である。但し、自然観察を前面に打ち出していく際には、問題が2点あると思われる。一つは、ガイドの人材確保である。天神崎の場合、その生物の多様性から生態系に精通したガイドが必要である。また、グループや個人に対応するためには、人材をある程度確保しなければならない。二つ目に、自然観察への訪問者を定期的に確保するためには、受動的に待つのではなく、マスコミや各団体との情報交換や協同的なイベントを作り出していくなどの積極的な広報活動の展開が必要である。インターネットや各種広報誌などの通信網や各団体との交渉および連絡によって、相互関係をさらに構築していくことが重要となる。少人数で組織されている団体にとって、広報活動および専門的な人材の充実は大きな課題となる。

　上記の2点の問題について、「天神崎の自然を大切にする会」は、どのような対応をとっているだろうか。第一に、専門知識を必要とする自然観察ガイドに関して、現在、理事の一人である玉井済夫氏が主として担当している。玉井氏と他のガイドに共通することは、地元の中学校や高等学校などで生物の教師の経験があることである。天神崎のガイドとしてはまさに適した人材といえる。しかし、ガイドの高年齢化や少ない人数を考慮すると、今後、人材の育成が必要となる。第二に、外部との関係構築は、様々な方面において協同的なイベントを企画でき、単独的なものから複合的な運動となり、その効果も拡大化すると思われる。また、天神崎の運動とは今まで縁がなかった人々との関係も新たに作ることが可能となる。「天神崎の自然を大切にする会」が、どのような外部団体と協同関係を構築しているのかについては、図17-2に示されたように、およそ8つに大別したグループであることが分かる。

　第一に、行政との関係については、地元である田辺市、そして和歌山県と

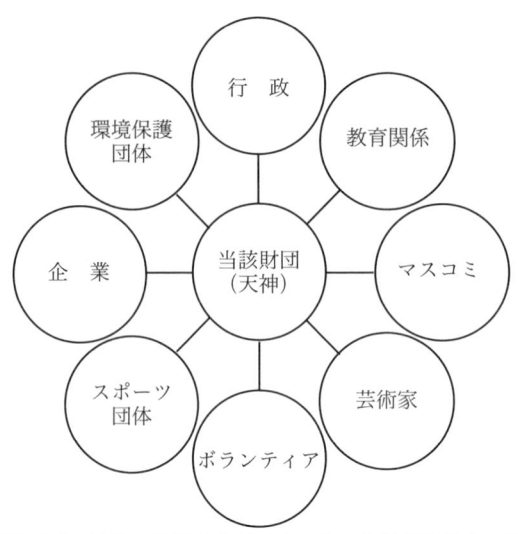

図 17-2 「天神崎の自然を大切にする会」と外部団体との関係

の関係になる。しかし、運動当初は、市民の手によって展開しなくてはならない状態であり、行政的支援はなかった。地元の伝統的な自然環境の保全に対する意識が、当時の自治体には薄かったことがわかる。しかし、1990年代になると、自治体の対応は変化する。運動の持続性と一定の成果やグローバルな環境問題への対応によって、自治体は運動に対し協力的となる。

　第二に、教育関係については、運動関係者に教師が多く関係していたこともあり、田辺市内の小中高等学校および近隣の学校からも総合学習の時間を利用して、天神崎へ自然観察に訪れていた。自然観察教室以外にも、写生・展覧会や遠足等によって、利用されていた。

　第三に、環境保護団体については、運動の草創期には「財団法人日本自然保護協会」からの支援が予定されていたが、観察センター建設やそのための2億円募金活動は実施されなかった。

　他の団体事例として、「しれとこ100平方メートル運動推進関西支部」が挙げられる。この団体は、1977年に北海道の知床半島に位置する斜里町で始まった「知床国立公園内100平方メートル運動」を関西地方で支援する組織として、1980年に発足した。同団体は、1982年に、天神崎を視察して以来、毎年天神

崎の運動に対する寄付・募金活動等の協力を行っている。

「ナショナル・トラストを進める全国の会」（現『社団法人日本ナショナル・トラスト協会』）は、1983年に設立され、日本版ナショナル・トラスト運動の拡大と発展を目指したものであった。同団体は、当時環境庁の諮問機関「ナショナル・トラスト研究会」を母体としていた。その後、同団体は、この運動を発展させるために必要な法律や制度の創設を求めるために行動している。天神崎に対する支援については、広く市民の理解と運動への積極的な参加を呼びかけるために、シンポジウムや全国大会の開催、および運動発展のための助成金等の支援を行っている。

第四に、マスコミについては、教育関連と同様に、天神崎の運動に大きな効果を及ぼしたといえる。1982年当時、「天神崎の自然を大切にする会」の外山八郎事務局長は「身近な自然保護に理解を示したのは、行政ではなく住民とマスコミでした」と話している。1982年後半から、マスコミの取材が増加し、全国版に取り上げられるようになると、地域的な支援から全国的なものへと拡がり、それと同時に、寄付金なども増加していった。運動の知名度も増したことにより、運動に対する住民の理解は勿論のこと、自治体の姿勢が変化することになる。1983年当時、10月に開催された「第1回ナショナル・トラスト全国大会」では、国会議員、和歌山県副知事、田辺市長が出席した。その大会で、水野忠晴市長は「天神崎の大事さはよく解りましたので、今までの消極的な考え方とは違って、協力を惜しまない」と言明した。その後、和歌山県も協力の姿勢をとるようになった。そのことは、前掲の**表17-1**の土地買い取り面積をみれば、田辺市の協力が数字として現れていることが分かる[12]。

上記以外にも、多くの団体等からの支援があったことも重要な要素としてみなされる。具体的には、日本青年奉仕協会、多方面にわたる芸術家グループ、地元のスポーツ団体、地元の企業等との協同関係は、天神崎の運動を市民に拡大する上で、目に見える支援活動として広報的な役割を果たしたといえる。その中でも、地元新聞社の紀伊民報は、運動の草創期から現在まで、運動に関する情報を常時取り上げている。その姿勢は、運動の現状と天神崎の環境を住民に常に知らせることになり、環境保護運動が一過性で終わることに歯

止めをかけている。

　「天神崎の自然を大切にする会」にとっては、外部団体との協同関係を構築することにより、運動の公共性と地域性、そして普遍性を市民に知らしめようとしている。勿論、そこには、運動の拡大化および組織の安定化を図るために、このような支援体制をより有機的ならびに発展的なものにしたい意向が含まれている。2004年度の第22回日本ナショナル・トラスト全国大会において、ナショナル・トラスト運動の持続のための新たな取り組みとして、観光戦略(エコ・ツーリズム)の導入を図ることが決議された。

　天神崎の運動においては、今までの外部団体との関係を活用しながら、エコ・ツーリズムの導入を積極的に受け入れる方向性にある。組織役員の特徴からも分かるように、理科系教育者が多く、運動当初から教育的運動として推進した経緯もあるので、現在も、自然観察教室は定期的かつ熱心に行われている。先述したように、各学校や塾からの見学は、この2年間増加傾向にある。事務局を通さずに、見学するグループも数多くあるようだ。このような観光客は、天神崎に好意的な訪問者とみなされるので、ガイド料や維持管理の為の協力金を徴収することも可能である。

　さらに、天神崎の自然やその知名度によって、何らかの利益を受けている企業等もあるので、当該関係者は天神崎に対して、その事業利益から相応の寄付金等の協力を行うべきではなかろうか。実際に、英国ナショナル・トラストでの活動事例をみると、湖水地方では、その地域の自然や観光名所によって利益を受けている団体等がパートナーシップを組み、観光戦略を講じている。その事業収入の一部は、現地のナショナル・トラスト運動に還元されている[13]。

おわりに

　天神崎のナショナル・トラスト運動は、従来の収入源(会費、寄付金、商品の販売)以外に、新しい資金確保方法の可能性として、エコ・ツーリズムを活用する方向にある。ガイド料や協力金などを新財源として考えている。し

かし、日本では、エコ・ツーリズムの概念自体がまだ曖昧な状態であり、それが収入源として確立するかどうかは不透明である。日本のナショナル・トラスト運動団体の一部には、既にそれに着手しているものもある。エコ・ツーリズムが、果たしてナショナル・トラスト運動を活性化させる手段となりえるのか。今後、エコ・ツーリズムがナショナル・トラスト運動の展開にどのような効果を及ぼすことができるのかどうかについて、ツーリズム的側面からさらに考察する必要がある。

[注]
1) 『ナショナル・トラスト新版』16—23頁。1966年、財団法人「鎌倉風致保存会」は、募金運動の結果、総額3137万円を集めて、鶴岡八幡宮の裏山の御谷における山林の一部、1.5ヘクタールを1500万円で買収した。これによって、宅地造成は中止された。この運動の契機に、同年、「古都保存法」が制定され、規制が厳しくなった。このような状況により、運動は低調となり、さらに事務局が市役所内に移動したため、1982年まで約16年間活動休止の状態となった。
2) 『天神崎の自然を大切にする会二十周年史』16—22頁。交通移動に関する時間については、筆者が実測したものによる。
3) 『ナショナル・トラスト運動にみる自然保護にむけての住民意識と行動』64—95頁。アンケート調査資料によると、はじめに、天神崎の運動参加者については、和歌山県が52％、次に大阪11％、東京8％となっている。田辺市は全体の約30％となっている。この数値から、天神崎が、地域住民による運動であることが分かる。参加者の年齢分布表をみると、30代から50代前半にかけての層が中心となっている。第二に、参加者の職業分布からすると、公務員関係者が和歌山県の参加者に限定すると、42.8％に上っている。県外になると、主婦層が27.9％と最も高い。この数値は、西岡・北畠が指摘しているように、天神崎の運動が教育運動という観点で進められていることに賛同した結果と言えよう。同様に、年代別分布にしても、30代・40代の参加率が高いのは、小さな子供がいる年代であるとみなされる。

　　第三に、運動を知ったきっかけは、口コミの伝達によるものが多い。全国紙やテレビ以上に、地元紙の影響が大きかったようである。第四に、参加への理由は、大きな理由として「自分の身のまわりから、自然が失われつつあることを残念に思うから」が多く、次に大きな理由として「運動する人の熱意に感動したから」という意見が多い。
4) 『第21回ナショナル・トラスト全国大会』29頁。大会挨拶において、社団法人日本ナショナル・トラスト協会会長愛知和男氏によると、全国で52団体が同協会に参加しており、14万2862人がナショナル・トラスト運動に参加している。この協会以外にも、同様な運動を展開している団体はある。
5) 　田辺市立図書館によれば、「暖気(のんき)」は、「野行き」がなまったものが一番有力と

されている。元来、野山に遊びに行くことを意味しているが、その由来については不明である。(和歌山県方言集、国会刊行会、1975年)
　　また、『窓辺の誌』の著者北田佳天氏によれば、「のんき」とは、悠長、暢気の意味ではなく、現在のピクニックに近いもので、自然の中で一日をすごすのどかなお遊びだったと指摘している。大正時代から昭和十年頃まで、田辺の近隣諸町村の住人は、盛んに近くの自然景勝地へ徒歩で出かけて、そこで重箱を開き、親戚や知己の付き合いを深めていた。天神崎も当時、「のんき」の行き先の一つであった。『窓辺の誌』81―83頁

6)　『天神崎の自然を大切にする会二十周年史』36―40頁
　①「天神崎の自然を大切にする会」；1974年2月任意団体として発足する。
　②「天神崎保全協会(財団法人準備会)」；1977年10月代表・外山八郎　和歌山県自然保護課、県教育委員会に指導を求める。「天神崎の自然を大切にする会」の中心メンバー30名が発起人となるが、財団法人化は資金確保の困難さもあり延期となる。
　③「天神崎保全市民協議会」；1978年11月代表・多屋好一郎。全市民的な包括団体として設立する。上記の2つの協会も団体会員として参加する。その後、「天神崎の自然を大切にする会」は、1986年7月に財団としての設立許可を受け、旧来の3団体は解散する。1987年1月に「自然環境保全法人(ナショナル・トラスト法人)」第1号として認定される。

7)　1982年6月1日の朝日新聞「天声人語」に掲載され、その後、同年9月3日、4日にも掲載された。同時期には、毎日新聞、サンケイ新聞などでも掲載される。地方紙紀伊民報は適宜掲載し続ける。

8)　『天神崎の自然を大切にする会二十周年史』153―58頁
　　1983年10月15・16日に和歌山県田辺市で開催された。同年3月には、環境庁が公募したナショナル・トラストに日本名が「国民環境基金」に決定した。その後、環境庁自然保護局による『我が国における国民環境基金運動の展開の方向』が作成され、ナショナル・トラスト運動に対する研究が本格化する。本大会の開催時には、英国ナショナル・トラストとの連携交流も開始された。

9)　『天神崎通信』第8号。当時の会長・理事の多屋好一郎氏が、超低金利時代による収入源の問題について、財団法人運営の協力を呼びかけている。
　　バブル経済が崩壊した時は、買収計画が遂行されていた。県や市の自治体の積極的な協力があった(1992年2月19日付新聞掲載、読売・毎日・朝日各社)。

10)　『天神崎通信』第9・10・11号。現在、運動のシンボルマークとなっている丸山の灯台を購入した経緯について記載されている。

11)　『天神崎通信』第15号。2002年度における会員数は、1991年度の最大数と比較すると、699名減少し、1350名となっている。

12)　『天神崎の自然を大切にする会二十周年史』103頁。

13)　湖水地方の観光業者と自治体、そして環境保護団体のナショナル・トラストが、「湖水地方の観光・保全協同組合(Lake District Tourism and Conservation Partnership)」を1993年に設立している。組合の目的は、観光客および観光業者から基金を集めることによって、湖水地方の観光資源を持続的に保全することである。2000年度の報告によれば、組合からおよそ7万ポンドがナショナル・トラストや湖水地方国立公園協会に寄付されている(出典：'Valuing our Environment' The National Trust)。

[引用・参考文献]

1. 足羽洋保(1997)『観光資源論』、中央経済社。
2. 河村宏男(1989)『天神崎を守った人たち』、朝日新聞。
3. 環境庁自然保護局(1983)『我が国における国民環境基金運動の展開の方向』。
4. 環境文化研究所編(1983)「ナショナル・トラストを進める全国の会(天神崎大会)」『環境文化』第60号、星雲社。
    環境文化研究所編(1985)「特集行動する環境学習」『環境文化』第68号、星雲社。
5. 北田佳天(1990)『窓辺の誌』、朝日カルチャーセンター。
6. 木原啓吉(1998)『ナショナル・トラスト新版』、三省堂。
7. 塩田正志・長谷政弘編著(1994)『観光学』、同文館出版。
8. 外山紀郎(1995)『天神崎の自然を大切にする会二十周年史』、天神崎の自然を大切する会。
9. 天神崎の自然を大切する会(1986～2004)『天神崎通信』、創刊号～第16号。
10. 日本自然保護協会(1997)『天神崎自然観察地域設置調査報告書』第59号。日本ナショナル・トラスト協会(2004)『第21回ナショナル・トラスト全国大会　せたがや大会の記録』。
11. 西岡秀三・北畠能房(1986)『ナショナル・トラスト運動にみる自然保護にむけての住民意識と行動―知床国立公園内100平方メートル運動と天神崎市民地主運動への参加者の分析を中心として』、環境庁国立公害研究所。
12. Murphy, G.(1987): *Founders of the National Trust*, Christopher Helm(=『ナショナル・トラストの誕生』四元忠博訳、緑風出版、1992年)。
13. 堀川三郎(2001)「景観とナショナル・トラスト」鳥越浩之編『講座環境社会学第3巻―自然環境と環境文化』、有斐閣。
14. Fedden, Robin(1974): *The National Trust—Past and Present*, Jonathan Cape(=『ナショナル・トラスト―その歴史と現状』四元忠博訳、時潮社、1984年)。
15. 吉田春生(2003)『エコツーリズムとマス・ツーリズム』、大明堂。

18. 水辺景観の再生と保全
：バンコクにおける水と暮らしの関係からの分析

佐野 充

1. 都市と水辺景観

　日本の都市の多くは、沖積平野を流れる河川の中下流域や河口付近に発達している。一方、水上の交通である「水運」の先進地域であるヨーロッパの都市の多くは、浸食平野を流れる河川沿いに上流域から河口付近まで広く発達している。

　浸食平野を流れる河川は、大地を切り込んだ形で流れているために、日本の河川のように河川敷をもっていない。また、日本の河川に比べて、長大でゆったりした流れであり、年間の流量の変動も少ないことから、直接、岸に横付けして船に乗り込むことができるような地形を呈しており、交通路として利用するのが容易な河川であるといえる。

　また、海岸は地質時代の北海を中心とした沈降運動により、大河川の形成した沖積平野のほとんどが、海底に没しているために、海岸線には崖が続いているが、河口は広大なエスチェアリー（三角江）となっており、内陸深くに外洋型の港湾を築くのに好都合な地形を形成している。

　この地形条件と豊富な水量を持ち、年間変動の少ない、ゆったりとした流れの河川特性とが、「水運」を大いに発達させたのである。

　運河を開削すれば、水路は限りないほどに延長可能であり、水位差のある河川や運河を結ぶ場合でも、ダムで水量調整をおこなったり、閘門式水路を築いたりすれば、船舶の航行を可能にさせるだけの地形環境がヨーロッパには存在しているのである。

つまり、ヨーロッパの大陸沿岸海域、内陸の河川や運河は、輸送路としての機能を十分に果たしているといえる。そのために、ヨーロッパの都市の多くは、水上の交通である河川や運河と陸上の交通との結節点に立地している。とくに、ヨーロッパの河川は、内陸交通の重要なラインとして、現在でも機能している。ヨーロッパの玄関口であるユーロポートに荷揚げされた貨物は、水運・パイプライン・鉄道・トラックなどによってヨーロッパ各地に輸送されているが、そのほとんどが水運で占められている。

　ヨーロッパは水路によって繋がっており、その主要な水路はライン川、ドナウ川、セーヌ川とその支流、そしてそれらの河川を結ぶミッテルランド運河、マルヌ・ライン運河、ローヌ・ライン運河などである。これらの水路は中世以来、度重なる改修工事を実施して、今日のような安定した輸送路につくり上げられたのである。

　今日では、観光船の往来するライン川ですら、かつては、いくつもの急流区間と蛇行部分をもっていたのである。それも現在では、河口より800km上流に位置するスイスのバーゼルまで、ほぼ200mの川幅があり2,000トン級の内水専用船が航行できる水路に造り上げられている。このライン川は、ヨーロッパ経済の大動脈であり、その風景は、上り下りする船舶と右岸・左岸のそれぞれを整然と並んで走る列車と自動車の織りなす活気のあるものである。

　ヨーロッパの貨物輸送は、輸送機関のそれぞれの特性をうまく利用して、合理的かつ経済的におこなわれている。軽量でスピードが要求される貨物はトラック、軽量またはやや重量でさほどスピードを要求されない貨物は鉄道、重量で嵩のあるものでスピードを重視しない貨物は水運で運搬されている。

　この水上の交通が盛んな状況は、日本が明治時代にヨーロッパの近代文明の波を受け、中世から江戸時代にかけて培ってきた水運をあっさりと捨て、鉄道輸送主体の貨物輸送に切り替え、第二次世界大戦後のモータリゼーションの到来により、鉄道からトラック輸送にその主体を替えたのとは大きな違いである。

　一方、東南アジアの河川における水上の交通は、ヨーロッパほどには近代化してはいないが、大河川の下流部を中心に、その利用頻度はヨーロッパ以

上に高いといえる。ただし、利用形態は、小型のはしけや1人か2人乗りボート程度の大きさの小船を中心とした日常的な経済活動における物売りや物資の運搬を主とするものである。

　地形や気候条件から見ると、東南アジアの大河川は長大であり、その下流域は、大河川が形成した広大な沖積地に網の目状に河川支流が流れているために、ヨーロッパ以上に水上の交通に向いているといえる。

　環境保全や経済・社会便益が地球レベルの問題化している現代において、環境エコロジー的な観点からあらためて、これからも水上の交通の活用が活発化すると考えられる東南アジアの大河川の下流域における水辺の活用とその景観を、タイのバンコクを事例に明らかにすることとした。

2. バンコクの都市景観形成

(1) 水上都市バンコクの成立

　バンコクは、チャオプラヤ川の下流に広がる三角州の湿地に立地する低地都市である。かつての江戸と同じように水路が発達しており、東洋のベニスといわれている(図18-1)。1782年にラーマ1世が王都を建設したことがバンコクの始まりであるが、バンコクが建設される以前は、チャオプラヤ川三角州の上端部にあたる河川合流点に、1350年中国人のウートン侯[1]によって築かれた港町アユタヤがタイの中心的な都市であった。

　このアユタヤは、アジアの内陸諸国と中国、日本などとの東西交易の中心都市として栄えていた。この町には、ポルトガル人・オランダ人・イギリス人・中国人・日本人などの商人が数多く居住していたが、そのほとんどが、川中島に建設されていたアユタヤの政治中心ではなく、川をはさんだ周辺部に居住していた。

　このアユタヤ王朝は、1767年まで続いた。この時期に、バンコクは、王都アユタヤの防衛のための要塞都市として、ポルトガル人傭兵隊によって築かれたのである。しかし、アユタヤがビルマによって滅ぼされてしまうと、王都をアユタヤの下流のトンブリーに遷都した。1782年に現在のラタナコーシ

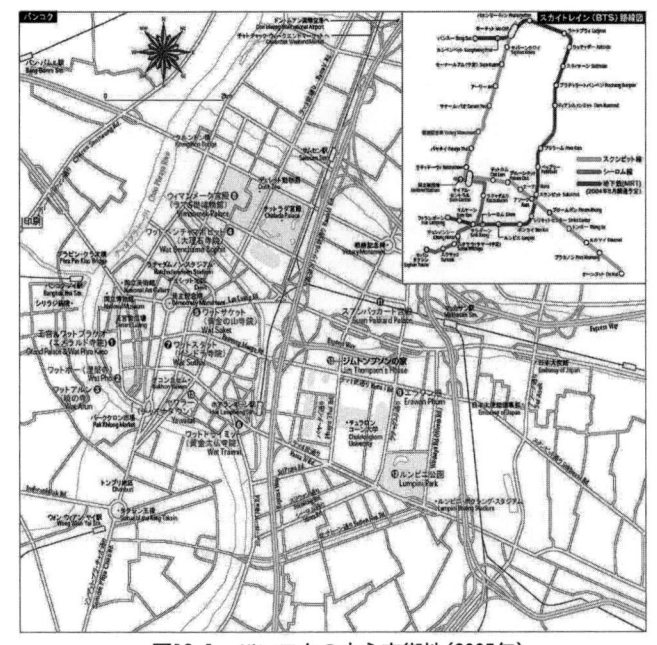

図18-1　バンコクの中心市街地（2005年）
http://www.ajisai.sakura.ne.jp/~tabi/index-photo/tizu-Bangkok.htm

ン王朝が創られ、ラーマ1世が即位すると、トンブリーのチャオプラヤ川対岸にポルトガル人の傭兵隊が築いていた場所に王都を移し、クルンテープ（天使によって保護された都）と命名した。

　現在、この地をバンコクと呼んでいるのは、ポルトガル人傭兵隊によって名付けられた国際的な呼び名である。このバンコクという名は、小集落を表す"bang"とマコーク(makok)といわれる湿地に繁茂する植物の"kok"が合わさってできたといわれている。「マコークの生い茂る水辺の小集落」という一般名詞のタイ語をポルトガル人たちが地名としてしまったということである。一方、クランテープは、タイ国内で呼ばれている正式名称であり、タイ人はバンコクとはいわない。

　トンブリー時代に、新しく王宮が建設されたが、この王宮の場所は、海外交易を行っていた中国人集落があったところで、備高地状の砂洲をうまく利用して造られた。中国人集落は、王宮の南の都城外に位置するオーンアーン運河の南東のサムペンに移された。これによって、バンコクでは、アユタヤ

図18-2　水上住宅；船腹を模した高床式住居

と同様に、政治は都城内で行い、商業・交易などの経済活動は、都城外で行われることとなった。この経済活動の場所であるサムペンは、王宮の目の届きにくい一見開放的であるが、阿片屈や売春宿などが立地する混沌とした都市社会を築いていた。

　ラーマ1世以降、タイでは現在まで王権と仏教が不可分の関係にあり、王室は権力の象徴としての国王を中心に仏教を擁護し、政治とは分離した形態をとっている仏教は、政争に巻き込まれることなく発展を続けてきている[2]。

　また、経済活動の中心はチャオプラヤ川につながる運河沿いに展開し、住宅地も同様に運河沿いに立地していた(図18-2)。

　陸地中心の都市づくりが本格的に始まったのは、1857年にラーマ4世が道路建設を開始して以降のことである。

　都市構造的には、王宮を中心に、数多くの仏教寺院が立ち並び、商業地や市場は運河沿いに集中し、住宅も運河に張り出した形で立地していた。

　まさしく、水辺に生活がある水の都といえる状況が出来上がったのである。

　以上が、バンコクといえば、水辺の景観の都市といわれる主因である。

3. バンコクの経済活動と水路

水路を中心に都市が形成されているといっても過言ではないバンコクは、市場や商業地が水上の交通と陸上の交通との交流点である河川や運河の川岸とその近辺に立地している。とくに、河川や運河の合流点では、水上の交通の集積が多く、主要な交通の要衝となっているものが多い。経済活動の主要な交通機関は、人々が自由に操ることができる小船である。市場には、水上の市場と陸上の市場があるが、都市形成の段階で水路網の充実を積極的に進めてきたために、都市内の道路は未発達で、橋も数多くないために、水上か水辺での商業が盛んである。主要な水上の市場は、Chulalongkorn University (1991)の調査によると、クローン・バーンルアン(バーンコークヤイ)市場はバーンルアン運河がチャオプラヤ川に合流する地点にあり、バーンコークノイ市場はバーンコークノイ運河がチャオプラヤ川に合流する地点にある。ワットトン市場はトンブリー地区にある。パーク・クローン・タラート市場はクームアン運河とチャオプラヤ川の合流地点にあり、タイ湾で採れた魚が売られている。この他にターティエン、クローン・マハナークなどがある。

　水路を中心とした生活が、バンコク市民の基本であったが、近代化が進み、モータリゼーションの波が押し寄せてくるにつれて、道路の重要性が増し、バンコク市街地に新しい道路が造られ、それに伴って、住宅も玄関が水路に面していたスタイルから、道路に面したスタイルに変わった。

4. バンコクの水路実態

　バンコクの原風景は、雨季には、一面湖状態になった低平な沖積平野に自然堤防の一部、人工的に盛り土された田畑と高床式の住居地が水面から頭を出しているものである。乾季には、沖積平野の大部分が顔を出し、水稲を中心とする粗放的な農業が行われ、住居を支えている杭がその全容をあらわす様な状況である。

　さて、**図18-3**[3)]は若干都市化の進んだバンコク郊外の農村地域をイメージしたものである。クローン(運河)の両岸に人工的に盛り土された耕作地で果樹を栽培している近郊農業地域を示している。開拓地的な様相をも持ってい

るために農家は、孤立荘宅のように分布している。

　図18-4は、集落の形成が進んだ農業地域の様相を示している。ある程度の人口が集中し、村落を形成すると、タイでは必ずワット(寺院)が建てられる。クローンに面したところ立地しているこの集落には、耕作地よりも内陸のやや高まりのあるところにワットを建てている。集落内とワットとは、タンドウーン(杭上に板を渡した歩道)によって結ばれており、住民はいつでもワットに行くことができるようになっている。

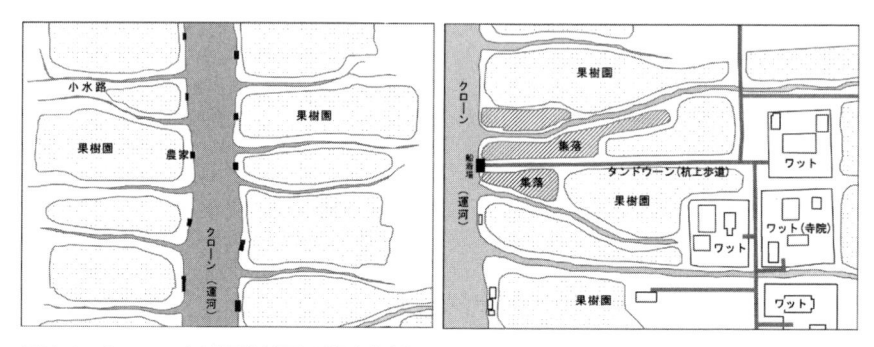

図18-3　クローンと近郊農村景観(都市化前)　**図18-4　クローンと近郊農村景観(都市化後)**

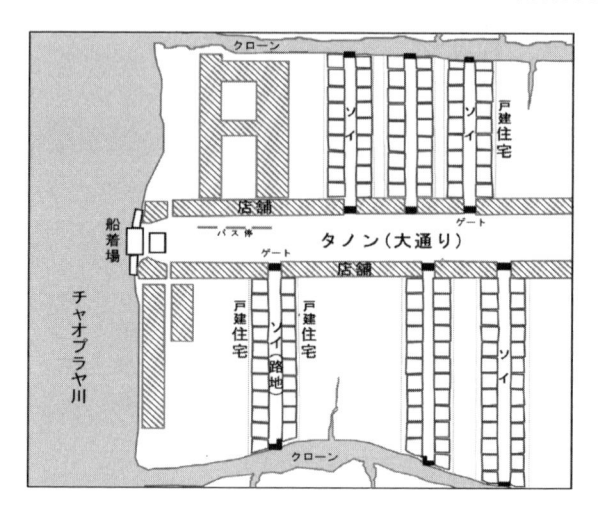

図18-5　バンコク郊外の都市化景観

図18-3から18-5は中村茂樹・畔柳昭雄・石田卓矢(1999):『アジアの水辺空間』鹿島出版会p127を基本に調査後作成.

図18-3と**図18-4**のような発達段階の地域では、外部との接触は、すべて小船を用いて行っている。

　図18-5は、バンコクの近年の急激な都市化により、新たに新興住宅開発行われた地域を示している。**図18-3**と**図18-4**との大きな相違点は、正確に区画整理され、中心にタノン（大通り）を持ち、両サイドに商店を設け、住宅には、ソイ（路地）で入っていくようになっている。各ソイのタノン側の入り口には、門が造られており、今まで表通りの役目を果たしていたクローンは、裏道の役割を担うように大きく変化をしている。自動車を使用する生活になると、陸路が主要交通機関になり、運河は日常生活に直接関係のない存在になってしまう。

　この状況は、高度成長期に都市内河川や運河を埋め、自動車専用路を一気呵成に造り、水辺をなくしたまちづくりを良しとした東京をはじめとする日本の都市開発の始まりの時期に酷似している。

　ただし、水路網が充実した状況下において、道路を造ることは、軟弱地盤と橋の新設に伴う技術と財政の問題が大きく、現時点では、生活に十分といえるボリュームの道路は確保されていない。

　また、道路を利用する場合は、水路を利用する場合に比較して、多くの時間がかかってしまうことが多いようである。

5. 水辺景観の変容

　現在のバンコクにおける水辺景観は、美しいとはいいがたい。都心部のチャオプラヤ川に面した王宮や名刹ワット、高級都市ホテルなどを除けば、道路の普及した地域では、ほとんどの水辺は切り捨てられており、下水排水場、ごみの捨て場になってしまっているところもある。水路が不必要な自動車交通を主とするまちづくりを進めているために、かつての農村的色彩が色濃かった時代に比べて、景観的な美しさを失ってしまっているといえる（**写真**1）。

　写真2・3は、水辺空間における景観の変化を断面的に示したものである。

写真1　耕作放棄された果樹園

写真2　農村景観から都市化景観へ変化

写真3　都市化した水辺空間

写真4　水辺空間との分離

　農村景観から徐々に住宅建設が進み、都市か景観に変わりつつある**写真2**や河岸に連続して住宅建設がされた**写真3**の都市化景観と中心市街地に接した高層建築物が建ち並ぶ**写真4**の都市景観を比較してみると、現在のバンコクは農村地域に見られる親水型の水辺を不要としている人工的な都市空間になっていることがはっきり読みとれる。

　水辺空間が農村景観から都市化景観に変化するにつれて、河岸はコンクリートで固められた護岸となり、水に対する安全性が高まっているが、市街地内を流れる運河の河道内には、住居の基礎部分を杭によって支えた、簡易な住宅が河岸を覆い尽くしている。景観的には、美しい都市景観であるとお世辞にもいえないレベルであるが、見方を変えれば、ハード化する都市の中に、親水化を維持する生活が継続されている風景があり、そこには水に対する優しさと自然体の暮らしに基づく環境保全の萌芽が見え隠れしている。

広大な恵みの源である一方で、非常なる破壊の主であるチャオプラヤ川デルタにおいて、豊かで幸福な都市生活を営むために近代化の波とともに人工的な構造物による河川コントロールを講じてきているが、人工と自然とのアンバランスが水面に漂っている。しかし、生きることの根源をチャオプラヤ川の流れにゆだねているバンコクの暮らしには自然環境的適応性が保持されており、総じて自然に即した時が流れているといえる。

[引用・参考文献]
1. 坂敏雄編(1998)『アジアの大都市1　バンコク』、日本評論社。
2. 石井米雄(1975)『上座部仏教の政治社会学』、創文社。
3. 図18—3から18—5は中村茂樹・畔柳昭雄・石田卓矢(1999)『アジアの水辺空間』鹿島出版会、p127に掲載されている図を(元図)借用し、現地調査による確認を加えた後に作図したものである。

資料編

1 旅行業法及び施行規則の改正

岡出 清典

1. 主な改正点

・新たな旅行契約「企画旅行」の導入
・旅行業者の責任の拡充と旅行者保護の強化

2. 改正の背景

　旅行業者と旅行者との契約実態に即した規定の導入と、旅行者保護の観点からみた旅行業者への規制を強化し、旅行業者の健全化の推進。

3. 主な改正点の要旨

・「主催旅行」及び包括特約付き「企画手配旅行」を新たに「企画旅行」と定義付けし、それぞれを「募集型企画旅行」、「受注型企画旅行」という名称にし、旅行業者に主体性を持たせるものとした。同時に、包括特約付き「企画手配旅行」を「主催旅行」契約と同等の「企画旅行」と位置付けたことで、旅行業者への責任を重くし旅行者への保護を強化した。
・「旅行業者取扱主任者」を「旅行業務取扱管理者」へと名称変更し、「企画旅行」の適正化とともに旅行の安全及び旅行者の利便を確保するよう管理監督することを付加した。さらに、「旅行業務取扱管理者」の知識及び能力の向上を図ることを明文化し、業務の適正な運営の確保を求めた。

4. その他の改正点

・営業保証金並びに弁済業務保証金の弁済対象を旅行者に限定
・旅行業者等の業務の適正な運営の確保等の明文化

5. 旅行業法

第2条1項（定　義）　旅行の目的地及び日程、旅行者が提供を受けることができる運送又は宿泊のサービス（以下「運送等サービス」という。）の内容並びに旅行者が支払うべき対価に関する事項を定めた旅行に関する計画を、旅行者の募集のためにあらかじめ、又は旅行者からの依頼により作成するとともに、当該計画に定める運送等サービスを旅行者に確実に提供するために必要と見込まれる運送等サービスの提供に係わる契約を、自己の計算において、運送等サービス等を提供する者との間で締結する行為

第11条の2（旅行業務取扱管理者の選任）　旅行業者等は（中略）旅行業務取扱管理者を選任して、当該営業所における旅行業務に関し、その取引条件の明確性、旅行に関するサービスの提供の確実性その他の取引の公正、旅行の安全及び旅行者の利便を確保するため必要な国土交通省令で定める事項についての管理及び監督に関する事務を行わせなけれならない。

第11条の3　旅行業者等は、（中略）旅行業協会が実施する研修を受けさせること等により、旅行業務取扱管理者の職務に関し必要な知識及び能力の向上を図るように努めなければならない。　＊（追加条項）

2　旅券法の改正

木村　英夫

1. 主な改正点

・IC旅券の導入
・旅券犯罪に対する罰則の強化
・紛失又は消失した旅券の失効制度の導入と旅券の再発給制度の廃止

2. 改正の背景

　旅券の偽変造や他者の名義人成りすましによる不正使用が増加し、国際的な組織犯罪や不法出入国に利用されている。また特に2001年の米国同時多発テロ以降、テロリストによる旅券の不正使用を防止する目的もあって今回の改正となったようである。
　国際的な相互運用性が重要との観点から、ICAO(国際民間航空機関)では、平成15(2003)年5月、国際基準として非接触型ICチップに、必須な生体情報として'顔画像'を記録することを定めた。このような国際社会の動きの中で、日本では、ICチップに生体情報を記録する新型旅券「IC旅券」が平成18(2006)年3月20日申請分から発行された。

3. 主な改正の要旨

一般旅券の発行―第5条(一般旅券の発行)関連

ICチップに記録される情報は、平成16(2005)年5月に国際民間航空機関(ICAO)が公表したIC旅券に関する技術仕様の中で必須とされている項目である。旅券の名義人に関する情報としては、身分事項ページに印刷されたデジタル顔画像、身分事項ページ下部の88文字の機械読取領域(Machine Readable Zone 略称 MRZ)に記載された情報(姓名、国籍、性別、生年月日、旅券番号、有効期間満了日等)がICチップに記録される。

　なお、ICAOは、生体情報として顔画像を必須とし、各国が任意に指紋や虹彩を利用することを認めている一方で、セキュリティの観点からICチップに記載された情報の書き換え、追記を行わないことを決定している。法第7条では、「名義人の写真」等、ICチップに記録される情報を「旅券に電磁的方法により記録することができる」と規定し、IC旅券発行の根拠規定を新たに設けている。―外務省ホームページより一部改編―

・一般旅券の発行―第13条1項の5(一般旅券の発給等の制限)関連

　一般旅券発給申請書の様式が平成17(2005)年12月より改訂され、平成17年12月10日(土曜日)以降、申請書の裏面欄に下記の項目が記載される。

刑罰関係欄

5　国旅券や渡航書を偽造したり、又は日本国旅券や渡航書として偽造された文書を行使して(未遂を含む)、日本国刑法により刑に処せられたことがありますか。

・焼失又は焼失した旅券の失効制度及び旅券の再発給制度の廃止―第17条(紛失又は焼失の届出)関連

　これまでは、紛失又は焼失した旅券は、当該旅券に代わる旅券が再発行、又は帰国のための渡航書が発行されない限り失効しないこととなっていた。

　しかし、旅券犯罪が深刻化し、紛失・盗難旅券が不正に使用される事案も多く見受けられることから、紛失等した旅券の悪用防止を強化するべく、紛失又は焼失の届出(義務規定、法第17条)のあった旅券は失効となる(法第18条第

1項第6号)。

　また、新たな失効制度の導入に伴い現在の再発給制度は廃止し、紛失旅券等届出書が提出され失効処理された後は、新規に旅券の発給が申請できる。
　つまり、紛失旅券等届出書が提出されれば、紛失等した旅券の残存有効期間に係わらず当該旅券の効力を打ち切り、申請に基づき新しく5年ないし10年の旅券を発行することになる。—外務省ホームページより一部改編—

・旅券発給手数料の変更—第20条(手数料)関連

ICチップの実費分として1,000円増となった。

	旧法	改正法
10年有効の旅券	15,000円	16,000円
5年有効の旅券	10,000円	11,000円

注：上記手数料は都道府県収受分を含む。

・旅券犯罪に対する罰則の強化—第23条(罰則)関連

　増加・深刻化する旅券犯罪に的確に対処するとともに、国連国際組織犯罪防止条約を補足する「密入国議定書」(日本は平成14年12月9日署名)の国内的実施を担保するため、旅券犯罪に対する罰則を強化した。
　具体的には、虚偽申請等による不正取得、自己名義の旅券の譲渡貸与、他人名義の旅券の不正行使等の罪に係る刑の引き上げ(5年以下の懲役、若しくは300万円以下の罰金、又は併科)、新しい規定としての偽造旅券等の所持等の処罰化(法定刑は上記に同じ)、営利目的事犯の加重処罰化(7年以下の懲役、若しくは500万円以下の罰金、又は併科)、及び未遂罪の新設等。—外務省ホームページより一部改編—

4．その他の留意点

・記載事項変更に関して

　旅券法第10条(記載事項に変更を生じた場合の発給又は訂正)および外務省令で定めるところにより、改正法でも名義人の氏名および本籍地の記載の訂正を

申請し、該当箇所の訂正ができる。しかし訂正事項は旅券の表紙裏頁欄ではなく追記欄に記載されることになるため、機会読取旅券(Machine Readable Passport 略称 MRP)およびIC旅券の機能が発揮されないことになる。

　したがって、婚姻等で姓及び本籍を記載事項変更した旅券所持人が、追記欄に記載内容変更されたとしても、出入国実務の観点でみると、出入国審査の際には旅券記載内容のデータが機械で自動処理されることがなく、そのためスムーズに出入国手続きが受けられない可能性が生じるだろう。

・米国への入国

　平成18(2006)年10月26日以降は、機会読み取り旅券(MRP)およびIC旅券以外で入国する場合、従来査証(ビザ)が不要な短期滞在でも、査証取得が必要となる。

　旅券は、日本国内の都道府県の旅券窓口で発行されたものは全て「機械読み取り式旅券」であるが、在外公館で発行された旅券の中には一部に「機械読み取り式でない旅券」も含まれている。旅券のページの中で旅券番号、氏名、生年月日等が記載されている身分事項欄下部に「THIS JAPANESE PASSPORT IS NOT MACHINE　READABLE」と記載されている場合には「機械読み取り式でない旅券」を表している。

　また、米国土安全保障省の1月10日の発表によると、米国に入国する外国人を対象にした生体識別(バイオメトリクス)検査で、これまで左右の人さし指に限っていた指紋採取を両手のすべての指に拡大し、平成18(2006)年から段階的に実施していく方針を発表している。

　これはテロ対策の一環で、米政府が入国に際し査証を免除している日本や欧州諸国など約27カ国からの観光客ら短期滞在者も対象となる。すべての指に拡大することで、人物確認の正確さを増すことができるとの判断である。

5. 旅券法(改正点のみ一部抜粋)

第5条2(一般旅券の発行) 外務大臣又は領事官は、前条ただし書の規定に該当する場合において<u>一般旅券を発行するとき</u>、<u>電磁的方法(電子的方法、磁気的方法その他人の知覚によつて認識することができない方法をいう。以下同じ。)による記録を行つていない一般旅券を発行するとき</u>、又は第13条第1項各号のいずれかに該当する者に対し一般旅券を発行するときは、前項の一般旅券につき、渡航先を個別に特定して記載し、又は有効期間を10年(当該一般旅券の発給の申請をする者が同項各号に掲げる場合のいずれかに該当するときは、5年)未満とすることができる。

第7条(旅券の電磁的方法による記録) 外務大臣又は領事官は、旅券の名義人の写真及び前条第1項に掲げる事項の一部であつて外務省令で定めるものを、旅券に電磁的方法により記録することができる。

第13条(一般旅券の発給等の制限)

五 <u>旅券若しくは渡航書を偽造し、又は旅券若しくは渡航書として偽造された文書を行使し、若しくはその未遂罪を犯し、刑法(明治40年法律第45号)第155条第1項又は第158条の規定により刑に処せられた者</u>

第17条(紛失又は焼失の届出) <u>一般旅券の名義人</u>は、当該一般旅券を紛失し、又は焼失した場合には、外務省令で定めるところにより、遅滞なく、国内においては<u>都道府県に出頭の上都道府県知事を経由して外務大臣</u>に、国外においては<u>最寄りの領事館に出頭の上領事官</u>に、その旨を届け出なければならない。ただし、国内において届け出る場合において、急を要し、かつ、都道府県知事又は外務大臣がその必要を認めるときは、<u>直接外務省に出頭の上外務大臣に提出することができる</u>。

2 前項の場合において、一般旅券の名義人が病気、身体の障害、交通至難の事情その他の真にやむを得ない理由により出頭が困難であると認められるときは、外務省令で定めるところにより、次に掲げる者を通じて届出を行うことができる。

一 一般旅券の名義人の配偶者又は二親等内の親族

二 前号に掲げる者のほか、一般旅券の名義人の指定した者(当該一般旅券の名義人のために届出を行うことが適当でない者として外務省令で定める

ものを除く。)
3 　都道府県知事は、第1項の旅券の紛失又は焼失の届出を受理するに当たり、届出者が人違いでないこと及び届出者が紛失旅券等届出書に記載された住所又は居所に居住していることを確認するものとし、その確認のため、外務省令で定めるところによりこれを立証する書類の提示又は提出を届出者に求めることができる。
4 　公用旅券の名義人は、当該公用旅券を紛失し、又は焼失した場合には、外務省令で定めるところにより、遅滞なく、国内においては各省各庁の長を経由して外務大臣に、国外においては最寄りの領事館に出頭の上領事官に、その旨を届け出なければならない。

第18条(旅券の失効)
　　六　前条第1項又は第4項の規定による届出があつたとき。

第20条(手数料) 国内において次の各号に掲げる処分の申請をする者は、政令で定めるところにより、当該各号に定める額の手数料を国に納付しなければならない。
　　一　第5条第1項本文の一般旅券の発給　　　　　14,000円
　　二　第5条第1項ただし書の一般旅券の発給　　　　9,000円
　　　(処分の申請をする者が12歳未満であるときは、4,000円)

第23条(罰則) 次の各号のいずれかに該当する者は、5年以下の懲役若しくは300万円以下の罰金に処し、又はこれを併科する。
　　一　この法律に基づく申請又は請求に関する書類に虚偽の記載をすることその他不正の行為によつて当該申請又は請求に係る旅券又は渡航書の交付を受けた者
　　二　他人名義の旅券又は渡航書を行使した者
　　三　行使の目的をもつて、自己名義の旅券又は渡航書を他人に譲り渡し、又は貸与した者
　　四　行使の目的をもつて、他人名義の旅券又は渡航書を譲り渡し、若しくは貸与し、譲り受け、若しくは借り受け、又は所持した者
　　五　行使の目的をもつて、旅券又は渡航書として偽造された文書を譲り渡

し、若しくは貸与し、譲り受け、若しくは借り受け、又は所持した者
　六　第19条第1項の規定により旅券の返納を命ぜられた場合において、同項に規定する期限内にこれを返納しなかつた者
　七　効力を失つた旅券又は渡航書を行使した者
2　営利の目的をもつて、前項第1号、第4号又は第5号の罪を犯した者は、7年以下の懲役若しくは500万円以下の罰金に処し、又はこれを併科する。
3　第1項(第四号及び第五号の所持に係る部分並びに第六号を除く。)及び前項(第1項第四号及び第五号の所持に係る部分を除く。)の未遂罪は、罰する。
4　次の各号のいずれかに該当する者は、30万円以下の罰金に処する。
　一　一般旅券に記載された渡航先以外の地域に渡航した者
　二　渡航書に帰国の経由地が指定されている場合において、経由地以外の地域に渡航した者

参考資料：政府広報オンライン、外務省ホームページ(http://www.mofa.go.jp/mofaj/toko/passport/kaisei.html)等

出誌の一覧

執筆者	タイトル	初出
小林徹	はじめに	本書のための書き下ろし
今防人	序論　ツーリズムとツーリズム研究の諸前提	
加藤敏春	第1章　LOHAS社会の実現を目指して：「自由時間政策」の新たな展開	本書のための書き下ろし
佐々木宏茂	第2章　観光誘因と観光資源の地域特性と普遍価値	『ツーリズム学会誌』創刊号(2001)に加筆修正
今防人	第3章　『観光立国論』を読む	『社会学論叢』第151号(2004)に加筆修正
早崎正城	第4章　観光動因と充足感・不満感の相関性	『ツーリズム学会誌』創刊号(2001)に加筆修正
小川祐子	第5章　ツーリズムと宗教：スペインの修道院宿泊	『ツーリズム学会誌』第3号(2003)に加筆修正
陳晶	第6章　観光開発が少数民族村に与える影響について	『ツーリズム学会誌』第4号(2004)に加筆修正
和平勝明	第7章　学生の目でインバウンドを見る	『ツーリズム学会誌』第3号(2003)に加筆修正
田昌禾	第8章　ツーリズムと対外イメージの変容：日韓青少年の意識調査(2002年)の比較研究	『社会学論叢』第147号(2003)に加筆修正
和平勝明	第9章　地方空港の役割と今後の展望：地方の時代を航空需要から考察する	『ツーリズム学会誌』創刊号(2001)に加筆修正
佐々木宏茂	第10章　北東アジアの観光の可能性：その下部構造、基本構造、上部構造	『ツーリズム学会誌』第4号(2004)に加筆修正
今防人	第11章　「焦作現象」：中国の新しい観光開発	『ツーリズム学会誌』第4号(2004)に加筆修正
石崎文吾	第12章　ホテル不動産価格の決定要因	『ツーリズム学会誌』第2号(2002)に加筆修正
秋貞子	第13章　観光産業におけるホスピタリティ教育：韓国の宿泊産業を中心に	『ツーリズム学会誌』第4号(2004)に加筆修正
安勝熙	第14章　地域観光ボランティアガイドと高齢者の生きがいとの接点を目指して	『ツーリズム学会誌』第2号(2002)に加筆修正
中本強	第15章　国際観光資源に関する一考察：国際観光資源の意義	『ツーリズム学会誌』創刊号(2001)に加筆修正
中村茂徳	第16章　ツーリズムと環境保護：英国ナショナル・トラストのワーキングホリデーを通して	『ツーリズム学会誌』第3号(2003)に加筆修正
中村茂徳	第17章　ツーリズムと環境保護：和歌山県・天神崎ナショナル・トラスト運動を通して	『社会学論叢』第153号(2005)に加筆修正
佐野充	第18章　水辺景観の再生と保全：バンコクにおける水と暮らしの関係からの分析	『ツーリズム学会誌』第4号(2004)に加筆修正

執筆者及び担当章の一覧(執筆順)

小林 徹	(長崎国際大学人間社会学部教授)	／はじめに
今 防人	(日本大学文理学部教授)	／序論／3章／11章
加藤 敏春	((独)中小企業基盤整備機構研究参与)	／1章
佐々木 宏茂	(東洋大学国際地域学部教授)	／2章／10章
早崎 正城	(長崎国際大学人間社会学部教授)	／4章
小川 祐子	(鈴鹿国際大学国際学部非常勤講師)	／5章
陳 晶	(フェリス女学院大学国際交流学部非常勤講師)	／6章
和平 勝明	(国際エア．リゾート専門学校教務部長)	／7章／9章
田 昌禾	(日本大学人文科学研究所研究員)	／8章
石崎 文吾	(ＥＣＡ株式会社)	／12章
秋 貞子	(日本大学大学院文学研究科)	／13章
安 勝熙	(日本大学大学院文学研究科)	／14章
中本 強	(YMCA国際ホテル・トラベル専門学校)	／15章
中村 茂徳	(萩国際大学国際情報学部助教授)	／16章／17章
佐野 充	(日本大学文理学部教授)	／18章
岡出 清典	(道都大学経営学部専任講師)	／資料編
木村 英夫	(香川栄養学園(女子栄養大学)国際交流部)	／資料編
竹嶋 寛	(鈴鹿国際大学国際学部特任教授)	／資料編

〈執筆時〉

編集スタッフ

今防人	編集責任理事
青野友太郎	編集委員会委員長
小川祐子	編集委員会副委員長
木村英夫	編集委員会委員
青野道子	編集協力
小川寧山	編集協力

連絡先

ツーリズム学会編集委員会

〒156-8550　東京都世田谷区桜上水3-25-40

日本大学文理学部今研究室気付

電話：03-5317-9713（社会学科直通）

E-mail: kon.chs.nihon-u.ac.jp

NEW HORIZON OF TOURISM

For a Society in Pursue of Leisure and Prosperity

新ツーリズム学原論 ―自由時間社会の豊かさの質とは―　　＊定価はカバーに表示してあります
2006年4月15日　　初　版　第1刷発行　　　　　　　　　　〔検印省略〕

編者Ⓒツーリズム学会編集委員会　　発行者 下田勝司　　印刷・製本／（株）カジャーレ
東京都文京区向丘1-20-6　　郵便振替00110-6-37828　　　　　　発　行　所
〒113-0023　TEL(03)3818-5521　FAX(03)3818-5514　　株式会社 東信堂

Published by **TOSHINDO PUBLISHING CO., LTD**
1-20-6, Mukougaoka, Bunkyo-ku, Tokyo, 113-0023, Japan
E-mail：tk203444@fsinet.or.jp
ISBN4-88713-669-2　C3036

東信堂

グローバル化と知的様式——社会科学方法論についての七つのエッセー	J・ガルトゥング 矢澤修次郎・大重光太郎訳	二八〇〇円
社会階層と集団形成の変容——集合行為と「物象化」のメカニズム	丹辺宣彦	六五〇〇円
世界システムの新世紀——グローバル化とマレーシア	山田信行	三六〇〇円
階級・ジェンダー・再生産——現代資本主義社会の存続メカニズム	橋本健二	三二〇〇円
現代日本の階級構造——理論・方法・計量分析	橋本健二	四五〇〇円
再生産論を読む——バーンスティン、ブルデュー、ボールズ=ギンティス、ウィリスの再生産論	小内透	三二〇〇円
教育と不平等の社会理論——再生産論をこえて	小内透	三二〇〇円
現代社会と権威主義——フランクフルト学派権威論の再構成	保坂稔	三六〇〇円
ボランティア活動の論理——阪神・淡路大震災からサブシステンス社会へ	西山志保	三八〇〇円
現代環境問題論——理論と方法の再定置のために	井上孝夫	三二〇〇円
日本の環境保護運動——批判的カリキュラム理論と環境教育	長谷敏夫	二五〇〇円
情報・メディア・教育の社会学——カルチュラル・スタディーズしてみませんか？	井口博充	二三〇〇円
BBCイギリス放送協会（第二版）——パブリック・サービス放送の伝統	蓑葉信弘	二五〇〇円
記憶の不確定性——社会学的探究　アルフレッド・シュッツにおける他者・リアリティ・超越	松浦雄介	三六〇〇円
日常という審級	李 晟台	三六〇〇円
イギリスにおける住居管理——オクタヴィア・ヒルからサッチャーへ	中島明子	七四五三円
人は住むためにいかに闘ってきたか——欧米住宅物語	早川和男	二〇〇〇円
（新装版）居住福祉ブックレット　居住福祉資源発見の旅——新しい福祉空間、懐かしい癒しの場	早川和男	七〇〇円
どこへ行く住宅政策——進む市場化、なくなる居住のセーフティネット	本間義人	七〇〇円
漢字の語源にみる居住福祉の思想	李 桓	七〇〇円

〒113-0023　東京都文京区向丘1-20-6
5TEL 03-3818-5521　FAX 03-3818-5514　振替 00110-6-37828
Email tk203444@fsinet.or.jp　URL: http://www.toshindo-pub.com/

※定価：表示価格（本体）＋税